मनोहर श्याम जोशी

मनोहर श्याम जोशी का जन्म 9 अगस्त, 1933 को अजमेर, राजस्थान में हुआ। लखनऊ विश्वविद्यालय के विज्ञान स्नातक मनोहर श्याम जोशी 'कल के वैज्ञानिक' की उपाधि पाने के बावज़ूद रोज़ी-रोटी की ख़ातिर छात्र-जीवन से ही लेखक और पत्रकार बन गए। प्रेस, रेडियो, टी.वी. वृत्तचित्र, फ़िल्म, विज्ञापन-सम्प्रेषण का ऐसा कोई माध्यम नहीं जिसके लिए उन्होंने सफलतापूर्वक लेखन-कार्य न किया हो। खेल-कूद से लेकर दर्शनशास्त्र तक ऐसा कोई विषय नहीं जिस पर उन्होंने क़लम न उठाई हो। पहली कहानी अठारह वर्ष की उम्र में छपी। पहली बड़ी साहित्यिक कृति सैंतालीस वर्ष के होने को आए तब प्रकाशित हुई।

केन्द्रीय सूचना सेवा और टाइम्स ऑफ़ इंडिया समूह से होते हुए सन् '67 में 'साप्ताहिक हिन्दुस्तान' के सम्पादक बने और वहीं एक अंग्रेज़ी साप्ताहिक का भी सम्पादन किया। टेलीविज़न धारावाहिक 'हम लोग' लिखने के लिए सन् '84 में सम्पादक की कुर्सी छोड़ दी और तब से आजीवन स्वतंत्र लेखन करते रहे।

उनकी प्रमुख कृतियाँ हैं—'कुरु-कुरु स्वाहा', 'कसप', 'हरिया हरक्यूलीज की हैरानी', 'हमज़ाद', 'क्याप', 'ट-टा प्रोफ़ेसर' (उपन्यास); 'नेताजी कहिन' (व्यंग्य); 'बातों-बातों में' (साक्षात्कार); 'एक दुर्लभ व्यक्तित्व', 'कैसे क़िस्सागो', 'मन्दिर घाट की पैड़ियाँ' (कहानी-संग्रह); 'आज का समाज' (निबन्ध); 'पटकथा-लेखन : एक परिचय' (सिनेमा); 'हम लोग', 'बुनियाद', 'मुंगेरीलाल के हसीन सपने', 'कक्काजी कहिन', 'हमराही', 'ज़मीन-आसमान' (टेलीविज़न धारावाहिक); 'भ्रष्टाचार', 'अप्पू राजा' (फ़िल्म)।

उन्हें 'क्याप' के लिए 2005 के 'साहित्य अकादेमी पुरस्कार' से पुरस्कृत किया गया। इसके अतिरिक्त 'शलाका सम्मान', 'शिखर सम्मान', 'चकल्लस पुरस्कार', 'व्यंग्यश्री सम्मान' आदि सम्मानों से भी सम्मानित किया गया।

निधन : 30 मार्च, 2006

पटकथा लेखन

एक परिचय

मनोहर श्याम जोशी

राजकमल पेपरबैक्स

पहला पुस्तकालय संस्करण
राजकमल प्रकाशन प्राइवेट लिमिटेड द्वारा
2000 में प्रकाशित

राजकमल पेपरबैक्स में
पहला संस्करण : 2000
नौवाँ संस्करण : 2024

राजकमल पेपरबैक्स : उत्कृष्ट साहित्य के जनसुलभ संस्करण

राजकमल प्रकाशन प्रा.लि.
1-बी, नेताजी सुभाष मार्ग, दरियागंज
नई दिल्ली-110 002
द्वारा प्रकाशित

शाखाएँ : अशोक राजपथ, साइंस कॉलेज के सामने, पटना-800 006
पहली मंजिल, दरबारी बिल्डिंग, महात्मा गांधी मार्ग, प्रयागराज-211 001
1, अनमोल सोराबजी संतुक लेन, धोबी तलाव, मरीन लाइंस, मुम्बई-400 002

वेबसाइट : www.rajkamalprakashan.com
ई-मेल : info@rajkamalprakashan.com

बी.के. ऑफसेट
नवीन शाहदरा, दिल्ली-110032
द्वारा मुद्रित

मूल्य : ₹299

PATKATHA LEKHAN : EK PARICHAYA
by Manohar Shyam Joshi

ISBN : 978-81-267-1500-8

क्रम

1

देखने-सुनने की चीज है सिनेमा

कुछ लोग ऐसा सोचते हैं कि जिसे लिखना आता है वह कुछ भी लिख सकता है लेकिन यह सच नहीं है। हर विधा की, हर माध्यम की अपनी अलग-अलग विशेषताएँ होती हैं और उनके लिए लिख सकने के लिए अलग-अलग तरह की योग्यताएँ दरकार होती हैं। उदाहरण के लिए, पत्रकार से यह आशा की जाती है कि वह यथार्थ का कम-से-कम शब्दों में ज्यों-का-त्यों वर्णन करेगा और अपनी कल्पना से कोई काम नहीं लेगा। दूसरी ओर कहानीकार से यह उम्मीद की जाती है कि वह अपनी कल्पना के सहारे यथार्थ को एक यादगार रंग देकर साहित्य के स्तर पर पहुँचा देगा।

साहित्य में यह सुविधा है कि शब्दों के सहारे किसी भी चीज का वर्णन किया जा सकता है और कैसी भी भावना उभारी जा सकती है। कोई पात्र क्या याद कर रहा है ? क्या सपने देख रहा है ? उसकी परिस्थिति क्या है ? मनःस्थिति क्या है ? अन्य पात्रों से उसके सम्बन्ध कैसे हैं ? उनके बारे में वह क्या सोचता है ? पात्रों की आपसी टकराहट से कब, कहाँ, क्या हो रहा है ? इस सबका शब्दों द्वारा वर्णन किया जा सकता है। लिखित साहित्य में एक अतिरिक्त सुविधा यह प्राप्त है कि अगर पाठक को कोई बात पहली बार पढ़कर समझ में न आए तो वह उसे फिर-फिर पढ़ सकता है।

वाचिक साहित्य, श्रव्य माध्यम

वाचिक (बोलकर सुनाए जानेवाले) साहित्य में श्रोता को यह सुविधा प्राप्त नहीं है। व्यास गद्दी पर विराजमान कथावाचक को श्रोता बार-बार नहीं टोक सकते कि हम समझ नहीं पाए, कृपया दुबारा कहें। इसलिए वाचिक साहित्य में बात को सरल शब्दों और वाक्यों में कहना होता है। यादगार और चुभती हुई बनाकर कहना होता है। मंच से गा-बोलकर सुनाए जाने वाले साहित्य में कलाकार कठिन प्रसंगों में बात को दुहराने की या स्वयं ही 'अर्थात्' या 'क्या कहा' जैसे प्रश्न उठाकर खुलासा करने की युक्ति भी अपनाते हैं। लोक-नाटक 'सांग' में जब किसी हिंदी-उर्दू गीत में कोई कठिन पंक्ति आती है तब संचालक सम्बद्ध पात्र से पूछता है कि उस पंक्ति का क्या मतलब है—यथा—"अरी गुल बकावली, तू दो लम्बर पर के बोली ?" और फिर वह पात्र ठेठ हरियाणवी गद्य में पंक्ति विशेष का अर्थ बताता/बताती है।

वाचिक साहित्य के आधुनिक माध्यम रेडियो से नाटक प्रस्तुत करते हुए दोहराने-समझाने

की ऐसी कोई गुंजाइश नहीं होती। यही नहीं, श्रोता बोलनेवाले को केवल सुनता है, देखता नहीं कि उसके चेहरे के भाव पढ़ सके। इस दृष्टि से रेडियो खालिस श्रव्य माध्यम है। इसके लिए ऐसा लेखक दरकार है जो सारा कथानक पात्रों की आपसी बातचीत और साउंड इफैक्ट यानी ध्वनि-प्रभाव के सहारे उजागर कर सके। फर्ज कीजिए कि दृश्य यह हो कि नायक-नायिका घोड़े पर सवार होकर अपना पीछा करते नायिका के घुड़सवार भाइयों से बचते हुए नायक के गाँव की ओर बढ़ रहे हैं जो फिरोजा नदी के पार है, तो घोड़ों की टापों के ध्वनि-प्रभाव से और नायक-नायिका और भाइयों की आपसी बातचीत से पीछा किए जाने की स्थिति स्पष्ट करनी होगी और फिर नदी की कल-कल के ध्वनि-प्रभाव और नायक के संवाद से स्पष्ट करना होगा कि वह फिरोजा नदी आ गई है, जिसके पार उसका गाँव है।

साहित्य पढ़ने से ताल्लुक रखता है तो रेडियो सुनने से। उधर फिल्म और टी.वी. ऐसे माध्यम हैं जिनमें हम एक साथ देखते भी हैं, सुनते भी हैं और पर्दे पर लिखा हुआ पढ़ भी सकते हैं। फिल्म और टी.वी. में हम घटनाओं को होता हुआ देखते हैं और पात्रों को बोलता हुआ सुनते हैं। इसीलिए इन्हें ऑडियो-विजुअल यानी दृश्य-श्रव्य माध्यम कहते हैं। यहाँ यह पूछा जा सकता है कि रंगमंच में भी तो हम घटनाओं को होता हुआ और पात्रों को बोलता हुआ सुनते हैं; तो फिर रंगमंच को ऑडियो-विजुअल क्यों नहीं कहते ? इसका जवाब यह है कि रंगमंच के लिए लिखा गया नाटक तो 'साहित्य' की श्रेणी में आता है क्योंकि उसमें सारी बात संवादों यानी शब्दों के माध्यम से प्रस्तुत की जाती है। यह नाटक दर्शकों के सामने अभिनेताओं द्वारा खेला जाता है इसीलिए उसकी प्रस्तुति प्रदर्शन-कलाओं के अन्तर्गत आती है।

सिनेमा और नाटक

आप आपत्ति कर सकते हैं कि फिल्म और टी.वी. के लिए भी पटकथा लिखी जाती है और उसे डायरेक्टर यानी दिग्दर्शक के निर्देशन में ठीक उसी तरह खेला जाता है जैसे मंच पर। यह सवाल उठाना तीन बातों को भूल जाना है। पहली यह कि फिल्म और टी.वी. में रंगमंच की तरह नाटक दर्शकों के नहीं, एक कैमरे के सामने खेला जाता है। दूसरी यह कि जो एक बार खेल दिया जाता है वह हमेशा के लिए दर्ज हो जाता है। तीसरी और सबसे अहम बात यह है कि दर्शकों के प्रतिनिधि बने हुए कैमरों पर रंगमंच के दर्शक की तरह यह रोक नहीं होती कि वह अपनी ही सीट पर बैठकर तमाशा देखें, मंच पर न चढ़ आएँ। रंगशाला में आगे से आगे वाली सीट पर बैठे हुए दर्शकों और मंच पर खड़े पात्रों के बीच भी हमेशा एक दूरी बनी रहती है। सिनेमाघर में बैठे दर्शक के लिए कैमरा यह दूरी मिटा देता है। यही नहीं, कैमरा अपनी सीट पर ही बैठे दर्शक को पात्रों से चाहे जितनी दूरी पर भी, चाहे जितना ऊपर-नीचे ले जा सकता है।

कैमरा आगे-पीछे कहीं भी, कितनी भी दूरी पर रखा जा सकता है। पास से दूर ले जाया जा सकता है और दूर से पास लाया जा सकता है। उसे ऊपर-नीचे ले जाया

जा सकता है; अपनी धुरी पर घुमाया जा सकता है। पात्रों के सिर के ऊपर की ओर देखता हुआ रखा जा सकता है तो पात्रों के कदमों से भी नीचे से ऊपर की ओर देखता हुआ रखा जा सकता है। उसे समुद्र की गहराई में ले जाया जा सकता है और पर्वत की ऊँचाई पर भी। गोया कैमरा आजाद और बेढब करतब करके सब कुछ देख लेने को तैयार दर्शक बन जाता है। कैमरा दर्शक का नुमाइंदा बनकर किसी भी पात्र या वस्तु के नजदीक जा सकता है। वह किसी पात्र के चेहरे की छोटी-से-छोटी भाव-भंगिमा, उसके बदन का कोई छोटे-से-छोटा हिस्सा, कोई छोटी-से-छोटी वस्तु या उसका हिस्सा और किसी स्थल का छोटे-से-छोटा ब्यौरा दिखा सकता है। साथ ही वह चीजों को इतना बड़ा करके दिखा सकता है जितना कि पास आकर भी आँख से नहीं देखा जा सकता।

रंगमंच में यह सीमा भी होती है कि उसमें बहुत बड़ी-बड़ी चीजें नहीं दिखाई जा सकतीं। भव्य-से-भव्य मंच पर पानीपत की लड़ाई या एवरेस्ट विजय या सागर में टाइटैनिक जहाज का डूबना जैसे दृश्य नहीं दिखाए जा सकते। उधर कैमरा जैसे छोटी-से-छोटी चीज को दिखा सकता है, वैसे ही बड़ी-से-बड़ी चीज को भी। रंगमंच में सीमित ही सैट लग सकते हैं इसलिए सीमित ही घटना-स्थल रखे जा सकते हैं। उतना ही दिखाया जा सकता है जितना उन सैटों में हो सकता हो। बाकी घटनाओं का सिर्फ जिक्र किया जाता है कि वह कहीं और हो रही हैं या हो चुकी हैं। फिल्म और टी.वी. में ऐसी कोई सीमा नहीं है। आप चाहे जितने सैट बना सकते हैं और चाहे जितने बाहरी लोकेशनों पर जा सकते हैं। पात्रों को ले जाइए, कैमरा ले जाइए और लोकेशन पर शूट कर लाइए और फिर सबको जोड़कर दिखा दीजिए। एक तरह से दर्शक के लिए फिल्म की खासियत ही यह बन जाती है कि उसमें घटना-स्थल बड़ी तेजी से बदलता रहता है।

बिम्ब बोलेंगे, हम नहीं

जहाँ रंगमंच के मुकाबले फिल्म में ये तमाम सुविधाएँ थीं, वहीं शुरू में उतनी ही बड़ी एक असुविधा भी थी कि चित्र के साथ ध्वनि अंकित नहीं की जा सकती थी। गोया सिनेमा गूँगा था। इस असुविधा ने एक नई भाषा को जन्म दिया जिसमें तस्वीरें ही खुद बोलती थीं। चित्रों के सहारे कहानी कह देने की यह कला कैमरे के पास-दूर, इधर-उधर जा सकने से मिलनेवाले तरह-तरह के चित्रों और इस तरह खींचे हुए चित्रों को उनमें सम्बन्ध पैदा करनेवाले क्रम से जोड़ने की युक्ति से विकसित हुई। मूकपट के दौर में दिग्दर्शकों ने इस कला में इतनी महारत हासिल कर ली कि बगैर संवाद सुने भी ज्यादातर कहानी दर्शकों की समझ में आने लगी। जहाँ बहुत ही जरूरी हुआ केवल वहीं संवाद को कार्ड में लिखकर फिल्मा लिया गया और पात्र के ओंठ खुलने के बाद दिखा दिया गया। बोलते बिम्बों का कमाल कुछ वर्षों पहले कमल हासन की मूक फिल्म 'पुष्पक' में देखा गया। उसमें तो कहीं कोई संवाद का कार्ड तक न था।

जब चित्र के साथ-साथ ध्वनि भी अंकित की जाने लगी तब मूकपट ने बोलपट का रूप ले लिया। इससे संवादों का महत्त्व बढ़ा लेकिन इतना भी नहीं कि रंगमंच की

तरह सारी बात संवादों के माध्यम से कही जाने लगे। कोई नाटक खेला और कैमरा दर्शक की तरह रखकर उसे दर्शा लिया ! मूकपट दर्शकों को बिम्बों की सशक्त भाषा का इतना आदी कर चुका था कि इस तरह से फिल्माया गया नाटक उन्हें बिल्कुल बेजान लगता। इसीलिए बिम्बों का महत्त्व बना रहा और संवाद फिल्मों पर पूरी तरह हावी न हो सके। हाँ, नाटकों से इन नए माध्यमों ने 'नाटकीयता की पकड़' और 'तीन अंकों वाला ढाँचा' जरूर ज्यों-का-त्यों उधार ले लिया।

फिल्म और टेलीविजन में बिम्बों की भाषा और पात्रों के संवाद, दोनों का कहानी कहने में बड़ा महत्त्व है। लेकिन फिल्म और टेलीविजन में एक बड़ा अन्तर यह है कि टेली-नाटक में संवादों का महत्त्व लगभग उतना ही हो जाता है जितना नाटक में। इसकी वजह यह है कि टेलीविजन का पर्दा सिनेमा के पर्दे के मुकाबले में बहुत छोटा होता है। उसमें कैमरा को बहुत दूर ले जाने से खास कुछ दिखता नहीं। इसलिए ज्यादातर पात्रों के बोलते हुए चेहरे ही फिल्माए जाते हैं। गोया बिम्बों में ज्यादा विविधता नहीं रह पाती। दूसरी वजह यह है कि इस छोटे से पर्दे पर आते बिम्बों को दर्शक किसी बंद अँधेरे हॉल में नहीं, अपने घर के किसी रौशन कमरे में बैठे हुए देखते हैं। इसलिए उनकी आँखें पर्दे पर एकटक नहीं जमी रह पातीं। अगर पात्र चुप हो जाएँ तो ध्यान पर्दे से हट जाता है। फिर टेली-नाटकों के सीमित बजट में लोकेशनों पर जाना या बहुत ज्यादा सैट बनवाना सम्भव नहीं होता। रंगमंच की तरह उनमें भी कुछ ही सैटों में काम चलाना पड़ता है। इसलिए संवादों का महत्त्व बढ़ जाता है।

ऑडियो-विजुअल इमेजिनेशन

सिनेमा और टेलीविजन की विभिन्नता की बात बाद में विस्तार से की जा सकती है। अभी तो उनकी समानता की ओर ध्यान दिलाना है कि दोनों ही दृश्य-श्रव्ये माध्यम हैं। इनमें घटनाओं को होता हुआ दिखाया जाता है और पात्रों को बोलता हुआ। तो इस माध्यम के लिए लिखनेवाला व्यक्ति ऐसा होना चाहिए जो दृश्य-श्रव्य कल्पना का धनी हो। दृश्य-श्रव्य कल्पना उर्फ 'ऑडियो-विजुअल इमेजिनेशन' का अर्थ है अपने मानस-पटल पर घटनाओं को घटता हुआ देख सकना और पात्रों को आपस में संवाद करते हुए सुन सकना। ऐसा तभी हो सकता है जब आपका दिमाग भी फिल्म कैमरे की तरह काम करता हो और घटना और संवादों का ब्यौरा दर्ज करता रहता हो। यानी आप दृश्य-श्रव्य स्मृति के धनी हों।

यह मेरा सौभाग्य था कि मेरे साहित्यिक गुरु अमृतलालजी नागर यानी आप दृश्य-श्रव्य स्मृति के धनी हो, की दृश्य-श्रव्य कल्पना अद्‌भुत थी। जब मैं लखनऊ में उनका चेला बना तब नागरजी सिनेमा जगत से साहित्य में लौटे थे। नागरजी को पहला ड्राफ्ट बोलकर शिष्यों से लिखवाने की आदत थी। यद्यपि वह सिनेमा से विरक्त होकर आए थे और हम शिष्यों को पटकथा लेखन सिखाने से साफ इनकार करते थे तथापि पटकथा लेखन की शैली का उन पर इतना गहरा असर था कि उनके बोले हुए 'बूँद

और समुद्र' को कागज पर उतारना गोया पटकथा लेखन के बुनियादी तत्त्वों से परिचित होना था। पात्रों, परिस्थितियों और घटनाओं का सजीव वर्णन, पात्रों की पृष्ठभूमि और मनःस्थिति के अनुसार संवाद, घटनाओं के माध्यम से चरित्र निरूपण और चरित्रों के घात-प्रतिघात से पैदा हुई घटनाएँ—पटकथा के ये तमाम नुस्खे मुझे नागरजी की वृत्तांत शैली में मिले। भगवतीचरण वर्मा के उपन्यासों में भी आप पटकथा का प्रभाव देख सकते हैं। वह भी बॉलीवुड में रह चुके थे।

द्रष्टव्य है कि नागरजी और भगवती बाबू दोनों ही बेहतरीन किस्सागो थे। घटनाओं का रस लेते हुए और रस देते हुए सजीव वर्णन करनेवाली किस्सागोई दृश्य-श्रव्य कल्पना की उपज होती है। आपने देखा होगा कि कुछ लोग न सिर्फ ब्यौरेवार यह बता पाते हैं कि क्या हुआ, बल्कि यह भी सुनाते जाते हैं कि किसने कब क्या कहा ? कौन कैसा था ? क्या पहने हुए था ? आदि-आदि। ऐसे लोग दृश्य-श्रव्य स्मृति के धनी होते हैं। मेरी बहन इंटर की प्राइवेट परीक्षा देने के लिए मुरादनगर में एक हफ्ता बिताकर जब लौटी तब उसने महीनों तक वहाँ के किस्से सुना-सुनाकर हमारा मनोरंजन किया। ठीक तीस साल बाद जब उसकी बेटी दो साल अमेरिका में रहकर लौटी तब उसके अमेरिका प्रवास की सारी कहानी 20-25 मिनट में खत्म हो गई। मेरी भांजी मास कॉम की छात्रा होने के नाते पटकथा लेखन की जानकारी रखती है पर उसमें दृश्य-श्रव्य स्मृति का अभाव है। उधर मेरी बहन भरपूर दृश्य-श्रव्य-स्मृति और कल्पना की धनी है।

किस्सागो बनिए

अफसोस, पेशेवर किस्सागो अब नहीं रहे ! वरना मैं आपसे कहता कि दृश्य-श्रव्य कल्पना का कमाल देखना हो तो उनकी किस्सागोई का आनंद लेने जाएँ। वे न सिर्फ यह बताते थे कि किस क्रम से क्या-क्या हुआ बल्कि नकलें उतार-उतार कर यह भी सुनाते थे किसने किस अंदाज में क्या-क्या कहा। बल्कि वह पात्रों की मनःस्थिति और प्रतिक्रियाओं का भी आभास देते जाते थे—कुछ अपने शब्दों से और कुछ अपने अभिनय से। इस तरह वे सारी घटना को उसकी पूरी नाटकीयता के साथ श्रोता के लिए उजागर कर देते। अगर कहीं कोई पेशेवर क़िस्सागो अब भी हो तो उसे जरूर सुनें। नहीं तो मेरी बहन सरीखे जो गैर-पेशेवर किस्सागो आपकी जानकारी में हों उनकी बातों का रस लें। लोकमंच की कुछ विधाओं में और धार्मिक प्रवचनों में आज भी जबरदस्त किस्सागोई की बानगी आपको मिल सकती है।

हाल में मैंने व्यास गद्दी पर बैठे एक कथावाचक को महाभारत का एक प्रसंग इस तरह प्रस्तुत करते हुए सुना—"वहाँ पहुँचकर अर्जुन क्या देखता है कि भगवान श्रीकृष्ण शयन कर रहे हैं और दुर्योधन सिरहाने खड़ा है। दुर्योधन को वहाँ देखकर अर्जुन झटका खा जाता है कि अरे, ये तो मुझसे भी पहले पहुँच गए ! खैर, वह जाकर श्रीकृष्ण भगवान के पैताने बैठकर प्रभु के श्रीचरण दबाने लगता है। थोड़ी देर में प्रभु की आँख खुलती है। उन्हें पैताने बैठा अर्जुन पहले नजर आता है। प्रभु पूछते हैं, बताओ किस कारण

आए ? अर्जुन हाथ जोड़कर निवेदन करता है कि मैं युद्ध में आपकी सहायता लेने आया हूँ। तब दुर्योधन बात को बीच में काटकर कहता है कि सहायता के लिए इससे पहले मैं आया हूँ, पहले मेरी बात सुनी जाए। प्रभु उठ बैठते हैं और मुसकराकर कहते हैं कि आए तुम जरूर पहले होगे मगर पैताने बैठा अर्जुन मुझे पहले नजर आया। दुर्योधन आपत्ति करता है कि यह अन्याय वाली बात होगी। प्रभु फिर मुसकराते हैं और कहते हैं कि देखो, मैं पूरा न्याय करूँगा–दोनों को सहायता देकर। तुममे से एक व्यक्ति मेरी सारी सेनाएँ ले लो और दूसरा सिर्फ मुझे। श्रीकृष्ण भगवान पहले अर्जुन को पूछते हैं, तुम्हें क्या चाहिए ? दुर्योधन का चेहरा चिंता से खिंच जाता है कि अब यह सारी सेना माँग लेगा। लेकिन श्रीकृष्ण भक्त अर्जुन कहता है मुझे आप चाहिएं प्रभु, आपकी सेनाएँ नहीं। और मूर्ख दुर्योधन इसे अर्जुन की मूर्खता समझकर खुश होता है।''

अगले परिच्छेद में आप देखेंगे कि कथावाचक की यह शैली ही पटकथा लेखन की शैली है।

2

पटकथा क्या बला है ?

तो मैं कह रहा था कि कथावाचक और किस्सागो अक्सर पटकथा की शैली अपनाते हैं। यह पटकथा की शैली क्या है और कहानी कहने के आम ढंग से वह किस तरह अलग है, यह जानने के लिए कोई पटकथा पढ़ने की आवश्यकता नहीं है। फिल्म देखकर आए हुए किसी भी व्यक्ति से फिल्म की कहानी सुन लीजिए, बात साफ हो जाएगी।

एक बार मैंने 'दिल वाले दुल्हनियाँ ले जाएँगे' देखकर आई अपनी भतीजी से उस फिल्म की कहानी पूछी तो उसने कुछ इस तरह कहा—काजोल लंदन में दुकान खोले हुए कठोर अमरीशपुरी और सदय फरीदा जलाल की बेटी होती है। हालाँकि काजोल लंदन में पली-बढ़ी होती है। अमरीशपुरी उस पर अपने भारतीय गाँव से मिले हुए संस्कार थोपता रहता है। काजोल बेचारी उससे बहुत डरती है। अमरीशपुरी उसका ब्याह बचपन में ही भारत में अपने दोस्त के बेटे से तय कर चुका होता है। काजोल को यह बात बेतुकी लगती है, पर वह बाप से कुछ कह नहीं पाती। शाहरूख खान मस्तमौला विधुर अनुपम खेर का बेटा होता है। बाप-बेटे दोनों दोस्त-जैसे होते हैं। एक रात शाहरूख खान जरूरी दवा खरीदने के बहाने अमरीशपुरी की बंद दुकान खुलवा लेता है और बीयर ले जाता है। इससे अमरीशपुरी को शाहरूख खान बहुत घटिया लड़का लगता है। उधर फरीदा जलाल अपने पति से चिरौरी करके बेटी को भारत लौटने से पहले सहेलियों के साथ यूरोप यात्रा पर जाने की इजाजत देती है। वहीं उसकी मुलाकात शाहरूख खान से होती है। तकरार के बाद दोनों में प्यार हो जाता है। लंदन लौटने पर अमरीशपुरी को इस बात का पता चलता है और वह काजोल को लेकर पंजाब चल देता है, शादी करवाने।"

आप गौर करेंगे कि यह कहानी कहने का सामान्य ढंग नहीं है। आमतौर से तो कहानियाँ 'एक था राजा' वाली शैली में लिखी जाती है। उसे कहने या लिखनेवाला एक ऐसी घटना बयान कर रहा होता है जो अतीत में घट चुकी है। इसलिए वह भूतकालीन क्रियापदों का उपयोग करता है—"एक राजा था जो अपनी रानी से बहुत प्यार करता था। लेकिन उसे इस बात का बहुत दुख था कि रानी को कोई संतान न थी।"

इस हिसाब से तो मेरी भतीजी को कहानी कुछ इस तरह सुनानी चाहिए थी—"लंदन नगर का भारतीय दुकानदार अमरीशपुरी रूढ़िवादी विचारों का था इसलिए अपनी बेटी काजोल पर कड़ा अंकुश रखता था। काजोल जितना ही उससे डरती थी उतना ही अपनी

दयालु माँ फरीदा जलाल से प्यार करती थी। अमरीश चाहता था कि उसकी बेटी भारत में उसके दोस्त के बेटे से शादी करे। मगर काजोल उस शाहरूख खान को दिल दे बैठी थी जिसने उसके पिता को एक दिन नाराज कर दिया था।" मगर मेरी भतीजी ने कहानी इस तरह नहीं सुनाई। और वह कोई अपवाद नहीं है। आप किसी से भी किसी फिल्म की कहानी सुनें, वह मेरी भतीजी वाली शैली में सुनाएगा। कोई यह नहीं कहेगा कि 'हीरो को गुस्सा आ गया' या 'हीरोइन ने जहर पी लिया' आपको उससे यही सुनने को मिलगा कि 'हीरो गुस्सा हो जाता है', 'हीरोइन जहर पी लेती है।' ऐसा इसलिए होता है कि दर्शक फिल्म में घटनाओं को होता हुआ और पात्रों को बोलता हुआ सुनता है। फिल्म में अतीत सतत नहीं, वर्तमान दर्शाया जाता है। इसलिए फिल्म की कहानी सुनाते हुए हम अनिश्चित वर्तमान काल के क्रियापदों का प्रयोग करने लगते हैं। 'एक राजा था' की जगह हम कहते हैं, 'एक राजा होता है।'

ता है, ती है, ते हैं

तो सबसे बुनियादी बात यह है कि पटकथा अनिश्चित वर्तमान काल में लिखी जाती है। अगर आप लिखेंगे, "प्रोबीन रोड के पास पहुँचकर विक्रम ने रियर व्यू मिरर में देखा कि वह नीली कार अब भी उसका पीछा कर रही है। उसने तेजी से दायाँ मोड़ काटकर प्रोबीन रोड पकड़ ली और देखा कि पीछा करनेवाली गाड़ी भी मोड़ काट रही है। शक पक्का होने पर उसने मोबाइल से सुलक्षणा को हिदायत दी कि शायद भीखू के आदमी मेरे पीछे लगे हैं, अगर मैं घंटे-भर में न लौट आऊँ तो तुम अपने लॉकर से वह पीली फाइल निकालकर इंस्पेक्टर हुसैन को दे आना।" तो यह किसी कथा का हिस्सा माना जाएगा।

लेकिन अगर आप लिखें, "विक्रम अपेक्षाकृत कम ट्रैफिक वाली सड़क में गाड़ी ले जाता है और रियर व्यू मिरर में देखता है कि वह नीली गाड़ी भी पीछे आ रही है। दाहिने प्रोबीन रोड का साइन देखकर वह तेजी से स्टीयरिंग घुमाकर अपनी गाड़ी उसमें डाल देता है और देखता है कि पीछे वाली गाड़ी ने भी उसी तेजी से मोड़ काट लिया है। चिंतित होकर वह अपने मोबाइल से एक नम्बर मिलाता है और फोन पर कहता है—'सुलक्षणा, मैं प्रोबीन रोड से बोल रहा हूँ। शायद भीखू के आदमी मेरे पीछे लगे हैं। अगर घंटे-भर में मैं लौट न आऊँ तो तुम अपनी दराज से वह पीली वाली फाइल निकाल कर इंस्पेक्टर हुसैन को दे आना।" तो यह किसी पटकथा का हिस्सा माना जाएगा।

आप गौर करेंगे कि इस दूसरे विवरण में हर वाक्य "ता है, ती है, ते है' जैसे क्रियापदों पर खत्म हो रहा है। पटकथा लिखने के लिए इस "ता है, ती है, ते हैं" वाली भाषा को हृदयंगम कर लीजिए। याद रखिये कि आपका कर्तव्य दिग्दर्शक को यह बताना है कि कैमरे के आगे क्या कुछ घटित होता है ? ऐसी सूचना अनिश्चित वर्तमान काल के मन में बैठे साहित्यकार को कुछ उलझन होती हो तो भी कम-से-कम पहला वाक्य तो ऐसे शुरू करें कि "हम देखते हैं...।" जैसे यह हम देखते हैं कि 'रामलाल

बाँसुरी बजा रहा है और उसकी पत्नी गुलाबो गोद के बच्चे को सुलाने की कोशिश कर रही है।' कहीं-कहीं ''हम'' की जगह सीधे देखने-दिखाने वाले कैमरे को ही दे दी जाती है। जैसे यह 'कैमरा वंसी बजाते हुए रामलाल से पैन करता हुआ उसकी पत्नी गुलाबो पर पहुँचता है जो अपने गोद के बच्चे को सुलाने की नाकामयाब कोशिश में जुटी हुई है।'

कहने का मतलब यह है कि पटकथा लिखते समय आपको अपनी मन की आँखों से सारी घटना अनिश्चित वर्तमान काल में घटती हुई देखनी होगी और उसी रूप में उसे कागज पर उतारते जाना होगा। कथा और पटकथा का अन्तर और अधिक स्पष्ट करने के लिए एक उदाहरण देना चाहूँगा। प्रेमचंद की प्रसिद्ध कहानी 'पूस की रात' का शुरू का हिस्सा इस तरह है—

हल्कू ने आकर स्त्री से कहा, ''सहना आया है, लाओ जो रुपए रक्खे हैं। उसे दे दूँ। किसी तरह गला तो छूटे।"

मुन्नी झाड़ू लगा रही थी। पीछे फिरकर बोली, "तीन ही तो रुपए हैं। दे दोगे तो कम्बल कहाँ से आएगा ? माघ-पूस की रात हाट में कैसे कटेगी ? उससे कहो फसल पर रुपए दे देंगे, अभी नहीं हैं।"

हल्कू एक क्षण अनिश्चित दशा में खड़ा रहा, पूस सिर पर आ गया, बिना कम्बल के हाट में वह रात को किसी तरह नहीं रह सकता। मगर सहना मानेगा नहीं घुड़कियाँ जतावेगा, गालियाँ देगा। बला से जाड़ों मरेंगे, बला तो सिर से टल जाएगी। यह सोचता हुआ वह अपनी भारी-भरकम डील लिये हुए, जो उसके नाम को झूठा सिद्ध करती थी, स्त्री के समीप गया और खुशामद करके बोला, "ला दे, गला तो छूटे। कम्बल के लिए कोई दूसरा उपाय सोचूँगा।"

अब इसी पर आधारित पटकथा देखिए—

दृश्य-1, बाहर/झोंपड़ी का दरवाजा/दिन

हम दिखाते हैं कि एक तगड़ा-सा गरीब अधेड़ आदमी हल्कू दरवाजे पर दस्तक दे रहा है और उससे थोड़ी दूर एक अन्य व्यक्ति हाथ में लाठी लिये मूँछें ऐंठता खड़ा है। दरवाजा आवाज करते हुए खुलता है। झाड़ू हाथ में लिये अधेड़ मुन्नी नजर आती है। हल्कू भीतर जाता है। लठैत व्यक्ति दरवाजे पर खड़ा हो जाता है।

दृश्य-2 दिन/भीतर/झोंपड़ी के अंदर

हम देखते हैं कि जिस स्त्री ने दरवाजा खोला था वह झाड़ू लगाने लगती है। हल्कू एक क्षण हिचकता हुआ खड़ा रहता है फिर कहता है—

हल्कू : मुन्नी सुनती हो, सहना आया है, लाओ जो रुपए रक्खे हैं, उसे दे दूँ। किसी तरह गला तो छूटे।

मुन्नी झाड़ू लगाना रोककर पीछे मुड़कर बोलती है।

मुन्नी : तीन ही तो रुपए हैं, दे दोगे तो कम्बल कहाँ से आएगा ? माघ-पूस की रात हाट में कैसे कटेगी ? उससे कहो फसल पर रुपए दे देंगे। अभी नहीं हैं। *हल्कू कुछ देर सिर खुजाता है फिर पत्नी के पास जाता है और लगभग खुशामदी आवाज में बोलता है।*

हल्कू : अरी दे दे ना, गला तो छूटे। कम्बल के लिए कोई दूसरा उपाय सोचूँगा।

कट टू

पटकथा की इकाई : दृश्य

इस रूपांतर में जो बात सबसे पहले ध्यान खींचती है वह यह है कि पटकथा भी किसी नाटक की तरह कथानक को दृश्यों में तोड़कर पेश करती है। जहाँ घटना-स्थल बदलता है, वहाँ दृश्य भी बदल जाता है। गोया एक खास जगह पर और एक खास अवधि में लगातार जो कुछ होता है वह एक दृश्य कहलाता है। फर्ज कीजिए कि हम बेडरूम में नायक और नायिका में झगड़ा होता दिखाते हैं। नायक-नायिका पर अब भी पुराने प्रेमी से फँसे होने का आरोप लगाता है। तभी दरवाजे की घंटी बजती है और नायक कहता है कि अगर यह तेरा प्रेमी आया है तो तू अभी इसके साथ घर से चली जा। अब अगर नायक ऐसा कहते हुए दरवाजा खोलने के लिए निकल जाता है और हम भी उसका दरवाजा खोलना देखने चले जाते हैं तो वहाँ दरवाजे पर जो कुछ होगा वह एक अलग दृश्य कहलाएगा। लेकिन अगर पति-पत्नी में से कोई भी बाहर नहीं जाता और नौकर आकर सूचना देता है कि प्रेमी आया है या अगर पति के चले जाने के बाद हम वहीं उस कमरे में पत्नी के साथ रह जाते हैं (जो शायद अपना सामान सूटकेस में डालने लगती है) तो दृश्य नहीं बदलता।

प्रसंगवश यहाँ जो 'हम' का प्रयोग मैंने किया है उसे भी हृदयंगम कर लें। पटकथा लेखन में इस नवाबी 'हम' का जमकर इस्तेमाल किया जाता है। उदाहरण के लिए, "हम हीरो की गाड़ी को भव्य मगर खंडहर हो चुकी हवेली की ओर बढ़ता देखते हैं। गाड़ी हवेली के फाटक पर पहुँचती है, और हम उस काई-लगे, जंग-खाए फाटक पर एक तीर-कमान को घेरे हुई दो मछलियों वाला वही निशान देखते हैं जो इधर हीरो को अपने सपनों में दिखता रहा था।" कैमरा दर्शक-समूह का प्रतिनिधि होता है इसलिए उसके लिए 'हम' का प्रयोग बिल्कुल उचित है।

दूसरी गौरतलब बात यह है कि दो दृश्यों के बीच 'कट टू' लिखा हुआ है। 'कट' या 'कट टू' का यह मतलब है कि इस दृश्य को यहीं काटकर अब हम एक अन्य घटना-स्थल वाले दृश्य में जा रहे हैं। शूट की हुई फिल्म को संपादन के समय काटा जाता है और दृश्यों को क्रम से जोड़ा जाता है। इसलिए 'कट टु' का फिकरा इस्तेमाल किया जाता है कि यहाँ से काटकर वहाँ जोड़ दीजिए।

दृश्य का देश-काल

तीसरी गौरतलब बात यह है कि हर दृश्य के ऊपर यह लिखा हुआ है कि वह कहाँ और कब घटित हो रहा है ? अगर किसी इमारत के भीतर घटित हो रहा हो तो 'भीतर' यानी 'इंटीरियर' लिखा जाता है। अगर इमारत से बाहर किसी सड़क, मैदान, बाजार, सुरम्य स्थल पर घटित हो रहा हो तो बाहर यानी 'एक्सटीरियर' लिख दिया जाता है। अक्सर इंटीरियर और एक्सटीरियर के लिए उनका संक्षिप्त रूप INTR या EXTR लिख दिया जाता है। दृश्य बाहर का है या भीतर का, यह बताने के साथ-साथ यह भी बताते हैं कि वह दिन में हो रहा है कि रात में। यह इसलिए कि शूटिंग के समय दिन और रात दर्शाने के लिए अलग-अलग किस्म की प्रकाश-व्यवस्था करनी पड़ती है। हम खुद भी प्रकाश और परछाइयों से मोटा-मोटी यही बता सकते हैं कि दिन है कि रात ? यही वजह है कि पटकथा लेखक दृश्य के ऊपर केवल दिन और रात का उल्लेख करता है यह नहीं बताता कि दिन के चार बजे हैं या रात के ग्यारह। अगर किसी दृश्य में ठीक-ठीक वक्त बताना इतना ही जरूरी हो तो घड़ी का शॉट डालना होगा या किसी संवाद द्वारा समय की सूचना देनी होगी। हाँ, पौ फटने के समय की और गोधूलि की रोशनी दिन-रात की रोशनी से बिल्कुल अलग होती है। अगर दृश्य गोधूलि या पौ फटने के समय का हो तो आप शुरू में इसका अलग से उल्लेख कर सकते हैं।

दूसरी चीज जो आप दृश्य के ऊपर लिखते हैं वह है उसका स्थल। जैसे—'झोपड़ी' या 'नदी का किनारा'। इस तरह से फौरन मालूम हो जाता है कि कौन-सा दृश्य कहाँ का है, और वह दिन का है कि रात का ? इससे शूटिंग का इंतजाम करनेवालों को सुविधा होती है। सो ऐसे कि एक घटना-स्थल के सारे दृश्यों को एक साथ शूट करने का रिवाज है। उनमें भी दिन वाले सारे दृश्य एक साथ और रात वाले दृश्य सारे एक साथ। इससे वक्त और पैसे की बचत होती है।

किसी भी पटकथा में एक ही घटना-स्थल पर कई-कई दृश्य हो सकते हैं। थोड़ी देर पहले बेडरूम में पति-पत्नी के झगड़े का जिक्र किया गया था कि घंटी बजती है और पति दरवाजा खोलने चला जाता है। अब फर्ज कीजिए कि वह दरवाजा खोलता है। पत्नी के प्रेमी को देखकर आग-बबूला हो जाता है और उसे घसीटते हुए बेडरूम में ले जाता है और वहाँ जाकर कहता है कि आज दो टूक फैसला हो जाना चाहिए। उसके बेडरूम में पहुँचते ही बेडरूम में एक नया दृश्य शुरू हो जाता है। आगे-पीछे भी बेडरूम में कई दृश्य हो सकते हैं। शूटिंग करनेवाला उन सबको एक साथ फिल्माना चाहेगा। यह नहीं कि पहले पति-पत्नी का झगड़ा शूट किया फिर दरवाजे पर पति और प्रेमी का रू-ब-रू होना और फिर बेडरूम में पति-पत्नी और प्रेमी का झगड़ा। एक घटना-स्थल के सारे दृश्य की एक साथ शूट करने में वक्त और पैसे की बचत इसलिए होती है कि बार-बार प्रकाश-व्यवस्था नहीं करनी पड़ती। आवश्यक सामान और अभिनेताओं को नहीं जुटाना पड़ता। इससे याद आया कि शूटिंग में अतिरिक्त सुविधा के लिए यह भी आवश्यक है कि सीन के ऊपर लिखा हुआ

हो कि उसमें कौन-कौन से पात्र हैं। इसे कहते हैं 'कॉल शीट'। यह भी कि सीन के लिए किस साज-सामान—'प्रॉप्स'—की आवश्यकता है ? आमतौर से यह काम दिग्दर्शक के सहायक का होता है। लेकिन अगर पटकथा लेखक चाहे तो खुद भी करके दे सकता है।

फिर क्या हुआ ?

शूटिंग करने वालों के लिए भले ही एक ही स्थल पर अलग-अलग समय पर घटे दृश्य एक ही माला के मनके होते हैं, लेखक के लिए तो वे दृश्य एक ही माला के मनके होते हैं जो अलग-अलग स्थलों पर घटने के बावजूद क्रम से एक के बाद एक आते हैं और एक विशिष्ट प्रसंग से जुड़ जाते हैं। पति-पत्नी वाले झगड़े को ही लें तो पटकथा लेखक के लिए पति-पत्नी के झगड़े की शुरुआत से लेकर पत्नी के पति द्वारा घर से निकाल दिए जाने के तमाम दृश्य एक प्रसंग के अंग होंगे। इस तरह एक ही प्रसंग के होने के कारण आपस में जुड़े दृश्यों की शृंखला को सीक्वेन्स कहा जाता है। पटकथा से इन दृश्य-शृंखलाओं की वही हैसियत होती है जो उपन्यास में परिच्छेदों की। दृश्यों से शृंखला बनती है और शृंखलाओं से पटकथा।

तो आप पहले अपने मन के पर्दे पर घटनाओं को होते हुए देखिए और पात्रों को बोलते हुए सुनिए। फिर कागज पर उतारते जाइए कि क्या घटना घट रही है और कौन पात्र क्या बोल रहा है ? घटना की नाटकीयता को उभारते जाइए। यह मानकर चलिए कि जैसे नानी से कहानी सुनता हुआ बच्चा हर दिलचस्प मोड़ के बाद यह पूछता है कि फिर क्या हुआ, उसी तरह बहुत-से जिज्ञासु दर्शक बैठे हैं जो आपसे जानना चाहते हैं कि 'फिर क्या होता है ?' इस प्रश्न का जवाब देते रहने से नए-नए सीक्वेन्स शुरू होंगे और ये सीक्वेन्स आपका 'स्क्रीनप्ले' यानी आपकी पटकथा तैयार कर देंगे। गोया पटकथा और कुछ नहीं वह कथा है जो पर्दे पर दिखाए जाने के लिए लिखी गई है। तो हो जाइए शुरू। मगर रुकिए। पटकथा से पहले आती है कथा।

3

कथा हो तो पटकथा बने

पटकथा कुछ और नहीं कैमरे से फिल्माकर पर्दे पर दिखाए जाने के लिए लिखी हुई कथा है। गोया पहले आपके पास कोई कथा हो तभी आप पटकथा लिख सकते हैं।

सवाल यह है कि कथा लाई कहाँ से जाए ? इसका आसान जवाब यह है कि साहित्य में से उठा लीजिए। पुस्तकालयों और किताबों की दुकानों में कथा-संग्रह और उपन्यास भरे पड़े हैं। लेकिन इसमें दो दिक्कतें हैं। पहली यह कि बहुत-से साहित्य का कॉपीराइट होता है। जब तक आप उसके लिए पैसे न दें आपको उसको फिल्माने का अधिकार नहीं मिल सकता। दूसरी दिक्कत यह है कि साहित्य और सिनेमा दो बिल्कुल अलग विधाएँ हैं। यह आवश्यक नहीं कि साहित्य की दृष्टि से अच्छी कथा सिनेमा की दृष्टि से भी अच्छी हो। ऐसे उदाहरण बहुत कम हैं जिसमें किसी महान साहित्यिक कृति पर कोई महान फिल्म बनी हो। दूसरी ओर ऐसे उदाहरण कई हैं कि साहित्यिक दृष्टि से मामूली कृति पर यादगार फिल्म बनी जैसे 'गान विद द विंड'। तो बेहतर हो कि आप ही फिल्म के लिए कहानी सोच लें।

खैर, आप कहानी साहित्य से उधार लें या स्वयं सोचें, आपको कुछ बातों का ध्यान अवश्य रखना होगा। उनमें सबसे पहली यह है कि कथा में नाटकीय तत्त्व होना चाहिए। अरस्तू के अनुसार नाटकीय तत्त्व तब आता है जब कोई समस्या पेश आती है। अगर किसी कहानी में पात्रों के सामने कोई समस्या नहीं है, कोई संकट नहीं है तो उससे नाटक पैदा नहीं हो सकता। समस्या प्रस्तुत होने से नाटक पैदा होता है और समस्या का समाधान होने पर वह खत्म होता है। कुछ पात्र हों, उनके आगे कोई समस्या प्रस्तुत हो, उस समस्या से कोई संकट पैदा हो, अन्त में उसका कोई समाधान हो—यह है नाटक का फार्मूला।

समस्या होना इसलिए जरूरी है कि अगर समस्या ही न हो तो कोई तनाव न हो और कोई तनाव ही न हो तो दर्शक को पात्रों की नियति से कोई दिलचस्पी न हो। अब तनाव के बारे में ऐसा है कि वह निरंतर पहले धीरे-धीरे और अन्त में तेजी से बढ़ना चाहिए। जब नाटक में और दर्शक के मन में तनाव की पराकाष्ठा हो जाए तब जल्दी-से-जल्दी उसका समाधान कर देना चाहिए। ऐसी ही जल्दी समस्या प्रस्तुत करने और तनाव का आभास देने में भी की जानो चाहिए। इसमें विलंब होने से दर्शक उखड़ सकते हैं।

इसके साथ ही आप यह भी याद रखें कि दृश्य-श्रव्य माध्यम के लिए कुल मिलाकर वही कथा बेहतर रहती है जो घटना-प्रधान हो। इसका मतलब यह नहीं है कि वह मारधाड़ से भरपूर हो। इसका मतलब सिर्फ यही है कि उसमें कुछ-न-कुछ घटित होता रहे, कथानक कहीं ठहर न जाए। इस बात का भी ध्यान रखें कि कथा में पात्र ऐसे हों जिनके चरित्र आपस में टकराते हों। ऐसी टकराहटों से ही वे घटनाएँ पैदा होती हैं जो कथानक को आगे बढ़ाती हैं। कथा ऐसी नहीं होनी चाहिए जिसमें लंबे-लंबे वर्णन हों या ज्यादा जोर पात्रों के आंतरिक मनोभावों का सूक्ष्म चित्रण करने पर दिया गया हो। दृश्य-श्रव्य माध्यम के लिए आदर्श कथा में संवाद काफी होने चाहिए। यह नहीं कि ज्यादातर पात्र चुपचाप बैठे रहते हों या हाँ-हूँ में बात करते हों। यह भी ध्यान रहे कि कथा का प्रवाह सदा आगे की ओर बना रहे। यह नहीं कि कभी आगे कभी पीछे भटकता रहे।

कथानक-उपकथानक

आपने गौर किया होगा कि कुछ कथाओं में बहुत ज्यादा चरित्र होते हैं, कुछ में कम। इसी तरह कुछ कथाओं में एक ही चरित्र को प्रमुखता दी जाती है और कुछ में कई-कई चरित्रों को। फिल्म के लिए ऐसी कहानी ही ठीक रहती है जिसमें चरित्रों की संख्या सीमित हो और उनमें भी एक ही पात्र को प्रधानता दी गई हो; प्रमुख भूमिकाओं वाले पात्र तीन-चार ही हों और उनकी कहानी प्रमुख पात्र की कहानी से गुँथी हुई हो। प्रधान पात्र की कहानी को कथानक कहा जाता है और अन्य पात्रों की कहानियों को उपकथानक का दर्जा दिया जाता है। जहाँ तक फिल्म के लिए आदर्श कहानी का सवाल है, उसमें उपकथानक न बहुत ज्यादा होने चाहिए और न मुख्य कथानक से बिल्कुल स्वतंत्र।

उधर टेलीविजन धारावाहिकों के लिए कई-कई चरित्रों, कथानकों और उपकथानकों वाली कहानियाँ आदर्श रहती हैं। उनमें कभी-कभी कुछ उपकथानक इतने स्वतंत्र और अपने आपमें पूरे होते हैं कि उनके लोकप्रिय हो जाने की स्थिति में उन्हीं को लेकर धारावाहिक चलाया जाता है। कई बार तो नए नाम से। इस सबसे जाहिर है कि फिल्म के लिए कोई लम्बी-चौड़ी कहानी दरकार नहीं है। उसके लिए एक छोटी-सी कहानी चाहिए जो तीर की तरह आगे बढ़ती हो। उसके केन्द्र में बस एक प्रमुख पात्र हो। इस प्रमुख पात्र को 'प्रोटैगनिस्ट' कहा जाता है। ज्यादातर फिल्मों में दर्ज़ा प्रमुख पात्र का नायक को ही दिया जाता है। यों अपवादस्वरूप प्रधान भूमिका नायिका को देनेवाली भी कुछ फिल्में बनती हैं। तो एक प्रमुख पात्र रहे जिसकी कोई मंजिल हो और सारी कहानी यह हो कि उस मंजिल तक पहुँचने में क्या बाधाएँ आईं और आखिर में वह मंजिल उसे मिली (सुखांत) या नहीं मिली (दुखांत) ? एक प्रमुख पात्र, एक मंजिल, कुछ बाधाएँ, ये हैं फिल्मी कहानी के बुनियादी तत्त्व। तो फिल्म के लिए कहानी ढूँढ़िए, उपन्यास या महागाथा नहीं।

इससे आपके मन में यह धारणा बन सकती है कि साहित्य में जिसे 'शॉर्ट स्टोरी' या कहानी कहा जाता है वह फिल्म के लिए आदर्श हो सकती है। लेकिन ऐसा सोचना गलत है। कुछ तो इसलिए कि ज्यादातर साहित्यिक कहानियों में, खासकर आधुनिक कही जानेवाली कहानियों में नाटकीय तत्त्व बहुत कम होता है। जिन परम्परागत कहानियों में नाटकीय तत्त्व होता भी है, उपकथानकों के अभाव में उनका कथानक इतना छोटा-सा होता है कि उसे लेकर दो घंटे की फिल्म नहीं बन सकती। नाटकीय तत्त्व वाली परम्परागत कहानियाँ टेलीविजन के लिए आधे घंटे या 45 मिनट का नाटक लिखने के काम की होती हैं।

साहित्य और सिनेमा

फिल्म के लिए तो ऐसी लम्बी कहानी या लघु उपन्यास चाहिए जिसमें मुख्य कहानी के साथ-साथ दो-तीन उपकथानक भी हों। उपकथानक न हों तो फिल्म के एकरस या नीरस हो जाने का खतरा पेश आता है। फर्ज कीजिए, कोई एक्शन फिल्म हो और उसमें बतौर उपकथानक कहीं भी कोई प्रेम-प्रसंग या पारिवारिक प्रसंग न आए तो एक्शन-ही-एक्शन देखकर दर्शक ऊबने लगता है। दूसरी ओर अगर उपकथानक जरूरत से ज्यादा हों तो मुख्य कथानक उनमें कहीं खो जाता है और फिल्म निरुद्देश्य-सी मालूम होने लगती है। लिहाजा उपकथानक इतने होने चाहिए कि फिल्म में थोड़ी विविधता उत्पन्न हो। और वे ऐसे होने चाहिए जिनसे फिल्म को अपने मुख्य रस के अलावा कुछ अन्य रस भी मिल सकें, जिनसे मुख्य कथानक की गति बढ़े या गुत्थियाँ सुलझें। ऐसा तभी हो सकता है जब उपकथानक मुख्य कथानक से जुड़े हुए हों और कुछ पात्र ऐसे हों कि जिनके सहारे कहानी एक उपकथानक से दूसरे में जाती रह सकती हो। यही नहीं, मुख्य कथानक और उपकथानकों की समस्या का चरमोत्कर्ष या समाधान भी एक साथ ही हो।

आपको लग सकता है कि उपन्यास और महागाथा टेलीविजन के लिए अधिक उपयुक्त रहते होंगे। आपकी यह धारणा गलत नहीं। कई देशों में तो टेलीविजन धारावाहिकों को पुकारा ही टेली-उपन्यास जाता है। टेलीविजन के लिए भी कथानक कई-कई प्रमुख पात्रों वाला, कई-कई उपकथाओं वाला होना चाहिए ताकि उसे किस्त-दर-किस्त एक लंबे अरसे तक दिखाया जा सके। लेकिन यहाँ भी इस ओर ध्यान दिलाना जरूरी है कि हर साहित्यिक उपन्यास का अन्त होता है जबकि टेलीविजन धारावाहिक के लिए एक ऐसी कहानी की माँग की जाती है जो शैतान की आँत की तरह खिंचती ही चली जाए। तो भले ही उपन्यासों का टेलीविजन के लिए बेहतरीन रूपांतर किया जा सकता हो—बी.बी.सी. ने इस क्षेत्र में उल्लेखनीय सफलता प्राप्त की है—व्यावसायिक टी.वी. उपन्यासों के रूपांतर पर पैसा लगाने के लिए ज्यादा उत्साही नहीं होता क्योंकि उसमें एपिसोडों की संख्या सीमित होती है। जब तक दर्शक जुटें, रेटिंग बढ़े तब तक उसे खत्म करने की नौबत आ जाती है और किसी भी तरह कहानी को खींचा नहीं जा सकता।

फिल्मों की तरह टेलीविजन में भी यह देखा गया है कि साहित्यिक दृष्टि से उत्कृष्ट उपन्यास रूपान्तरण के काम के साबित नहीं होते और कई बस ठीक-ठाक से उपन्यासों पर अच्छे धारावाहिक बन पाते हैं। इसकी वजह यह है कि दृश्य-श्रव्य माध्यम के लिए कहानी ऐसी होनी चाहिए जो घटनाओं से भरपूर और नाटकीयता से सराबोर हो। साहित्यिक किस्म की कृतियों में विश्लेषण अधिक होता है और कहानियत कम। इसके बावजूद विदेशों में व्यावसायिक टी वी तक में यदा-कदा उपन्यासों पर आधारित 'मिनीसीरीज' बनाने का साहस किया गया है। 'मिनीसीरीज' को न साधारण टी वी धारावाहिक की तरह परिकल्पित किया जाता है, न बनाया जाता है। उसकी अवधारणा कुछ खंडों वाली एक विराट फिल्म के रूप में की जाती है और उसके लिए सिनेजगत के प्रसिद्ध सितारे और दिग्दर्शक अनुबन्धित किये जाते हैं। उसकी पब्लिसिटी भी फिल्मों की तरह की जाती है ताकि विज्ञापनदाता पहले ही जुटा लिये जायँ। अफसोस कि हमारे टी वी पर अभी तक 'मिनीसीरीज' का चलन नहीं हो पाया है। प्रसंगवश सीरीज यानी शृंखला विदेशी टी बी में धारावाहिक के लिए प्रयोग होने वाला शब्द है।

कथा में नाटकीयता होने की बात की गई थी, इसलिए आपको नाटक पटकथा के लिए अधिक उपयुक्त लग सकते हैं। कई अच्छे नाटकों पर अच्छी फिल्में बनी भी हैं लेकिन जैसा कि बताया जा चुका है, अक्सर नाटक में कहानी का बहुत-सा भाग सामने होता हुआ नहीं दिखाया जाता। फिल्म में इस तरह की कैद बिल्कुल नहीं है और टी वी. में है भी तो इसीलिए कि बनाने वालों के पास बजट सीमित होता है लिहाजा वे बहुत ज्यादा घटना-स्थल नहीं रखना चाहते। खैर, बड़ा पर्दा हो या छोटा उसमें मंच के नाटक को ज्यों-का-त्यों दिखाने पर प्रस्तुति प्रभावशाली नहीं हो पाती। उसे दुबारा लिखकर उसमें बहुत कुछ जोड़ना-घटाना आवश्यक होता है। जिन घटनाओं का केवल संवादों में उल्लेख हुआ हो उन्हें बाकायदा होता हुआ दिखाना पड़ता है।

रूपान्तरण के गुर

साहित्य और सिनेमा बिल्कुल भिन्न किस्म के माध्यम हैं। इस बात को आप तब विशेष रूप से ध्यान में रखें जब आपके सामने साहित्यिक कृति के सिनेमाई रूपान्तरण की समस्या प्रस्तुत हो। अगर रूपान्तरण के लिए कोई शॉर्ट स्टोरी चुनी गई हो तो आपको उसमें उपलब्ध संकेतों के अनुसार कुछ काम करने होंगे। पहला यह कि उसमें जो भी घटनाएँ घटित होती हुई दिखायी देती हों अथवा जिनके घटित हो चुकने का उल्लेख हो, उन्हें अपनी कल्पना से ज्यादा से ज्यादा विस्तार और नाटकीयता प्रदान करनी होगी। दूसरा यह कि अगर उसमें सहायक पात्र हों और उनकी भी अपनी कुछ कहानियों का ज़िक्र हो तो उनके इर्द-गिर्द उपकथानक बुन डालने होंगे। अगर, न ऐसे पात्र हों, न उनके कथानक तो सबसे अच्छा तो यही है कि आप उस कहानी को रूपान्तरित करने का इरादा छोड़ दें। मजबूरी ही हो तो सहायक पात्र भी गढ़ें और उपकथानक भी गढ़ें। तीसरा काम आपको यह करना होगा कि मुख्य कथानक और उपकथानक की सभी

घटनाओं को एक ऐसे क्रम में पिरोना होगा कि नाटकीयता उत्तरोत्तर बढ़ती हुई नजर आए। किसी साहित्यिक हिन्दी कहानी पर बनी हुई सबसे अच्छी फिल्म "तीसरी कसम" है। कहानी पढ़ने के बाद आप फिल्म देखेंगे तो पाएँगे कि कहानी में दिए गये छोटे-से-छोटे संकेत का पटकथा में फिल्म को भरापूरा बनाने की दृष्टि से भरपूर उपयोग किया गया है।

उपन्यास का रूपान्तरण करते समय समस्या यह पैदा होती है कि उसमें बहुत ज्यादा सहायक पात्र, उपकथानक नजर आते हैं। कई बार कथानक का कालक्रम भी बहुत लम्बा होता है। प्रवाह मन्द रहता है। इसलिए जहाँ कहानी पर फिल्म बनाते समय कुछ जोड़ने की समस्या प्रस्तुत होती है वहाँ उपन्यास पर फिल्म बनाते समय बहुत कुछ काट देने की समस्या प्रस्तुत होती है। पटकथाकार को ऐसा सबकुछ काट देना पड़ता है जो कथा-प्रवाह को शिथिल बनाता हो या कथानक की दृष्टि से अनावश्यक हो। जाहिर है इससे अक्सर स्वयं उपन्यासकार को और उसके प्रशंसकों को बहुत पीड़ा पहुँचती है। इसलिए उपन्यास का रूपान्तरण करते समय अगर सम्भव हो तो उसके मूल लेखक को अपना सहयोगी बनायें और उससे कहें कि सिनेमा की आवश्यकताओं के अनुरूप वह खुद ही काट-छाँट कर दे। उपन्यास में कहानी काफी इधर-उधर भटकती रहती है। पहले आप यह तय करें कि उसकी मुख्य कहानी का सीधा प्रवाह किस प्रकार है ? उसी को प्रमुखता देते हुए पटकथा की रूपरेखा बनायें। अक्सर साहित्यिक कृतियों में संवादों की भाषा भी कुछ ज्यादा ही साहित्यिक हो जाती है। रूपान्तरण में संवादों को रोजमर्रा की बोलचाल के अधिक निकट लाने की कोशिश करें।

बताओ बनाम दिखाओ

नाटक तो होते ही संवाद-प्रधान हैं। यह भी देखा गया है कि नाटकों के संवाद बहुत लम्बे-लम्बे होते हैं और इस तरह के होते हैं कि अभिनेता उन्हें भाषण-बाजी वाले अंदाज में प्रस्तुत करके श्रोताओं पर अपना रंग जमा सके। अगर नाटक "क्लासिक" न हो तो आप उसके संवादों को छोटा बनाने और भाषण-बाजी वाला तत्व कम करने का यत्न कर सकते हैं। क्लासिक नाटकों में आपके सामने दो विकल्प रहते हैं। या तो यह कि संवादों को स्वाभाविकता प्रदान करने का काम दिग्दर्शक और अभिनेता पर छोड़ दें या फिर क्लासिक नाटक से केवल कथानक लें और सारे संवाद नये सिरे से लिख डालें। नाटकों का रूपान्तरण करते समय भी आपके सामने उनमें बहुत कुछ जोड़ने की समस्या प्रस्तुत होगी। नाटक में तमाम ऐसी घटनाओं का उल्लेख होता है जो या तो पहले हो चुकी थीं या नाटक के दौरान ही दो दृश्यों या अंकों के बीच मंच से परे कहीं हो गयी हैं। इस तरह की जो घटनाएँ हों, उनके बारे में आप सोचें कि वे कथानक के निरूपण की दृष्टि से कितनी आवश्यक हैं ? जो भी घटना कथा समझने के लिए आपको आवश्यक लगे उसे शुरू में ही घटित होता हुआ दिखायें या फिर बाद में फ्लैश-बैक के रूप में ले लें। दृश्यों और अंकों के बीच जो घटनाएँ घटित हो चुकी

बतायी गयी हों उन सब को आप नया दृश्य लिखकर बाकायदा घटित होता हुआ दिखायें। याद रखें कि दृश्य-श्रव्य माध्यम का मूल मन्त्र है 'बताओ मत, दिखाओ'। उधर नाटक का मूल मन्त्र यह है 'बताओ, मत दिखाओ'। यही वजह है कि कुछ अपवादों को छोड़ नाटक पर आधारित फिल्में बहुत ''रंगमंचीय'' लगती हैं।

मौलिक लेखन क्यों न करें

जानकार लोगों का कहना है कि जितनी मेहनत अनुवाद करने में लगती है उतनी शायद मौलिक लेखन में नहीं। इसी तर्ज पर यह भी कहा जा सकता है कि जितनी मेहनत साहित्यिक कथा का पटकथा में रूपान्तरण करने में लगती है उससे कम मेहनत में आप अपने हिसाब से एक मौलिक कथा सोचकर उस पर पटकथा लिख सकते हैं। तो आप मौलिक कथा सोचने की कोशिश कीजिए। सबसे पहला सवाल यह है कि कथा के लिए कच्चा माल कहाँ से लाएँ ? इसका जवाब है कि लेखक का अनुभव ही कच्चा माल होता है। आपकी स्मृति सैकड़ों घटनाओं, चरित्रों की खान है। कहानी बनती है उन घटनाओं से जो चरित्रों की टकराहट से पैदा होती हैं और उन घटनाओं की रोशनी में चरित्र उजागर होते हैं। अनुभव भी दो तरह का होता है—एक प्रत्यक्ष, जो आपने खुद भोगा, जिसके आप खुद गवाह रहे हों; दूसरा परोक्ष, जो आपने दूसरों से सुना हो या जिसके बारे में आपने पढ़ा हो।

प्रत्यक्ष अनुभव के लिए ज्यादा-से-ज्यादा चीजें खुद देखिए, खुद करिए। अफसोस कि हमारे यहाँ अक्सर लेखक मध्यवर्गीय कुएँ के मेंढक वाली जिंदगी बिताते हैं इसलिए उनका अनुभव क्षेत्र बहुत सीमित हो जाता है। बहरहाल, खुद करने और देखने की भी एक सीमा होती है और प्रत्यक्ष अनुभव के लिए एक पूरी उम्र भी काफी नहीं होती। इसलिए परोक्ष अनुभव का सहारा लेना नौजवान लेखकों के लिए बहुत जरूरी हो जाता है। परोक्ष अनुभव के लिए ज्यादा-से-ज्यादा लोगों से मिलिए और उनसे उनके क्षेत्र की, उनके जीवन की, ज्यादा से ज्यादा जानकारी हासिल कीजिए। इसके अलावा ज्यादा-से-ज्यादा पढ़िए। वे उपन्यास और कहानियाँ ही नहीं जो अन्ततः उनके लेखकों के प्रत्यक्ष या परोक्ष अनुभवों पर ही आधारित होती हैं बल्कि जीवनियाँ, पुराण, लोककथाएँ, इतिहास और मनोविज्ञान व समाजशास्त्र की पुस्तकें भी। और सबसे जरूरी यह कि नई-पुरानी ऐसी तमाम फिल्में और टी.वी. शृंखलाएँ जरूर देखिए जिनकी सराहना हुई हो या जिन्हें निंदा के बावजूद जबरदस्त सफलता मिली हो।

याद रखिए, दुनिया में कथानक सीमित हैं। वही-वही कहानियाँ हैं जो देश-काल में थोड़े-बहुत अन्तर के साथ बार-बार लिखी जा रही हैं। पुरानी कहानी को नया रूप मिलता है नए परिवेश से। और नए लेखक के अपने व्यक्तित्व से। फर्ज कीजिए कि दोस्त के साथ दोस्त की दगाबाजी की एक सशक्त कहानी आपको 18वीं सदी के किसी राजवंश के इतिहास में मिलती है। उन्हीं दिनों आप किसी ऐसे आदमी से मिलते हैं जो हवाले के धंधे से जुड़ा रहा है और उससे आपको बहुत-सी दिलचस्प जानकारी हासिल

होती है। अब आप उस ऐतिहासिक घटना को आधुनिक हवाला धंधे के परिवेश में ढाल देते हैं। इस तरह एक बिल्कुल नई कहानी बन जाती है। यही नहीं, जब आप उस पुरानी कहानी को लिखते हैं तो आपका व्यक्तित्व, जो आपके संस्कारों से, पैतृक विरासत से, आपके परिवेश और आपकी विचारधारा से निर्धारित होता है, उस पर अपनी विशिष्ट छाप छोड़ता है। एक ही प्रेम-कहानी जब दो अलग-अलग लेखक लिखते हैं तो उनका रंग बिल्कुल अलग-अलग होता है। लिखते समय उनके संस्कार और उनका व्यक्तिगत अनुभव भी बोल रहा होता है।

हर कहानी एक केन्द्रीय विचार बिन्दु के यानी आइडिया के रूप में जन्म लेती है। आइडिया गोया वह मकड़ा है जो अपने चारों ओर कथानक का जाल बुनता चला जाता है। शो बिजनेस में आइडिया का बड़ा माहात्म्य है। निर्माता अक्सर यह कहते पाए जाते हैं कि आपके पास कोई नया आइडिया हो तो बताइए। चलिए आपको आइडिया का कुछ आइडिया दे दें।

4

अथ आइडिया माहात्म्य

जैसा कि मैंने कहा, शो बिजनेस में कहानी-वहानी से पहले आइडिया पूछे और सुने जाते हैं। कहा जा सकता है कि इस धंधे में लोग आइडिया की ही खाते हैं। आइडिया या केन्द्रीय विचार बिन्दु वह बीज है जिससे सारा प्रॉजेक्ट जन्म लेता है। ये आइडिया वहीं से मिलते हैं जहाँ से कथाएँ मिलती हैं—यानी आपके भीतर से, आपके आस-पास से, पत्र-पत्रिकाओं से, उपन्यासों और कथा-संग्रहों से, इतिहास और जीवनियों से, पुराण और लोककथाओं से, मनोविज्ञान और समाजशास्त्र की पोथियों से।

फर्ज कीजिए, आप समाजशास्त्र की किताब में पढ़ते हैं या सुनते हैं कि किसी राज्य में रिवाज है कि नवरात्रि पर देवी की मूर्ति के साथ रात-दिन नाचने-गाने और श्रद्धालुओं की पिचकारियों और बाल्टियों की मार से भीगते रहने के लिए शूद्रों को अस्थायी रूप से ब्राह्मण का दर्जा दे दिया जाता है। सवर्ण स्वयं इसलिए भीगते हुए नाचना-गाना नहीं चाहते कि बीमार पड़ने का जोखिम है। यह पढ़कर आपके मन में एक आइडिया आता है कि अगर अस्थायी रूप से ब्राह्मण बना कोई शूद्र पर्व के दौरान नाचता-भीगता मर जाता है तो उसे क्या माना जाएगा ब्राह्मण या शूद्र ? इसी से आपके मन में एक कहानी जन्म लेने लगती है कि सवर्ण और शूद्र दोनों ही शव का दाह-संस्कार करने नहीं आते क्योंकि सवर्णों के अनुसार वह शूद्र का शव है और शूद्रों के अनुसार ब्राह्मण का। अगर आप इतना मूल आइडिया ही सुनाएँ तो कलात्मक और प्रगतिशील फिल्में बनानेवाला कोई भी निर्माता या दिग्दर्शक उसमें रुचि लेगा क्योंकि उसे इसमें जातीय व्यवस्था की अमानवीयता पर जबरदस्त प्रहार करनेवाली फिल्म की सम्भावना नजर आएगी। वास्तव में इसी आइडिया पर कन्नड़ में 'ग्रहण' नाम की एक मशहूर फिल्म बनी थी।

आइडिया से ही मिलती-जुलती एक चीज है 'प्रीमाइज' जिसका नाटकों के सन्दर्भ में अक्सर जिक्र किया जाता है। आपने गौर किया होगा कि हर नाटक दर्शक को अन्ततः कोई नसीहत दे जाता है। अब इसी बात को उलटी दिशा में सोचें तो पता चलता है कि हर नाटक किसी नसीहत को ध्यान में रखते हुए लिखा जाता है। नसीहत वह फलसफा है जिसे नाटककार खुद मानता है और उम्मीद करता है कि दर्शक भी या तो पहले से उसके कायल होंगे या नाटक देखकर हो जाएँगे। दूसरे शब्दों में, नाटक की नसीहत सारे समुदाय में प्रचलित कोई अवधारणा होती है। यह अवधारणा, यह प्रीमाइज नाटक की आधारिका बनती है। हर आधारिका आपको पटकथा के लिए भी

आइडिया दे सकती है। मिसाल के लिए, एक आधारिका—'घमंडी का सिर नीचा'। आप सोचने बैठें कि कौन घमंडी था, किसने उसका सिर नीचा किया तो एक नाटकीय कथा तैयार हो जाएगी। शेक्सपियर के नाटक 'टेमिंग ऑफ द श्रू' का नायक घमंडी नायिका का सिर नीचा करता है । इस आइडिया पर कई फिल्में बनी हैं। घमंडी नायक का नायिका द्वारा सिर झुका दिए जाने का कथानक भी कई फिल्मों में आया है।

प्रीमाइज उर्फ आधारिका

सच तो यह है कि शेक्सपियर के नाटकों की आधारिकाओं का अन्य नाटककार और पटकथा लेखक जमकर इस्तेमाल करते रहे हैं। मिसाल के लिए 'मैकबेथ' की आधारिका यह है कि बहुत ऊँचा उठने की कोशिश इनसान को नीचे गिराती है। 'ओथेलो' की आधारिका यह है कि ईर्ष्यालु प्रेमी खुद को भी खत्म करता है और अपनी प्रेमिका को भी। 'किंग लीयर' की आधारिका यह है कि अपने सगे-से-सगे पर भी भरोसा करना बहुत खतरनाक होता है। इसी तरह 'रोमियो एंड जूलियट' की आधारिका यह है कि सच्चा प्यार कभी नहीं झुकता और मरकर भी अमर रहता है। आप सोचने बैठेंगे तो इन आधारिकाओं पर बनी आपको बहुत-सी फिल्में याद आ जाएँगी। बल्कि आप दिमाग पर थोड़ा और जोर दें तो आपका ध्यान इस ओर जाएगा कि कई फिल्मों में शेक्सपियर के नाटकों की कहानी को ही किसी अन्य परिवेश में रख कर, थोड़ा-सा भिन्न जामा पहनाकर पेश कर दिया गया है।

'रोमियो एंड जूलियट' को ही ले लीजिए। यह दो शत्रु-परिवारों की कहानी है। इसमें नायक और नायिका के परिवार एक-दूसरे के शत्रु होते हैं और यह शत्रुता उनके प्यार में बाधक बनती है। नायिका की शादी कहीं और कराई जाने लगती है। ऐन शादी के मौके पर नायिका बहुत ही गहरी और लम्बी नींद लानेवाली दवा पी लेती है ताकि लोगों को लगे कि वह मर गई। दुर्भाग्यवश नायक को यह पता नहीं चल पाता कि वह केवल नाटक कर रही है। उसे मरा हुआ जानकर वह जहर पीकर उसकी बगल में लेट जाता है। जब वह नींद से जागती है और नायक को मरा हुआ पाती है तो खुद को भी मार लेती है। इससे मिलता-जुलता कथानक बॉलीवुड की पचीसियों फिल्मों में आपको मिलेगा। ताजातरीन और यादगार मिसाल है 'कयामत से कयामत तक'। हॉलीवुड में रोमियो-जूलियट की कहानी को न्यूयॉर्क के गली-कूचों में आपस में लड़ते रहनेवाले गिरोहों की पृष्ठभूमि में फिल्माकर 'वेस्ट साइड स्टोरी' बनाई गई। इसमें कहानी बिल्कुल वही थी मगर सारा लड़ाई-झगड़ा, नाच-गाना आधुनिक शहरी जीवन से जुड़ा हुआ था। 'आइडिया से आइडिया निकलता है'—इस धारणा को पुष्ट करते हुए हॉलीवुड में एक और फिल्म बनी जिसमें परिवेश तो वेस्ट साइड की तरह आधुनिक है लेकिन पात्र शेक्सपियर के लिखे हुए संवाद ज्यों-के-त्यों बोलते हैं—'रोमियो एंड जूलियट'।

कहने का मतलब यह है कि 'लालच बुरी बला है', 'प्यार अंधा होता है', 'सत्य की सदा जीत होती है', 'जो दूसरों का बुरा चाहता है, उसका खुद बुरा होता है' जैसी

तमाम नसीहतें आप रात-दिन सुनते रहते हैं और इन सबमें नाटकीय कथानकों के बीज छिपे होते हैं। कभी-कभी आप इन आदर्शवादी नसीहतों का 'पर्दाफाश' करने के आइडिया पर भी चल सकते हैं। मिसाल के लिए, एक नसीहत यह है कि सत्य की सदा जीत होती है। आप इससे उलटा नजरिया अपनाते हुए एक ऐसा कथानक रच सकते हैं जिसमें सत्य की हार ही होती जाती है। लेकिन आप गौर करेंगे कि ऐसी फिल्में बहुत कम बनती हैं जिनमें नसीहत को सिर के बल खड़ा किया गया हो। यथार्थवाद का आग्रह करनेवाला फिल्मकार भी भले ही तीन चौथाई फिल्म में सत्य को पिटता हुआ दिखाए, अन्त में सत्य की ही जीत होना दिखाना जरूरी समझता है। जैसा कि मैंने कहा, नसीहतें जनमानस में गहरे व्याप्त अवधारणाओं की जड़ें होती हैं इसलिए उनके विरुद्ध जाना फिल्म की लोकप्रियता को संकट में डाल सकता है।

इसी तरह कहावतों में भी कहानियों के बीज गोया आइडिया छिपे रहते हैं। उदाहरण के लिए, आप इस कहावत को लें—'न नौ मन तेल होगा न राधा नाचेगी'। आखिर वह कौन-सा तेल था जिसके अभाव में राधा का नाच नहीं हो पा रहा था ? और वह राधा कौन थी जिसके न नाचे जाने पर अफसोस मनाया जा रहा था ? और हाँ, वह अफसोस मनानेवाला नायक कौन था ? फिर आप यह सोचिए कि नायक ने नौ मन तेल का जुगाड़ करने के लिए क्या-क्या पापड़ बेले ? और जुगाड़ हो जाने पर राधा ने क्या नाच दिखाया ? निश्चय ही इस तरह सोचने से किसी कामेडी फिल्म के लिए दिलचस्प कहानी बन जाएगी।

मिथक और कथानक-रूढ़ियाँ

इसी तरह पौराणिक कथाएँ, लोककथाएँ और परीकथाएँ आपको फिल्मी कथानक के लिए बहुत बढ़िया आइडिया दे सकती हैं। सच तो यह है कि उनमें आपको नाटकीयता के तमाम नुस्खे मिल जाएँगे। कुछ विशेषज्ञों का तो यहाँ तक कहना है कि संसार की तमाम कहानियों का आदिरूप पुराणों, लोककथाओं में मौजूद है। धर्मराज युधिष्ठिर का जुआ खेलने की कमजोरी के कारण अपना सब कुछ गँवा बैठना कथाक्रम को बदलनेवाला एक यादगार नाटकीय नुस्खा है। एक नेक इनसान अपनी इकलौती कमजोरी के कारण बुरे वक्त की चपेट में आ गया, ऐसा कथानक आपको तमाम फिल्मों में देखने को मिल सकता है। इसी तरह रुस्तम-सोहराब की कहानी, जिसमें एक-दूसरे को न पहचानने वाले बाप-बेटे एक-दूसरे के जानी दुश्मन हो जाते हैं, कई फिल्मों में प्रयोग की गई है। सौतेली माँ और बहनों के दुर्व्यवहार से परेशान रहनेवाली सिनडेरेला की परीकथा कई बार ज्यों-की-त्यों फिल्माई गई है। इसी तरह तेज-तर्रार खरगोश से दौड़ में जीत जानेवाले सुस्त-कदम मगर सधे-बधे कछुए की जीत जाने की नीति कथा को भी फिल्मों का आधार बनाया गया है। हमारे यहाँ सई परांजपे ने इसी पर 'कथा' नामक कामेडी फिल्म बनाई थी।

तो प्राचीन कथाओं में आपको नाटकीयता के तमाम नुस्खे मिलते हैं। इनका

शास्त्रीय नाम है कथानक रूढ़ियाँ। अब जैसे प्राचीन कथाओं में मिलनेवाली एक रूढ़ि यह है कि दो सगे भाइयों में से एक अच्छा होता है, दूसरा बुरा। जैसे विभीषण और रावण, एबुल और केन। अगर आप सोचने बैठें तो आपको इस तरह के दो भाइयों वाली तमाम देसी-विदेशी फिल्में याद आ जाएँगी। प्रसंगवश इसी कथानक रूढ़ि पर राज खोसला द्वारा बनाई गई फिल्म 'दो रास्ते' देखकर एक मलयाली निर्माता ने अपने लेखक से कहा कि हिन्दी की इस हिट फिल्म की कहानी उड़ा लो। मलयाली लेखक ने उसे थोड़ा अधिक साहित्यिक तेवर देते हुए लिख मारा। उस पर जो फिल्म बनी वह मलयालम में हिट हुई। उसकी कहानी तमिल निर्माता ने खरीद ली। तमिल में भी उस पर हिट फिल्म बनी। फिर उसी के आधार पर तेलुगु में सुपर हिट फिल्म बनी। बम्बई का एक निर्माता गया और तेलुगु वालों से कहानी खरीदकर ले आया। अपने अनुबन्धित डायरेक्टर राज खोसला को जब उसने वह कहानी सुनाई तब उन्होंने माथा पीट लिया।

ऐसा हो तो क्या हो

अधिकतर आइडिया यह पूछने पर पैदा होते हैं कि अगर ऐसा हो तो क्या हो ? फर्ज कीजिए, आपको एक लोककथा याद आती है जिसमें एक खुर्राट कंजूस किसी सीधे-सादे व्यक्ति को इस शर्त पर नौकरी देता है कि अगर तुम नौकरी छोड़ने को कहोगे तो मैं तुम्हारी नाक काट लूँगा और अगर तुमसे मैं नौकरी छोड़ने को कहूँ तो तुम मेरी नाक काट लेना। सीधा-सादा नौकर इतना परेशान किया जाता है कि अन्त में अपनी नाक कटवाकर लौट आता है। तब उसका चतुर भाई उसी मालिक के यहाँ उसी शर्त पर नौकरी करता है और अपनी चतुराई से उसे इतना परेशान करता है कि छुटकारा पाने के लिए मालिक को अपनी नाक कटवानी पड़ती है।

अब इस कथा को याद करते हुए आप अपने से पूछते हैं कि अगर दो बिछड़े हुए जुड़वा भाई हों—एक सीधा और दूसरा चतुर और सीधे को सतानेवाले खुर्राट लोगों का चतुर से पाला पड़ जाय तो क्या हो ? इस आइडिया से एक पूरी कहानी जन्म लेती है जो दिलीप कुमार के डबल रोल वाली हिट फिल्म 'राम और श्याम' का आधार बनती है। बात यहीं खत्म नहीं होती। वर्षों बाद पटकथा लेखक सलीम-जावेद की जोड़ी तरुण दिग्दर्शक रमेश सिप्पी से कहती है कि अगर 'राम और श्याम' की कहानी को जुड़वाँ भाई की जगह जुड़वाँ बहनों की कहानी बना दिया जाय तो कैसा रहे ? यह आइडिया रमेश सिप्पी को पसन्द आता है और हिट फिल्म 'राम और श्याम' एक अन्य हिट फिल्म 'सीता और गीता' को जन्म देती है। वर्षा बाद 'सीता और गीता' ही आधुनिक परिवेश में ढलकर 'चालबाज' बनती हैं।

इसी तरह श्याम बेनेगल के 'कलयुग' का आइडिया यह पूछने पर पैदा हुआ कि अगर कौरव और पांडव आज के औद्योगिक घरानों के रूप में दिखाए जाएँ तो क्या हो ? तो अपने से पूछते रहने की आदत डालिए कि अगर ऐसा हो तो क्या हो ? क्या पता आपको भी कोई हिट कथानक हाथ लग जाए। 'अगर एक तलाकशुदा पति अपने प्यारे

बच्चों के निकट पहुँच सकने के लिए औरत का भेस धारण करके पत्नी के यहाँ नौकरी कर ले तो क्या हो ?' ऐसा पूछनेवाले ने 'मिसेज डाउटफायर' नामक फिल्म लिख डाली। ऐसा मौलिक आइडिया बहुत कम सूझता है इसलिए बाद में दूसरे भी उसे थोड़ी हेर-फेर के साथ अपना लेते हैं और कभी-कभी उनकी फिल्म भी उतनी ही सफलता प्राप्त करती है जितनी कि प्रेरणा देनेवाली फिल्म। उदाहरण के लिए 'मिसेज डाउटफायर' पर ही अभिनेता-दिग्दर्शक कमल हासन ने हिट फिल्म 'चाची 420' बनाई थी।

आप कहेंगे यह तो आइडिया चुरानेवाली बात हुई। अब ऐसा है कि फिल्मी दुनिया में आइडिया की चोरी को चोरी नहीं कहा जाता है। वहाँ तो पहले देखी हुई फिल्म ज्यों-की-त्यों या थोड़े हेर-फेर के साथ दुबारा बना ली जाती है। हॉलीवुड की प्रसिद्ध फिल्म 'स्लीपिंग विद द एनेमी' की नकल पर बॉलीवुड में एक साथ दो-दो फिल्में बनीं—'अग्निसाक्षी' और 'दरार'। संयोगवश दोनों ही सफल रहीं।। खुद हॉलीवुड में अक्सर ऐसा हुआ है कि किसी सफल और मशहूर विदेशी फिल्म के कथानक को अमेरिकी जामा पहनाकर फिल्मा लिया गया है। उदाहरण के लिए प्रसिद्ध, जापानी फिल्म 'द सेवन समूराई' के आधार पर हॉलीवुड में 'द मैगनीफिसेंट सेवन' बनी। 'सेवन' से याद आया कि हॉलीवुड की फिल्म 'सेवन ब्राइज्ड फॉर सेवन ब्रदर्स' को बॉलीवुड ने 'सत्ते पर सत्ता' के रूप में पेश किया।

आइडिया की चोरी, चोरी नहीं

हाल में 'चायना गेट' बनानेवाले ने किसी गाँव को डाकुओं से बचाने के लिए जुटे वीरों की टोली का आइडिया 'सेवन समूराई' से लिया और उसमें हॉलीवुड की एक फिल्म 'द डर्टी डजन' का आइडिया मिला दिया। 'द डर्टी डजन' का आइडिया यह था कि अगर कुछ बदनाम हो चुके सैनिकों को फिर से नेकनामी कमाने के लिए एक असम्भव रूप से दुस्साहसिक काम सौंपा जाए तो क्या हो ? आप गौर करेंगे कि कुछ ऐसा ही आइडिया खूँखार कैदियों को किसी दुस्साहसिक मिशन के लिए जेल से छोड़ने का है जो बॉलीवुड में 'शोले', 'कर्मा', 'आर्मी' वगैरह में आजमाया जा चुका है।

इसी तरह का एक बड़ा पुराना फिल्मी आइडिया है किसी को थोड़े से समय के लिए पति या पत्नी बना लिया जाए तो क्या हो ? इस आइडिया पर गुरुदत्त ने यादगार कामेडी 'मिस्टर और मिसेज फिफ्टी फाइव' कभी बनाई थी और हाल में इसी आइडिया पर 'हम आपके दिल में रहते हैं' बनाई गई है। इसीलिए आपको नेक सलाह दी जा रही है कि आइडिया की तलाश में नई-पुरानी देसी-विदेशी फिल्में देखें। जिन लोगों को जमाने भर की फिल्में याद हों उन्हें पटकथा लिखने में बड़ी सुविधा होती है और वे बाकायदा लेखक न भी हों तो पटकथा लेखक को अच्छे सुझाव तो दे ही सकते हैं। पहले स्टोरी-सेशन में अक्सर ऐसे लोगों को बैठाया जाता था जिन्हें पुरानी मशहूर फिल्में दृश्य-प्रतिदृश्य याद हों। वे उनमें से आइडिया निकाल-निकालकर लेखक और दिग्दर्शक को देते थे।

फिल्में देखें

जब से वी.सी.पी. निकला है तब से आइडिया चोरी का यह काम और भी आसान हो गया है। कई दिग्दर्शक अपनी पसन्दीदा विदेशी फिल्म का कैसेट लेखक को दे देते हैं कि यह बताओ कि इस कहानी को भारतीय जामा कैसे पहनाया जा सकता है ? उधर कई लेखक अपने किसी सहायक को इसी काम पर लगाये रहते हैं कि नई फिल्मों के कैसेट देखता रहे और उनमें से दिलचस्प आइडिया नोट करता रहे। आपको लग सकता है कि मैं आइडिया-चोरी की सलाह दे रहा हूँ लेकिन मैं तो आपका ध्यान सिर्फ इस ओर दिला रहा हूँ कि आइडिया कह लें, कथारूढ़ियाँ कह लें, अनगिनत नहीं हैं। वे सब-के-सब किसी-न-किसी रूप में पहले आजमाए जां चुके हैं। लिहाजा नयी-पुरानी फिल्में और नये-पुराने टी.वी. धारावाहिक देखते रहना पटकथाकार की शिक्षा का एक जरूरी हिस्सा है। आपसे कोई यह नहीं कह रहा है कि आइडिया ज्यों-का-त्यों नकल कर लें या किसी फिल्म को ज्यों-का-त्यों टीप लें। हालाँकि जैसा मैंने कहा, ऐसा भी किया जाता है। आपसे सिर्फ यह कहा जा रहा है कि फिल्में देखकर कथानक रूढ़ियों से परिचित होइए और प्रभावशाली आइडियाओं से भी। आइडिया में से आइडिया निकलता है। दो आइडियाओं को मिलाकर तीसरा आइडिया बन जाता है। किसी आइडिया को उलट देने से बिल्कुल नया आइडिया निकल आता है। जिस तरह किसी लेखक के लिए पिछला साहित्य आत्मसात् करके उस अपने संस्कार का एक अंग बनाता है, उसी तरह आप भी पिछली फिल्मों को आत्मसात कर लीजिए।

उपन्यास पढ़ें, पत्र-पत्रिकाएँ भी

साहित्य भी खूब पढ़ें। इसमें से भी आपको चरित्र मिल सकते हैं, कथानक रूढ़ियाँ मिल सकती हैं। जेन ऑस्टन ने अपने प्रसिद्ध उपन्यास 'प्राइड एंड प्रिज्यूडिस' में कई बिन ब्याही बहनों के प्रेम और विवाह की इतनी दिलचस्प कहानी लिखी कि बाद में वही एक कथानक रूढ़ि बन गई। लुईया मेरी एल्काट ने 'लिटिल विमेन' में गृहयुद्ध के दौरान अमेरिका में बिन ब्याही बहनों की शादी की कहानी लिखी। आगे चलकर थार्टन वाइडलर ने 'द मैच मैच मेकर' नामक नाटक में इसी तरह का कथानक यहूदी पृष्ठभूमि पर लिखा। उसकी बिना पर संगीत-प्रधान नाटक 'फिडलर ऑन द रूफ' लिखा गया। 'प्राइड एंड प्रिज्यूडिस' वाले आइडिया पर ही कुछ ऐसी कृतियाँ लिखी गईं जिनमें अविवाहित बहनों की जगह अविवाहित सहेलियों ने ले ली। इनमें चालू उपन्यास 'द वैली ऑफ डॉल्स' और बौद्धिक उपन्यास 'द ग्रुप' दोनों शामिल हैं। सबसे उल्लेखनीय बात तो यह है कि ये तमाम कृतियाँ सफलता से फिल्माई जा चुकी हैं। मैंने बम्बई के कई निर्माताओं को टेलीविजन धारावाहिक के लिए यह आइडिया सुनाया मगर उन्होंने ध्यान नहीं दिया। इसी आइडिया पर आगे चलकर 'अमानत' नाम का हिट सीरियल बना।

आइडिया खोजने के लिए पत्र-पत्रिकाएँ भी ध्यान से पढ़नी चाहिए। कहा जाता

है कि 'फैक्ट इज़ स्ट्रेंजर देन फिक्शन' यानी वास्तविकता किस्सा-कहानी से भी ज्यादा विचित्र होती है। सम्भव है कि आपको किसी ऐसी विचित्र घटना का पता चले जो यादगार फिल्म का मसाला जुटा सकती हो। उदाहरण के लिए, इधर अखबार बम्बई के दादाओं की आपसी लड़ाइयों की खबरों से भरे हुए रहे थे। उनसे ही 'सत्या' फिल्म के लिए प्रेरणा मिली। इसी तरह जब दिल्ली के एक पत्रकार ने औरतों को बेचे जाने के धंधे का पर्दाफाश करने के लिए मंडी से लड़की खरीदकर दिखा दी थी तब इस घटना पर 'कमला' नामक नाटक और एक फिल्म बनाई गई थी। अमेरिकी टी.वी. पर तो ताजातरीन सनसनीखेज घटनाओं पर तुरंत फिल्में बनाने और दिखाने का रिवाज ही चल पड़ा है।

पत्र-पत्रिकाओं से न केवल कहानी का आइडिया मिलता है बल्कि इस बात का भी कि लोग-बाग किन मुद्दों को लेकर चिंतित, उद्वेलित या उत्तेजित हैं। अगर आप कहानी के आइडिया को ऐसे किसी मुद्दे से जोड़ देंगे तो उसके सफल होने की सम्भावना बढ़ जाएगी। जिस समय वियतनाम युद्ध अमेरिका के जनमानस को उद्वेलित किए हुए था उस समय हॉलीवुड में उसकी पृष्ठभूमि पर कई फिल्में बनीं। इसी तरह हमारे यहाँ इधर आतंकवाद की पृष्ठभूमि पर फिल्में बनती रही हैं। प्रसिद्ध दिग्दर्शक मणिरत्नम ने पहले कश्मीरी आतंकवाद की पृष्ठभूमि में 'रोज़ा' बनाई फिर देश-व्यापी आतंकवाद की पृष्ठभूमि पर 'दिल से'। गोविंद निकलानी की हिन्दी फिल्म 'द्रोहकाल' भी आतंकवाद के बारे में है और 'द्रोहकाल' के कथानक पर ही कमल हासन ने तमिल और तेलुगु में बेहद सफल फिल्म बनाई। और तो और, वह अब उसे हिन्दी में भी बनाना चाहते हैं।

दर्शक को मंजूर, समय के अनुकूल

कहने का मतलब यह है कि वही आइडिया ज्यादा सफल हो पाता है जिससे अधिक से अधिक दर्शक अधिक-से-अधिक भावनात्मक लगाव अनुभव कर सकें। जैसे भ्रष्टाचार को केन्द्र में रखकर बनाई गई फिल्म के सफल होने की सम्भावना होती है क्योंकि आम आदमी उसका भुक्तभोगी है। जिस जमाने में डाकुओं का बड़ा हल्ला था उस जमाने में डाकुओं पर बनी फिल्में अक्सर हिट होती थीं। लेकिन आज डाकू पर फिल्म बनाने का आइडिया किसी को खास पसन्द नहीं आएगा क्योंकि वह समस्या अब पुरानी पड़ चुकी है। तेजी से होते हुए शहरीकरण और भारतीयों के विदेश में बस जाने के कारण इधर गाँव और शहर, गरीब और अमीर, पुरानी पीढ़ी और नई पीढ़ी, देसी और विदेशी के बीच खाई बढ़ती चली जा रही है। इसलिए धड़ाधड़ ऐसी फिल्में बन रही हैं जिनमें अप्रवासी भारतीय भारत आता है। जैसे 'दिलवाले दुल्हनियाँ ले जाएँगे' या 'परदेश'। प्रसंगवश 'दिलवाले दुल्हनियाँ ले जाएँगे' परम्परागत पारिवारिकता और शादी-ब्याह की यादें ताजा करने के आइडिया पर बनी फिल्म 'हम आपके हैं कौन' से भी प्रेरित थी। आइडिया समय के अनुकूल होना चाहिए और साथ ही नाटकीय सम्भावनाओं

से भरपूर भी।

अगर आइडिया में नाटकीयता का अभाव हुआ तो कोई भी निर्माता उसके प्रति उत्साह नहीं दिखाएगा। आपके पास ऐसे चरित्र होने चाहिए कि उनकी आपसी टकराहट से अथवा परिस्थितियों से उनकी टकराहट से नाटकीयता पैदा होती हो या नाटकीय घटनाक्रम शुरू होता हो। आपके पास ऐसी घटनाएँ होनी चाहिए जिनकी रोशनी में चरित्र उजागर हो सकते हों और जो अपने आपमें ही इतनी प्रभावोत्पादक और रसोत्पादक हों कि दर्शक को बाँधे रख सकती हों। जहाँ चरित्रों की प्रधानता हो और घटनाएँ उनकी टकराहट से स्वाभाविक रूप से निकली हों वहाँ 'ड्रामा' पैदा होता है। जहाँ घटनाओं की प्रधानता हो और वे घटनाएँ ऐसी हों जिन्हें आम जिन्दगी में न देखा जाता हो और जो चरित्रों की आपसी टकराहट से न उपजी हों, वहाँ मैलोड्रामा उभरता है। 'आनंद' जिसकी सारी कहानी कैंसर का रोगी होने के बावजूद अदम्य जिजीविषा से भरे हुए नायक के इर्द-गिर्द घूमती है या 'शक्ति' जिसकी सारी कहानी कठोर अनुशासन के कायल बाप और विद्रोही बेटे की टकराहट के इर्द-गिर्द, 'ड्रामा' वाली फिल्में हैं। इधर मनमोहन देसाई की अधिकतर फिल्में 'मैलोड्रामा' से भरी पड़ी हैं। याद कीजिए 'नसीब' को जिसमें कुछ दोस्त मिलकर लाटरी का टिकट खरीदते हैं। बाद में एक बेईमानी कर जाता है। या 'अमर-अकबर-एन्थोनी' जिसमें तीन बिछुड़े भाई अन्त में मिल जाते हैं और खलनायक से बदला लेते हैं।

ड्रामा-मैलोड्रामा

ड्रामा हो या मैलोड्रामा, आपके आइडिया में नाटकीयता की सम्भावना भरपूर होनी चाहिए। नाटक पात्रों के मतभेद से उपजता है तो स्थितियों-परिस्थितियों से भी। प्रारब्ध परमात्मा का रचा हुआ नाटकीय मोड़ है जो सामान्य-सी जिन्दगी को सहसा नाटकीय बना सकता है। उदाहरण के लिए पैसा कमाने के लिए, दिन-रात खटनेवाले और अपने काम से काम रखनेवाले व्यक्ति को पता चलता है कि उसे जानलेवा ट्यूमर है और वह बस कुछ ही महीने और जीवित रहनेवाला है। इस सूचना से उसकी जिन्दगी में नाटकीय परिवर्तन होता है। यह केन्द्रीय विचार-बिन्दु था एक प्रसिद्ध जापानी फिल्म का। इसी पर अमिताभ बच्चन वाली 'मजबूर' बनी है। किसी की लाटरी खुल जाना, किसी का दुर्घटना का शिकार हो जाना, किसी को संयोग से यह पता चलना कि अब तक वह अपने संगी के बारे में जबरदस्त भ्रम में जी रहा था, किसी का लुट जाना, किसी का स्थान परिवर्तन के लिए बाध्य होना, किसी के पुराने प्रेमी का लौट आना, किसी को यह पता चलना कि जिन्हें मैं माँ-बाप समझ रहा था वे मेरे असली माँ-बाप नहीं हैं—ये तमाम किस्मत के खेल नाटकीय तत्त्व से भरे होते हैं। अगर आप सोचने बैठें तो इन्हें निरूपित करनेवाली दसियों फिल्में आपको याद आ जाएँगी। इस तरह के मैलोड्रामा पर भी मास्टरी हासिल कीजिए क्योंकि जनमानस में वही रसा-बसा है और लोकप्रिय फिल्में उसी का सहारा लेती हैं।

खैर, तो जहाँ से भी हो, जैसे भी हो पहले कोई दिलचस्प आइडिया लाइए। शो बिजनेस के धंधे में सभी लोग व्यस्त होते हैं। किसी के पास लम्बा-चौड़ा कथानक पढ़ने की फुर्सत नहीं होती। ज्यादातर निर्माता और दिग्दर्शक लेखक से आइडिया सुनते हैं और कभी-कभी लेखक को खुद आइडिया दे देते हैं। बॉलीवुड की भाषा में आइडिया को अक्सर 'सब्जैक्ट' भी कहा जाता है। निर्माता लेखक से कहता है कि आपके पास कोई नया सब्जैक्ट हो तो सुनाइए। आइडिया निर्माता को सुनाने के लिए ही नहीं, बाद में पटकथा में तारतम्य बनाए रखने के लिए भी जरूरी होता है। आइडिया ही कहानी की घटनाओं को एक सुनिश्चित मंजिल दे पाता है।

तो आइडिया सोचिए और सुनाइए। याद रखिए कि उसे सुनाने के लिए आपको घंटों नहीं दिए जाते। सारी बात संक्षेप में करनी होती है। कहा जाता है कि हॉलीवुड के विख्यात निर्माता सेसिल बी. डेमिल ने किसी लेखक को कहानी सुनाने के लिए एक मिनट का वक्त दिया था। जब लेखक ने कहा एक मिनट में तो कोई कहानी नहीं सुनाई जा सकती तब डेमिल ने उससे कहा, जो कहानी एक मिनट में नहीं सुनाई जा सकती, वह फिल्म बनाने के काम की नहीं होती।

आइडिया तो एक मिनट क्या कुछ सेकेंडों में भी सुनाया जा सकता है। जैसे यह कि हाजी मस्तान के जीवन से प्रेरित एक फिल्म बनाई जाए (दीवार)। जैसे यह कि हाजी मस्तान के जीवन पर बनी फिल्म 'दीवार' सफल रही थी तो क्यों न बम्बई के एक और माफिया सरगना वरदराजन पर तमिल फिल्म बनाई जाए—'नायकन'। जैसे यह कि तमिल में जो सफल फिल्म 'नायकन' बनी है क्यों न उसकी कहानी हिन्दी में फिल्मा दी जाए—'दयावान'। जैसे यह कि कछुए और खरगोश की दौड़ की जो पुरानी कथा है उसे सीधे-सादे नायक और चालू नायक की कहानी क्यों न बना दिया जाए--'कथा' ?

आइडिया को सेकेंडों में सुनाया जा सकता है मगर कहानी उसके बारे में हॉलीवुड में यह मान्यता है कि पूरी फिल्म की कहानी दो मिनट में सुनने या पढ़ने के लिए लिखी जा सकती है। इसे कहा जाता है 'टू मिनट मूवी'। यह फिल्म की कहानी का पहला और सबसे छोटा सार-संक्षेप होता है। उसके आगे ज्यादा बड़े सार-संक्षेप किये जाते हैं। सार-संक्षेपों के बारे में अगले परिच्छेद में बात करेंगे।

5

कथासार और उसका विस्तार

तो आपने देखा कि हर पटकथा का संक्षिप्त रूप उसका आइडिया यानी केन्द्रीय विचार होता है। इसी तरह उसकी प्रीमाइज यानी आधारिका यह बता देती है कि पटकथा की 'थीम' क्या होगी ? फिल्म देखनेवाले को नसीहत क्या मिलेगी ? तो आइडिया से विषयवस्तु का पता चल जाता है और प्रीमाइज से 'थीम' का। लिहाजा आपका संक्षिप्ततम कथासार वह हुआ जिसमें आप केवल आइडिया और प्रीमाइज बताते हैं। इसके बाद बारी आती है दो मिनट में सुने या पढ़े जा सकनेवाले पटकथा-सार की जिसे हॉलीवुड की भाषा में 'टू मिनट मूवी' कहा जाता है। पहले बॉलीवुड में इसकी चर्चा नहीं होती थी, अब होने लगी है। इसमें आपको सबसे पहले यह सोचना होगा कि आपकी कहानी के खास-खास दृश्य कौन-से हैं ? उनमें क्या-क्या होता है ? और उनसे क्या-क्या सूचनाएँ मिलती हैं ? फिर उन दृश्यों को आपको तीन अंक वाले ढाँचे में लिख डालना होगा।

मन्तर बाबा अरस्तू का

तीन अंक वाले ढाँचे की चर्चा बहुत विस्तार से आगे की जाएगी क्योंकि वही पटकथा का आधार होता है। यहाँ उसका बुनियादी सूत्र बता देता हूँ। आपने गौर किया होगा कि जिन्दगी में हर चीज शुरू होती है, आगे बढ़ती है और खत्म होती है। जन्म, विकास और मरण, मानव जीवन समेत दुनिया के हर व्यापार में यही क्रम नजर आता है। यूनानी चिन्तक अरस्तू ने हर इनसानी कहानी के इस प्रकार तीनों हिस्सों में विभक्त होने की ओर ध्यान दिलाया था और हर नाटक में आदि, मध्य और अन्त—ये तीन अंक होने की बात कही थी। बाद में इन तीनों अंकों को अलग-अलग लोगों ने अलग-अलग नाम दिए हैं। हॉलीवुड वाले पहले हिस्से को 'सिचुएशन' यानी 'परिस्थिति' दूसरे को 'कॉम्प्लीकेशंस' यानी उलझाव और तीसरे अंक को 'रेजोल्यूशन' यानी निष्पत्ति पुकारते हैं।

पहले अंक में आपको बताना पड़ता है कि मुख्य पात्र कौन है ? और क्या मामला दरपेश है ? गोया ये कौन लोग हैं और इन्होंने क्या चक्कर चला रखा है ? दूसरे अंक में आपको यह दिखाना होता है कि उनके अपने-अपने चक्करों की टक्कर से क्या-क्या उलझनें पैदा हुईं और फिर कैसा महाचक्कर उठ खड़ा हुआ ? इस दूसरे अंक में घटनाओं की एक झड़ी-सी लगनी चाहिए। कथानक का यही सबसे बड़ा और सबसे

बेहतर हिस्सा होना चाहिए। फिर आता है तीसरा अंक जिसमें दूसरे अंक के महाचक्कर से पैदा संकट का समाधान प्रस्तुत करना होता है। संकट, चरमोत्कर्ष और समाधान को 'क्राइसेस', 'क्लाइमेक्स' और 'रेजोल्यूशन' कहा जाता है।

आप अपनी कहानी का घटनाक्रम इस तीन अंक वाले ढाँचे में संक्षेप में लिख डालें तो 'टू मिनट मूवी' तैयार हो जाएगी। आइए देखते हैं कि आइडिया और प्रीमाइज से टू मिनट मूवी कैसी बनाई जाती है। फर्ज कीजिए कि आपका आइडिया यह है कि एक छोटे-से कस्बे में रहनेवाले नेक और शरीफ इनसान को एक बेहद अमीर इनसान के एकमात्र जीवित वारिस के रूप में शहरी वकील खोजते हुए आ पहुँचे तो क्या हो ? आपकी आधारिका यह हो कि पैसा ही पाप का मूल है।

वन मिनट सिनाप्सिस

इस नजरिए से सोचते हुए आप एक कहानी तो यह बना सकते हैं कि पैसा पाकर हमारे नायक का सिर फिर गया। उसे चाटुकारों ने घेर लिया। वह पुराने दोस्तों को भूल गया। स्वार्थी और पापी हो गया। और ज्यादा पैसा कमाने के लिए उसने गलत काम किए जिनका उसे भयंकर नतीजा भुगतना पड़ा। लेकिन इस तरह की कहानी में कोई नवीनता नहीं होगी। तो आप सोचते हैं कि क्यों न ऐसा दिखाया जाए कि नायक पैसा पाने के बावजूद वैसा ही भोला-भाला और दयालु इनसान बना रहता है ? उसे बेवकूफ बनाने की कोशिश की जाती है। शहरी अखबारों में उसकी हँसी उड़ाई जाती है फिर एक महिला पत्रकार उसके भोलेपन पर तरस खाकर उसे सारी स्थिति समझाती है। उसे जबरदस्त सदमा पहुँचता है और वह उस दौलत को गरीबों में बाँट देना चाहता है जिसकी वजह से अमीर शहरी लोग निर्दयी और घटिया बन जाते हैं। उसे पागल ठहराकर मृत सेठ के मैनेजर सम्पत्ति स्वयं हथिया लेने की कोशिश करते हैं।

वह पागल है या नहीं इसका फैसला करने के लिए मुकदमा चलता है जिसमें प्रतिपक्ष नायक को विशेषज्ञों की सहायता से पागल सिद्ध करने में लगभग कामयाब हो जाता है। उसके भोलेपन की हर निशानी को वह पागलपन की निशानी के रूप में पेश करता है। फिर हमारा नायक अपने बचाव के लिए उठता है और पैसे के मद और लालच में पागल बने आधुनिक लोगों पर लानत भेजते हुए एक प्रभावशाली भाषण देता है। जज फैसला देता है कि वह पागल नहीं है। गरीब अवाम हमारे हीरो का जय-जयकार करते हैं और वह विरासत में मिली सम्पत्ति वस्तुतः लुटाकर अपने कस्बे के पुराने घर में लौट जाता है।

आप देखेंगे कि यह एक ऐसी कहानी है जिसमें चरित्र-प्रधान कामेडी और जबरदस्त ड्रामा दोनों की खासी गुंजाइश है। सच तो यह है कि यह हॉलीवुड की प्रसिद्ध फिल्म 'मिस्टर डीड्ज गोज टू टाउन' का कथा-सार है। इस फिल्म का निर्देशन स्वर्गीय फ्रेंक कापरा ने किया था जो शिक्षाप्रद किन्तु मनोरंजन से भरपूर फिल्में बनाने के लिए मशहूर हुए थे। यहाँ आपको जो कथा-सार दिया गया है वह सेसिल बी डेमिल के फरमान के

मुताबिक एक मिनट से भी कम समय में सुनाया जा सकता है। इस कहानी को टू मिनट मूवी के रूप में प्रस्तुत करने के लिए आपको पहले अंक में दो तरह के दृश्य लेने होंगे। एक वे जिनसे मिस्टर डीड्ज का भोलापन उजागर होता हो और दूसरे वे जिनसे अमीर अय्याश के मर जाने से मामूली-सी जिन्दगी जीनेवाले मामूली इनसान मिस्टर डीड्ज के गैर-मामूली धन-दौलत के वारिस बन जाने की घटनाएँ सामने आती हैं।

टू मिनट मूवी

तो इस पहले अंक में छोटे-से कस्बे में रहनेवाले नेकदिल नादान कुंवारे मिस्टर डीड्ज को समाजसेवा में जुटा हुआ दिखाया जाता है। वह कस्बे के अग्नि-शमन दल का उत्साही स्वयंसेवक है और ब्रास बैंड का सदस्य भी। अमीर अय्याश मर जाता है। उसके चमचे और प्रबन्धक इस खुशफहमी में होते हैं कि वह लावारिस है। लेकिन जब पता चलता है विरासत किसी मिस्टर डीड्ज को मिली है तो मृतक के महा चार सौ बीस साथी वारिस मिस्टर डीड्ज को चार सौ बीसी से महानगर ले जाने आ पहुँचते हैं। मिस्टर डीड्ज सुखी से ज्यादा दुखी होते हैं। बैंड उन्हें स्टेशन पर विदा करने आता है और वह अपने डिब्बे में खड़े-खड़े अपना साज बजाते रहते हैं। मिस्टर डीड्ज के प्रस्थान के साथ पहला अंक पूरा होता है।

नायक के शहर पहुँचते ही दूसरा अंक शुरू हो जाता है। इस अंक में घटनाओं की झड़ी-सी लगनी चाहिए। तो यहाँ नादान देहाती नायक और चौर सौ बीस शहरी प्रबंधकों का आमना-सामना होने पर तमाम ऐसी घटनाएँ होती हैं जिनमें कामेडी की गुंजाइश रहती है और यह दिखाने की भी कि इस वारिस के प्रकट हो जाने से मृतक के वकील, चमचे, प्रबंधक जितने परेशान हुए उतने ही अब उसके भोलेपन से प्रसन्न हो चले हैं और एक-दूसरे की जड़ काट कर इस बेवकूफ को अपनी मुट्ठी में लेकर लूट लेने की कोशिश में जुट गए हैं। नायक के मुँह के सामने चमचागिरी करते हैं और पीठ पीछे शहरी अमीरों के तौर-तरीकों से उसके अपरिचित होने पर हँसते हैं। लेकिन केवल कामेडी से काम नहीं चल सकता। कथा को आगे धक्का देने के लिए एक अदद नाटकीय मोड़ जरूरी होता है। यह मोड़ किसी नायिका के कारण आए तो सोने पे सुहागा। इसलिए दूसरे अंक के शुरू में ही हम एक महिला पत्रकार को ले आते हैं, जो इस बेवकूफ वारिस से दोस्ती का नाटक करके उसे निकट से जानने और अपने अखबार में उसका खाका खींचने में जुटी रहती है। धीरे-धीरे वह इस भोले-भाले नायक को दुख पहुँचानेवाले अपने काम से स्वयं दुखी हो जाती है। वही नायक को अपनी और शहरी अमीरों की दुनिया की असलियत बताती है। नायक हतप्रभ हो जाता है और विरासत में मिली सम्पत्ति को गरीबों में बाँट देने का फैसला करता है।

फिर शुरू होता है तीसरा अंक यानी क्राइसिस—नायक अपनी सम्पत्ति बाँट देना चाहता है। वकील, प्रबंधक, चमचे सब सकते में आ जाते हैं और नायक को पागल

घोषित करने की रणनीति अपनाते हैं। क्लाइमेक्स—इस सिलसिले में मुकदमा शुरू होता है, जिसमें चालाक शहरी जीतते नजर आते हैं लेकिन हमारी नायिका की गवाही के बूते पर हमारा नायक अपनी वकालत स्वयं प्रभावकारी ढंग से करते हुए मुकदमा जीत जाता है। रेजोल्यूशन—वह अपनी सम्पत्ति लुटाकर अपने छोटे-से कस्बे में लौट आता है।

तो आपको जो भी कहानी सूझे पहले उसके आधार पर 'टू मिनट मूवी' लिखें। उसके पहले अंक के दृश्यों से पात्रों के चरित्र और परिस्थिति की विशेषता स्पष्ट हो और अन्त में कोई ऐसी बात आए जिससे परिस्थिति बदले। मिसाल के लिए, लाटरी खुल जाए, दुर्घटना में कोई मर जाए या नौकरी लगने पर शहर छोड़ना पड़े वगैरह। फिर दूसरे अंक में चरित्रों के टकराहट से पैदा हुई घटनाओं की झड़ी-सी लगा दें। साथ ही कोई एक या अनेक ऐसे तत्त्व डालें जिनसे कहानी को नाटकीय मोड़ मिले। तीसरे अंक में चरमोत्कर्ष और समाधान प्रस्तुत करें। आइडिया, कथासार और टू मिनट मूवी किसी भी अनुभवी फिल्मकार को आपकी प्रस्तावित पटकथा का महत्त्व आँकने के लिए पर्याप्त लगेंगे। अगर वह दिलचस्पी दिखा रहा हो तो उसे और भी ज्यादा कायल कर देने के लिए आप उसकी सेवा में अपना 'ट्रीटमेंट' पेश कर सकते हैं।

ट्रीटमेंट : आम्बियांस और हाइलाइट्स

'ट्रीटमेंट' का मतलब है यह बताना कि कथा-निरूपण किस तरह किया जाएगा। इसमें आप साहित्यिक तेवर के साथ अपनी कहानी प्रस्तुत करते हैं और टू मिनट मूवी की तरह केवल तीन अंकीय ढाँचा ही नहीं दिखाते बल्कि पात्रों और परिस्थितियों तथा फिल्मांकन की दृष्टि से प्रस्तुत सम्भावनाओं का ब्यौरा भी देते रहते हैं। ट्रीटमेंट 15-20 से लेकर 30-40 पेज का हो सकता है। उसमें कहानी का घटनाक्रम तीन अंकों वाले ढाँचे का आभास देते हुए तो लिखा जाता है लेकिन दृश्यों में बाँटकर नहीं। आप किसी साहित्यकार की तरह अपने पात्रों की परिस्थिति एवं मनःस्थिति का घटनाक्रम और वातावरण का तथा फिल्मांकन की दृष्टि से सम्भावित आकर्षणों का ब्यौरा देते चलते रहते हैं।

ट्रीटमेंट पढ़ने से न सिर्फ यह समझ में आ जाता है कि कहानी कितनी नाटकीय है बल्कि यह भी कि कथा-स्थल और कथा-वातावरण में प्रभावशाली फिल्म बनाने की दृष्टि से क्या-क्या आकर्षक सम्भावनाएँ हैं ? वातावरण उर्फ 'आम्बियांस' ब्यौरेवार बताइए। कोई विशिष्ट दृश्य, कोई खास तरह का संगीत या नृत्य, स्पेशल इफैक्ट-जैसी कोई खास तकनीक, कोई प्रभावोत्पादक नाटकीय टकराहट, कोई जबरदस्त एक्शन प्रसंग, कोई अछूता लोकेशन जैसे जुआघर या समुद्री जहाज और ऐसी ही तमाम अन्य चीजें फिल्म की 'हाइलाइट' बन सकती हैं। उन्हें इस रूप में ट्रीटमेंट में रेखांकित करें।

अक्सर फिल्मों का कथानक तो बहुत छोटा-सा होता है, पर्दे पर उसे विस्तार हाइलाइट्स की वजह से मिलता है। इसी तरह फिल्मों की कहानियाँ भी ज्यादातर जानी-पहचानी और मिलती-जुलती-सी होती हैं। 'आम्बियांस' और 'हाइलाइट्स' से ही

उन्हें विशिष्टता मिल पाती है। उदाहरण के लिए, हिन्दू लड़के और मुसलमान लड़की में प्रेम हो जाने की कहानी बड़ी जानी-पहचानी है। इस पर फिल्में बनी हैं और आगे भी बनेंगी। यह प्रेम कहाँ-कब-किस देश-काल और वातावरण में होता है, मात्र इसी से एक ही थीम पर बनी ये फिल्में एक-दूसरे से अलग नजर आती हैं। उदाहरण के लिए, राजकपूर की 'हिना' और मणिरत्नम की 'बोम्बे' को लें। दोनों में हिंदू लड़के के मुसलमान लड़की से प्रेम हो जाने की कहानी है लेकिन 'हिना' में भारत-पाक सीमा का 'आम्बियांस' है। पाकिस्तान में हुई लोकेशन शूटिंग उसकी 'हाइलाइट्स' हैं। मणिरत्नम की 'बोम्बे' में केरल का 'आम्बियांस' है। वहाँ के अछूते लोकेशन और वहाँ की अपरिचित मुस्लिम जीवन शैली उसे दो हाइलाइट प्रदान करते हैं। जब वहाँ के हिन्दू-मुस्लिम प्रेमी पति-पत्नी बनकर मुम्बई में आ जाते हैं तब साम्प्रदायिक दंगों का चित्रण एक और हाइलाइट जुटाता है। दंगों में बच्चे का खो जाना और उसकी तलाश में पति-पत्नी का भटकना फिल्म के लिए प्रभावशाली क्लाइमेक्स और हाइलाइट्स दोनों जुटा देता है। फिर ए.आर. रहमान नए ढंग का संगीत और नृत्य-संगीत का अत्याधुनिक ढंग का फिल्मांकन भी फिल्म को 'हिना' से अलग रंग देते हैं।

कहानी वही रंगत अलग

यहाँ आप यह आपत्ति कर सकते हैं कि 'बोम्बे' और 'हिना' का रंग इसलिए भी अलग-अलग है कि उनकी थीम एक होते हुए भी उनकी कहानियाँ भिन्न हैं। तो चलिए 'जब-जब फूल खिले' और 'राजा हिन्दुस्तानी' का उदाहरण लें जिनकी कहानियाँ भी एक-सी हैं। सारा अन्तर इसलिए पड़ा है कि 'जब-जब फूल खिले' में नायक कश्मीर की झील में शिकारा चलानेवाला होता है और राजा हिन्दुस्तानी में हिल स्टेशन में टैक्सी चलानेवाला। यह देखा गया है कि देश-काल भिन्न कर देने मात्र से फिल्म की रंगत बदल जाती है। हॉलीवुड में तो पुराने जमाने में सफल हो चुकी किसी फिल्म के परिवेश या सितारे या दोनों ही बदलकर दुबारा उसी नाम से फिल्माने की परम्परा रही है। 'लिटिल वीमेन', 'रोमियो-जूलियट', 'ग्रेट एक्सपेक्टेशंस', 'हेमलेट' जैसी साहित्यिक कृतियों को अनेक बार फिल्माया गया है। अपने यहाँ भी 'लैला-मजनूँ', 'हीर-राँझा', 'देवदास' आदि लोककथाओं और साहित्यिक कृतियों पर कई-कई फिल्में बन चुकी हैं और अभी भी बन रही हैं।

कहने का मतलब यह है कि फिल्म में कथानक तो छोटा-सा रहता है, उसकी सारी प्रभावोत्पादकता उसकी 'आम्बियांस' और 'हाइलाइट्स' पर निर्भर करती है। जो फिल्में आपको यादगार लगी हों उनके बारे में कभी सोचने बैठिए। आप देखेंगे कि कहानी से ज्यादा आपको उसके कुछ खास दृश्य याद आते हैं। आप जब कभी कोई बढ़िया फिल्म देखने बैठेंगे तब पाएँगे कि उसमें वातावरण को दर्शाने पर भी उतना ही ध्यान दिया गया है जितना कि पात्रों के आपसी घात-प्रतिघात पर। सो इसलिए कि अच्छी फिल्म में पात्र ही नहीं, बिम्ब भी बोलते हैं और इन बिम्बों की खान है वातावरण। इसलिए

ट्रीटमेंट में 'आम्बियांस' और 'हाइलाइट्स' को रेखांकित किया जाता है। कभी-कभी किसी पात्र का चरित्र-चित्रण भी फिल्म की 'हाइलाइट' हो सकता है। जैसे 'सड़क' में खलनायक (नायिका) की भूमिका में एक हिंजड़े का होना या 'बाजीगर' में नायक का ही खलनायक भी होना। यही नहीं, नाटक का सारा एक्शन चरित्रों की आपसी टकराहट से पैदा होता है। इसलिए ट्रीटमेंट में संक्षिप्त चरित्र-चित्रण भी दे दिया जाना चाहिए।

एक बार फिर दोहरा दूँ कि ट्रीटमेंट के रूप में कहानी को लिखते समय आप यह बताते चलिए कि कौन पात्र कैसा है और अन्य पात्रों से उसके सम्बन्ध कैसे हैं ? घटना स्थल कहाँ है, कैसा है ? यह कहानी कब घटित हो रही है ? घटनाक्रम तीन अंकों वाले ढाँचे में किस तरह आगे बढ़ता है ? हाइलाइट्स की क्या-क्या और कहाँ-कहाँ सम्भावना है ? अपनी फिल्म की कहानी की 'टू मिनट मूवी' या ट्रीटमेंट लिखते समय कहानीपन पर जोर दीजिए, पटकथा के स्वरूप पर नहीं। उसमें साहित्यिक कहानी की तरह वातावरण, मनःस्थिति आदि निरूपित करते चलें। आप फिल्म के लिए जो कहानी 'टू मिनट मूवी' या 'ट्रीटमेंट' लिखें उसे राइटर्स एसोसिएशन के सदस्य बनकर पंजीकृत अवश्य करा लें। बदकिस्मती से फिल्मी दुनिया में आइडिया से लेकर कहानी तक सब चुराये जा सकते हैं।

6

पटकथा का कंकाल : स्टेप आउटलाइन

आइडिया (विचार), सिनोप्सिस (कथा-सार), टू मिनट मूवी (दो मिनटी पटकथा) और ट्रीटमेंट—चारों निर्माता को देने के लिए और फिल्म की सफलता की सम्भावना के बारे में आश्वस्त करने के लिए होते हैं। लेकिन जब फिल्म बनने की बात तय हो जाए तब लेखक स्वयं अपनी सुविधा के लिए और दिग्दर्शक से परामर्श के लिए एक और चीज लिखता है जिसे कहते हैं 'स्टेप आउटलाइन' यानी क्रमिक रूपरेखा। बॉलीवुड में इसे कभी-कभी 'वन लाइनर' भी कह दिया जाता है। आइए देखें 'स्टेप आउटलाइनर' किसे कहते हैं ?

मैंने एक पिछले परिच्छेद 'पटकथा क्या बला है?' में आपसे कहा है कि जैसे बच्चा कहानी सुनानेवाले से पूछता रहता है कि फिर क्या हुआ ? वैसे ही आप अपने से पूछते चले जाएँ कि इस दृश्य के बाद क्या हुआ ? और दृश्य के बाद दृश्य लिखते चले जाएँ तो आपकी पटकथा तैयार हो जाएगी। 'स्टेप आउट लाइन' और कुछ नहीं, आपकी पटकथा का पटकथा के रूप में ही सार-संक्षेप है। इसमें आप लिखते हैं कि दृश्य किस क्रम से आते हैं और किस दृश्य में क्या होता है ? गोया 'स्टेप आउटलाइन' में आप 'ट्रीटमेंट' की तरह कहानी के साहित्यिक पक्ष पर नहीं सिनेमाई पक्ष पर ध्यान देते हैं। जिस 'टू मिनट मूवी' का जिक्र किया जा चुका है उसे ही विस्तार के साथ दृश्यवार दुबारा लिखने से 'स्टेप आउटलाइन' तैयार हो जाती है।

स्टेप आउटलाइन पटकथा की रूपरेखा प्रस्तुत करती है। उससे पता चल जाता है कि दृश्य किस क्रम से आएँगे ? किस दृश्य में क्या घटना घटेगी और क्या सूचना मिलेगी ? महत्त्वपूर्ण संवाद यानी 'कि डायलॉग्स' कौन-से होंगे ? जैसे पटकथा फिल्म के लिए नक्शा प्रस्तुत करती है वैसे स्टेप आउटलाइन पटकथा के लिए नक्शा प्रस्तुत करती है। सारे संवादों समेत पूरी पटकथा लिखने से पहले यह बेहतर रहता है कि जितनी भी काट-छाँट करना हो पहले स्टेप आउटलाइन पर ही कर ली जाए।

हॉलीवुड के प्रसिद्ध दिग्दर्शक बिली वाइल्डर ने हर रंग की फिल्म बनाई और अपनी हर फिल्म के लिए लेखक आइ. ए. डायमंड के साथ मिलकर धाँसू पटकथा लिखी। उनकी मशहूर कामेडी फिल्म 'सम लाइक इट हॉट' नाटकों जैसे लम्बे-लम्बे दृश्यों के बावजूद पटकथा की दृष्टि से भी आदर्श मानी जाती है। उसमें हँसा-हँसाकर लोटपोट कर देनेवाले संवाद हैं और हर दृश्य में इतना कुछ और इतनी जल्दी-जल्दी होता रहता

है कि दर्शक को ठहराव की कोई अनुभूति नहीं होती। यह एक बैंड में काम करनेवाले दो मित्रों 'जो' और 'जैरी' की कहानी है जिन्हें बैंड के मालिक और मशहूर दादा स्पैट्स की कोपदृष्टि से बचने के लिए औरतों का वेश धारण करना पड़ता है। आइए अब इसकी स्टेप आउटलाइन देखें।

सम लाइक इट हॉट

1. पुलिसवाले एक मुर्दा गाड़ी का पीछा करते हैं जिसके ताबूतों मैं गैर-कानूनी शराब की बोतलें भरी हैं।

2. इंस्पेक्टर को पता चलता है कि दारू स्पैट्स के रेस्तराँ के लिए है।

3. स्पैट्स के रेस्तराँ के बैंड में हम जो और जैरी को अपना-अपना साज बजाते देखते हैं और हमें पता चलता है कि इस दादा के लिए काम करते हुए उन्हें कड़की के सिवा कुछ हाथ नहीं लगा।

4. स्पैट्स की रेस्तराँ पर इंस्पेक्टर छापा मारता है। जो और जैरी भाग निकलते हैं।

5. छापा पड़ने से नौकरी चली जाने के बाद जो और जैरी धंधे की तलाश में निकलते हैं। उन्हें पता चलता है कि फ्लोरिडा जाने के लिए तैयार एक बैंड में उनके जैसे साजिंदों के लिए जगह है लेकिन दिक्कत यह है कि वह औरतों का बैंड है। उसमें मर्दों के लिए जगह नहीं। दुखी होकर वे एक ऐसी जगह के लिए निकल पड़ते हैं जहाँ साजिंदों को दिहाड़ी के हिसाब से काम मिलता है।

6. वहाँ जाते हुए वे सेंट वेलैंटाइंस डे के अवसर पर नगर के दादा स्पैट्स द्वारा प्रतिद्वंद्वियों का बहुत प्रेमपूर्वक कत्लेआम कराया जाना देख लेते हैं लिहाजा स्पैट्स उन्हें भी मार देने का हुक्म देता है। वे फिर भाग निकलते हैं।

7. वे औरतों का भेस धारण करके शुगर नामक महिला के 'ऑल विमेंस बैंड' में शामिल होने स्टेशन के उस प्लेटफार्म पर पहुँचते हैं जिस पर फ्लोरिडा जानेवाली गाड़ी खड़ी है। वे गाड़ी पर चढ़ जाते हैं और शुगर को अपना परिचय जोजैफीन और डैफने के रूप में देते हैं।

पहला अंक समाप्त होता है। शुरू होता है दूसरा

8. जो और जैरी को शुगर बहुत पसन्द आती है। वे उस पर मर मिटते हैं। जो जैरी से कहता है कि तुम हर लड़की पर चालू हो जाते हो, किसी से भी सच्चा प्यार नहीं करते। इसको मेरे लिए छोड़ दो।

9. शुगर जो जैफलन बने जैरी को बताती है कि मुझे बैंडों में काम करनेवाले मर्द बिल्कुल पसन्द नहीं हैं। जब भी मैंने बैंड में मर्दों को रखा है मुझे बदकिस्मती का सामना करना पड़ता है। वह यह भी कहती है कि जिसे देखो वही मेरे पीछे पड़ जाता है। मैं तो शादी उसी से करूँगी जिसके पास तगड़ा रोकड़ा हो।

10. बैंड फ्लोरिडा पहुँचता है जहाँ डैफने बने हुए जैरी की मुलाकात ऑसगुड

नामक एक अरबपति बूढ़े ठरकी से होती है जो उस पर मर मिटता है।

10 ए. जो जैफीन बना हुआ जो शुगर के कमरे में जम जाता है और उसे बताता है कि देख लेना तुम्हारी भेंट जल्दी ही किसी खूबसूरत दिलफेंक अरबपति से होगी।

10 बी. जो जैरी को बताता है कि मैं शुगर से अरबपति बनकर मिलूँगा। जैरी कहता है, मेरे पीछे एक अरबपति पड़ा हुआ है। देखो, हमने औरतों का भेस सिर्फ स्पैट्स से बचने के लिए बनाया था। अब वापस मर्द बनकर यहाँ से चले चलो वरना और मुसीबत में पड़ेंगे।

11. तभी पता चलता है कि स्पैट्स उनकी खोज में लगा हुआ है। लिहाजा वे औरत बने रहने का ही फैसला करते हैं।

12. जो अरबपति मर्द के रूप में शुगर से मिलने के लिए ऑसगुड के कपड़े चुरा लाता है और शुगर को डिनर कराने ले जाता है। डिनर पर वह अपना परिचय एक अरबपति के इकलौते वारिस 'जूनियर' के रूप में देता है और डेफने द्वारा आसगुड के मुँह से सुनी गई बातों के आधार पर अरबपतियों के जीवन के बारे में उसे बहुत कुछ बताता है। इस सिलसिले में वह अपने शानदार जहाज का जिक्र करता है। शुगर इस 'याट' को देखना चाहती है।

13. जैरी को जो मनाता है कि तू डैफने बनकर ऑसगुड को कहीं ले जा ताकि मैं जूनियर बनकर ऑसगुड की याट को अपने बाप की बताकर उसमें शुगर को रंगरेलियाँ मनाने ले जाऊँ। जैरी भुनभुनाता है मगर राजी हो जाता है। जूनियर शुगर को याट में ले जाता है लेकिन हमबिस्तर बनाने की कोशिश में पूरी तरह सफल नहीं हो पाता।

14. उधर ऑसगुड भी यही हरकत डैफने के साथ करता है और वही विफलता पाता है।

15. होटल लौटने पर शुगर जो जैफीन और डैफने को बताती है कि मैं जूनियर को दिल दे बैठी हूँ। जैरी जो को बताता है कि ऑसगुड ने मुझसे विवाह का प्रस्ताव कर डाला है। मामला बहुत गड़बड़ होता जा रहा है, हमें अब भी यहाँ से चल देना चाहिए। दोनों मित्र औरत के भेस में होटल से निकलते होते हैं कि स्पैट्स, जो दादाओं के एक सम्मेलन में हिस्सा लेने के लिए होटल में पहुँचा है, उन्हें पहचान लेता है और इसी के साथ शुरू होता है चरमोत्कर्ष।

दूसरा अंक खत्म होता है और शुरू होता तीसरा अंक।

तीसरे अंक की पूरी स्टेप आउटलाइन न देकर आपको सिर्फ इतना बता दूँ कि अन्त में सच्चाई जान लेने के बावजूद शुगर जो से शादी करने को तैयार हो जाती है और जब डैफने ऑसगुड को बताती है कि मैं तो मर्द हूँ तो वह कहता है कि 'नो बडी इज परफैक्ट' (थोड़ा दोष तो हर किसी में होता है) !

टी. वी. में स्टेप आउटलाइन

ऊपर दी हुई स्टेप आउटलाइन से जाहिर होता है कि उसमें घटनाएँ बताने पर जोर है और संवादों के लिए मात्र संकेत ही दिये हैं। फिल्मों में कई अच्छे दिग्दर्शक पटकथा स्वयं ही लिखना पसन्द करते हैं। कभी-कभी ऐसा भी होता है कि दिग्दर्शक पटकथा किसी ऐसे लेखक से तैयार करवाता है जो किसी दूसरी भाषा का बोलने वाला हो—बॉलीवुड में बंगाली पटकथाकारों की भरमार रही है। दोनों ही स्थितियों में ब्यौरेवार स्टेप आउटलाइन बनाकर संवाद लेखक को दे दी जाती है कि अब इसमें डायलॉग भर दो। टी.वी. धारावाहिकों के क्षेत्र में जहाँ कुछ अपवादों को छोड़ कोई भी लेखक हर एपीसोड स्वयं नहीं लिख पाता, इस तरह की रूपरेखाएँ बना लेना और भी अधिक आवश्यक हो जाता है। विदेशों में, जहाँ हर सोप ऑपेरा हफ्ते में पाँच बार दिखाया जाता है और वर्षों तक चलता ही रहता है, मुख्य लेखक का काम बस इतना ही समझा जाता है कि वह कहानी सोचे और नमूने के लिए कुछ एपीसोड खुद लिखने के बाद आगे के एपीसोडों की स्टेप आउटलाइन बना-बनाकर देता रहे ताकि दूसरे उनके आधार पर संवाद सहित पटकथा लिख सकें। यहाँ प्रस्तुत है—मेरे एक टी.वी. धारावाहिक के पहले एपिसोड की स्टेप आउटलाइन—

1. हम सुन्दर किन्तु फटेहाल नौजवान किसना को तेजी से एक पहाड़ी चढ़ते हुए दिखाते हैं। उस पार से किसी ट्रेन के आने की आवाज सुनाई देती रहती है। फिर एक गहरा साँस भरकर उसी पहाड़ी में स्थित एक गुफा की ओर बढ़ता है जिसका मुँह उसने पत्थर से बन्द कर रखा है। पत्थर हटाकर वह उसमें घुस जाता है।

2. हम देखते हैं कि गुफा के भीतर समृद्ध शहरी जीवन की झाँकी प्रस्तुत करने वाली अंग्रेजी पत्रिकाएँ हैं, किसना की माँ की तस्वीर है, बाँसुरी है और हिन्दी के माध्यम से अंग्रेजी सिखाने वाली किताब भी। उस किताब में से किसना पढ़ता है, "आई शैल गो, मैं जाऊँगा"। फिर वह माँ की तस्वीर से कहता है कि मैं जरूर जाऊँगा। वह बंसी बजाने लगता है।

3. हम कलट्टरगंज में सुबह होना एस्टेबलिश करते हैं और कलट्टरगंज रोड स्टेशन आकर रूकते हैं, जहाँ अधेड़ सिब्तेहसन अपनी खटारा विक्रम में कलट्टरगंज और उससे आगे के लिए सवारियाँ ठूँस-ठूँसकर कॉमेडी करता है और किसना अपने मित्र बबुना और दूसरे साथियों की सोहबत में प्लेटफार्म पर ट्रेन देखने के बाद बाहर निकलता है। ये लोग विक्रम को धक्के से स्टार्ट करने में मदद करते हैं और उसी में बैठकर चले जाते हैं।

4. सिब्तेहसन का खटारा नयनाभिराम लैंडस्केप से गुजरता है और सिब्तेहसन और किसना की नोकझोक से पता चलता है कि सिब्तेहसन की पीढ़ी कलट्टरगंज को स्वर्ग मानती है और किसना की पीढ़ी नरक। एक सवारी कहती है कि नरक तो आपका विक्रम बना हुआ है जरा रोकिए तो टाँगें सीधी करें। सिप्तेहसन कहता है कि अभी हाइवे होटल में रूकेंगे।

5. हाइवे होटल में उसका शराबी मालिक रामअंजोर दर्द से कराहते हुए किसना को पुकारता है। उसकी बेटी लक्ष्मी आकर बताती है कि भइया तो स्टेशन गये थे, आते ही होंगे। रामअंजोर कहता है कि तेरी माँ तो दगा देकर स्वर्ग सिधार गयी और अब तेरा भाई भी मुझे छोड़कर शहर भाग जाना चाहता है। तभी बसून के बजने की आवाज सुनाई देती है। रामअंजोर लक्ष्मी से कहता है कि मेरा सिर फटा जा रहा है, अबुधवा काका का बेसुरा बाजा बन्द करवा।

6. हम एक दुकान का बोर्ड देखते हैं जिस पर लिखा है हॉलीवुड हेयर कटिंग सैलून एंड जौलीगुड ब्रास बैंड, प्रोपराइटर प्यारेलाल अबोध। नीचे आकर देखते हैं कि अपने बाजे जितना ही मोटा और बेडौल अधेड़ अबुधवा बसून बजा रहा है। लक्ष्मी आकर कहती है, बापू कह रहे हैं काका बाजा दूसरी तरफ बजाइए। अबुधवा दूसरी तरफ जाते हुए कहता है कि वहाँ चम्पा गुसाएगी, उसका भैंस दुहने का टाइम है।

7. अधेड़ चम्पा की भैंस बाजे की आवाज सुनकर बिदकती है। चम्पा रधिया को पुकारती है कि बाजा बन्द करवा। रधिया आकर शिकायत करती है कि मैं बड़ा अच्छा सपना देख रही थी, आपने क्यों जगा दिया बुआ ? सपने का सम्बन्ध किसना से होता है। चम्पा रधिया को समझाती है कि शराबी बाप के बेटे के सपने देखने से कोई फायदा नहीं है और मरद का प्रेम धोखे का सौदा है, मैं खुद भुगती हुई हूँ। जाकर ये बेसुरा बाजा बन्द करवा।

8. सिब्तेहसन का विक्रम और रधिया थोड़ा आगे-पीछे अबुधवा के पास पहुँचते हैं। सिब्ते की छेड़छाड़ से पता चलता है कि अबुधवा कुवाँरा है और बारह साल से चम्पा के प्यार में पड़ा हुआ है। तभी रधिया बाजा बन्द करवाने आती है और कहती है कि भैंस के आगे बीन न बजाने का नियम है। अबुधवा एक अंग्रेजी अखबार के हवाले से बताता है कि मवेशी लोग म्यूजिक सुनकर दूध ज्यादा देता है। दोनों की नोकझोंक से पता चलता है कि मंगली चम्पा के दो मंगेतर मर गये थे इसलिए अबुधवा की माँ ने चम्पा से उसे शादी नहीं करने दी थी और चम्पा स्वयं भी ऐसे बेडौल आदमी से शादी करना भी नहीं चाहती थी।

9. अब हम शिवपाल परचून स्टोर दिखाते हैं जिसमें कलट्टरगंज का सब-पोस्ट ऑफिस भी है। हम देखते हैं कि दुकानदार और डाक-बाबू शिवपाल अन्तरदेशीय चिट्ठी को बगैर खोले घुमा-घुमाकर पढ़ रहा है। यह अबुधवा की माँ की चिट्ठी है जिससे पता चलता है कि वह अब भी बेटे के लिए लड़की ढूँढ रही है। सिब्ते अबुधवा को लेकर आता है, शिवपाल अबुधवा को उसकी चिट्ठी दे देता है। उसके बाद वह दूसरे अन्तरदेशीय को घुमा-घुमाकर पढ़ता है। सम्बोधन से ही पता चलता है कि चिट्ठी उसी के लिए है। सिब्ते कहता है कि यह तो तेरे ही नाम की है, इसे बगैर खोले क्यों पढ़ रहा है ? शिवपाल कहता है कि आदत जो पड़ गयी है ससुरी, और फिर उसी तरह पढ़ता रहता है। पता चलता है कि चिट्ठी उसके भाई की है जिसने बबुना के लिए शहर में नौकरी का जुगाड़ कर दिया है। सिब्तेहसन बबुना को पुकारता है। बबुना अपने बापू

के दूसरों की चिट्ठियाँ इस तरह पढ़ने पर एतराज करता है। सिब्ते कहता है इस समय तो अपनी ही पढ़ रिया है और तेरे लिए खुशखबरी है।

10. हम कलट्टरगंज के बस स्टेंड पर बबुना को अपने दोस्तों को पनवाड़ी के यहाँ से कोल्ड ड्रिंक पिलवाते हुए दिखाते हैं। एक और हीरोकट मित्र मंगल भी बबुना की तरह बम्बई जा रहा है। वह कहता है कि बबुना ने तो ठंडी बोतल ही पिलायी है, हम शाम को गरम बोतल खोलेंगे। तभी बस आ जाती है और वे लोग उसकी सवारियों को देखने दौड़ते हैं। बस में बैठी एक हिप्पी लड़की उनका ध्यान आकर्षित करती है। वह जानना चाहती है कि कलट्टरगंज किस चीज के लिए मशहूर है ? मंगल चाहता है कि किसना अंग्रेजी द्विभाषी का काम करे लेकिन किसना लड़की को सिर्फ यह बताकर कि कलट्टरगंज बेकार जगह है, चुप हो जाता है। मंगल पनवाड़ी के यहाँ से चीजें उठा-उठाकर उस लड़की को दिखाता है कि व्हाट वांट यू ? उसके बहुत जिद करने पर लड़की एक अंग्रेजी मैगजीन ले लेती है। लड़की पैसा देना चाहती है मगर वह कह देता है नो मनी, लव लव। लड़की थैंक्यू कहने को हाथ मिलाती है तो वह पकड़े रहता है। और फिर उसकी हथेली चूम लेता है। बस चल पड़ती है। मंगल कहता है कि अगर हमें किसना जितनी इंगलिश आती तो राम कसम यहीं उतरवा लेते और इंगलिश फिल्म शुरू कर देते। इसके बाद सारे मित्र वीडियो पार्लर में इंगलिश फिल्म देखने का प्रोग्राम बनाते हैं। किसना बापू के डर से नहीं जाता और दोस्त कहते हैं कि तेरी जवानी तो यहीं बापू की खिदमत में बेकार हो जाएगी।

11. हाइवे होटल में ग्राहकों को चाय पिलाते किसना को सिब्ते तथा दूसरे मित्रों के साथ कोटपीस खेलता रामअंजोर डाँटता-फटकारता है। तभी रधिया दूध लेकर आ जाती है। हम रधिया की किसना से और लक्ष्मी की बबुना से निकटता एस्टेबलिश करते हैं। ईंट की चाल चलने का इशारा करते हुए शिवपाल ईंट के भट्ठे के मालिक के लिए आई उसके बहनोई की चिट्ठी का जिक्र करता है। इस पर सिब्ते एतराज करता है मगर शिवपाल बताता है कि सचमुच चिट्ठी आयी है और उसमें लिखा है कि अगर रामअंजोर अपनी बेटी का रिश्ता हमारे बेटे से कराना चाहता है तो डेढ़ लाख नकद देने के लिए तैयार जो जाए। रामअंजोर अपनी किस्मत को और निकम्मी औलाद को कोसता है। लक्ष्मी रोती हुई भाग जाती है। बबुना उसके पीछे जाता है।

12. बबुना पिछवाड़े के कमरे में रोती हुई लक्ष्मी के आँसू पोंछता है और उसे आशा दिलाता है कि बापू राजी हों या न हों, मैं तुमसे जरूर शादी करूँगा।

13. रधिया मंदिर से निकलती होती है कि ट्रेन देखने के लिए पहाड़ी चढ़ता हुआ किसना मिलता है। वह उसे पुकारती है लेकिन वह नहीं रुकता।

14. ट्रेन देखते हुए किसना की पीठ पर रधिया हाथ रखती है। वह उसकी ट्रेन देखते रहने की आदत पर व्यंग्य करती है और कहती है कि हम भगवान से प्रार्थना करें कि जैसे भी हो किसना को मुझसे खुश कर दो। वह तो हमको घास भी नहीं डालता। किसना कहता है तुम गधैया हो जो तुम्हें घास डाले ! रधिया कहती है कि

थीं तो नहीं मगर हो गयी हैं एक गधे के प्रेम में पड़ के, जो अपना दर्द भी हमसे बयान नहीं करता। किसना उसे बताता है कि मेरे साथी शहर जा रहे हैं मगर मेरे पास टिकट के लिए पैसे नहीं हैं। रधिया उसके हाथ अपने हाथों में लेकर बहुत प्यार से कहती है कि टिकट के पैसों का जुगाड़ इस गधैया का प्यार कर देगा।

तो याद रखिए, स्टेप आउटलाइन से पता चलता है कि दृश्य कितने हैं, किस क्रम से आते हैं, उनमें क्या-क्या होता है, इसे लेखक अपनी सुविधा के लिए बनाता है। ऐसा माना जाता है कि स्टेप आउटलाइन पर दिग्दर्शक और लेखक को कई बार विचार करना चाहिए ता़कि जो भी काट-छाँट या घटाना-बढ़ाना करना हो वह इसी दौर में कर लिया जाए। सीन लिख चुकने के बाद काटने में लेखक की मेहनत बेकार होती है और सीन शूट कर लिये जाने के बाद सम्पादन के समय काटकर अलग फेंकने में श्रम और धन दोनों का नुकसान होता है।

स्टेप आउटलाइन तैयार करने के बाद बारी आती है पटकथा लिखने की। कोई भी पटकथा चरित्रों की आपसी टकराहट से ही विकसित होती है। लिहाजा चरित्र-चित्रण के गुर जानना पटकथा-लेखन के लिए निहायत जरूरी है।

7

मिथक-पुराण उर्फ चरित्रों की खान

हर कहानी में कुछ पात्र होते हैं, और कहानी को गति देते हैं उन पात्रों के अलग-अलग चरित्र। इसलिए पटकथा लेखक के लिए जरूरी है कि वह अलग-अलग चरित्रों को पहचाने और चरित्र-चित्रण के सारे गुर सीखे। इसका सबसे बढ़िया उपाय है कि वह एक बार फिर से बच्चा बनकर लोककथाओं, परीकथाओं और पौराणिक गाथाओं में रुचि ले। याद रखिए कि दुनिया के हर देश के बच्चे सबसे पहले इन्हीं कहानियों को सुनते हैं। कहानी के बारे में मानव का आरंभिक संस्कार इन्हीं को सुनकर पड़ता है। गोया मिथक-पुराण ही मानव समाज के लिए आदि-कथाओं का दर्जा रखते हैं। मैं पहले कह चुका हूँ कि इनसे ही हमें तमाम कथानक रूढ़ियाँ मिलती हैं। नाटकीयता के वे नुस्खे मिलते हैं जो कथाकारों द्वारा सदियों से काम में लाए जाते रहे हैं और आइंदा भी काम में लाए जाते रहेंगे। आप महाभारत को ही लें। उसमें जमाने-भर की कथानक रूढ़ियाँ आपको मिलेंगी। जैसे यह कि खलनायक प्रतिद्वंद्वियों को समाप्त करने की ठोस योजना बनाता है, मगर वे बच निकलते हैं और खलनायक को पता नहीं चलता। या यह कि नायक अज्ञातवास करते हैं। या यह कि नायक खलनायक से बचने के लिए स्त्री-भेस धारण कर लेता है। यह अंतिम कथानक रूढ़ि तो हमने अभी-अभी 'सम लाइक इट हॉट' में भी देखी। मिथक-पुराण से मन में जो संस्कार पड़ते हैं उनका महत्त्व पहचानते हुए ही फिल्मी कहानियों का तेवर कुल मिलाकर लोककथाओं, परीकथाओं और पौराणिक कथाओं वाला होता है। बहुत-सी फिल्में तो सीधे-सीधे उन्हीं पर बना दी जाती हैं। हमारे फिल्म और टी.वी. जगत् में 'माइथोलॉजिकल' की बड़ी महिमा है।

बॉलीवुड में ही नहीं, हॉलीवुड में भी मिथक-पुराण पर आधारित फिल्में बनती रही हैं। यही नहीं, पुराने मिथक-पुराण से प्रेरित नए मिथक-पुराण रचने की कोशिशें भी होती रही हैं। मिसाल के लिए, यूरोप से आकर अमेरिकी महाद्वीप के पूर्वी तट पर उतरे लोगों ने पश्चिम की ओर बढ़ते हुए मूल निवासी रेड इंडियनों को हराकर उनकी जमीनों पर जिस तरह अपने उपनिवेश बसाए उसे एक मिथकीय आयाम देते हुए 'वेस्टर्न्स' कहलाई जानेवाली लोकप्रिय फिल्में बनाई गईं। जाहिर है, उनमें यूरोपीय लोग 'पांडव' और रेड इंडियन 'कौरव' थे। इधर के वर्षों में इससे उलटी प्रगतिशील दृष्टि लेते हुए कुछ ऐसी फिल्में भी बनी हैं जिनमें रेड इंडियन खलनायक नहीं हैं। अब हॉलीवुड में अन्तरिक्ष यात्राओं की पृष्ठभूमि पर 'स्टार वार्स' जैसी फिल्में बनाई जाने लगी हैं। इनके कथानक

भी मिथक-पुराण से प्रेरित लगते हैं। इन फिल्मों को हमारे युग का पुराण कहा जा सकता है, जिसमें किसी अजीबो-गरीब अतीत का नहीं, एक अजीबो-गरीब भविष्य का चित्र प्रस्तुत हुआ है। इन फिल्मों में अमेरिका के नेतृत्व में चलता मानव समाज 'पांडव' होता है और अन्य ग्रहों के वासी 'कौरव'।

सच तो यह है कि पौराणिक कथाओं में न केवल नाटकीयता के नुस्खे मिलते हैं बल्कि पटकथा का बुनियादी ढाँचा भी। परीकथाएँ, लोककथाएँ, मिथक-पुराण की कथाएँ सभी देशों में लगभग एक-जैसी हैं और सर्वथा काल्पनिक होने या ऐतिहासिक पात्रों और घटनाओं को कल्पना के रंग में रँगकर और बहुत बढ़ा-चढ़ा कर प्रस्तुत करने के बावजूद श्रोता या पाठक को सच से भी ज्यादा सच लगती हैं। उनका काल्पनिक सत्य एक सार्वभौम, सर्वग्राह्य, सनातन और आदर्श किस्म का सत्य होता है। इसीलिए मिथकीय तेवर पटकथा के लिए आदर्श तेवर माना गया है।

मिथक माहात्म्य

आपने गौर किया होगा कि पुरानी कहानियों में एक अदद मुख्य पात्र होता है, काफी सर्वमान्य-सा। वह आम आदमी जैसी जिन्दगी जी रहा होता है। लेकिन फिर उसकी जिंदगी में कुछ ऐसा घटता है कि उसे सामान्य जिंदगी से विदा लेनी पड़ती है। अक्सर उसे किसी चीज या व्यक्ति की खोज में निकलना पड़ जाता है। इसे कहा जाता है खोज का मिथक। जैसे यह कि मुख्य पात्र को किसी खजाने की खोज में निकल जाना पड़ता है या अपने किसी सगे-सम्बन्धी की या फिर उस पर कोई जिम्मेदारी आन पड़ती है। जिसे निभाने के लिए उसे निकल पड़ना होता है। इसे कहते हैं दायित्व या मिशन मिथक। कभी-कभी मुख्य पात्र को इसलिए भी घर छोड़ना पड़ता है कि उसका सब कुछ बरबाद हो जाता है या वह किसी और कारण से भीतर से टूट जाता है। अब जब वह निकलता है तो शांति की खोज में निकलता है। अपने घाव भरने की नीयत से निकलता है। इसे कहते हैं उपचार या हीलिंग मिथक।

इन तीनों ही दशाओं में हमारा मुख्य पात्र अपनी जानी-पहचानी जिन्दगी और अपना जाना-पहचाना आस-पास छोड़कर निकल पड़ता है। कई बार ऐसा भी होता है कि वह पूरी कोशिश करता है कि न जाए लेकिन उसे जाना ही पड़ता है। कई बार ऐसा भी होता है कि वह यह सोचकर जाता है कि वापसी जल्दी ही हो सकेगी लेकिन उसकी वापसी का हर रास्ता बन्द हो जाता है। दुस्साहसिक यात्रा में हमारे मुख्य पात्र को किसी ज्ञानी पुरुष, किसी जादूगर, किसी महात्मा, किसी भूत-प्रेत या परी की मदद मिलती है। इसी तरह कुछ लोग उसकी यात्रा में बाधक भी बनते हैं। वह अपनी मंजिल की ओर निकलता है लेकिन रास्ते में बाधाएँ एक के बाद एक आती चली जाती हैं। मुसीबतों के पहाड़ उस पर टूटते रहते हैं। इस अग्निपरीक्षा से गुजरते हुए हमारा मुख्य पात्र एक मामूली इनसान से गैर-मामूली इनसान बनता जाता है। वह हमारे लिए एक आदर्श प्रस्तुत करता है और हम उसे अपना आराध्य मानते हैं। फिर एक चरमोत्कर्ष

में हमारा मुख्य पात्र पराजय और मृत्यु के कगार पर पहुँच जाता है। हमें लगता है कि अब वह बच नहीं सकता। हमरा हृदय उसके लिए रो पड़ता है। लेकिन तभी उसमें नई जान पड़ती है। वह फिर से मोर्चा सँभालता है और विजय प्राप्त करता है। इसके बाद वह एक नया इनसान बनकर अपने घर लौटता है और जिंदगी को नए सिरे से शुरू करता है।

आप गौर करेंगे कि पौराणिक कथाओं का यह बुनियादी ढाँचा ही बहुत सारी फिल्मों का बुनियादी ढाँचा होता है, जिनमें हमारा हीरो एक उद्देश्य को लेकर निकलता है, बाधाओं से जूझने में उसे कुछ लोगों से मदद मिलती है और कुछ लोग उसकी राह में रोड़े अटकाते हैं। बाधाओं से जूझते हुए उसकी खूबियाँ परवान चढ़ती हैं। वह एक आम इनसान से खास इनसान बनने लगता है। उसकी इस यात्रा में सफलता से पहले ऐसा स्थल भी आता है जब उसे और हमें निराशा घेर लेती है। हम सोचते हैं कि वह यहीं मारा जाएगा, मंजिल तक पहुँच नहीं पाएगा लेकिन हीरो किसी तरह पार पा ही जाता है उस मुसीबत से। कहानी चरमोत्कर्ष पर पहुँचती है। नायक की खलनायक से निर्णायक लड़ाई होती है। उसे विजय मिलती है और नायिका का हाथ।

तो पटकथा लिखते समय मिथक-पुराण का तेवर बराबर याद करते रहिए। याद रखिए कि जिन दर्शकों को रिझाकर फिल्म लोकप्रिय बन सकती है उनके संस्कारों में मिथक-पुराण के चरित्र छाए हुए हैं। इसलिए आपको सलाह दी जाती है कि मिथक-पुराण का जमकर अध्ययन करें। आपको उनमें अपने तमाम चरित्रों के बने-बनाए और बुनियादी ढाँचे मिल जाएँगे। यही नहीं, अगर आप पौराणिक पात्रों को ध्यान में रखकर अपने पात्रों का चरित्र-चित्रण करेंगे तो उन्हें भी मिथकीय आयाम मिल सकेगा, उनके चरित्र में भी गहराई आ जाएगी।

आर्कटाइप उर्फ लार्जर दैन लाइफ

जहाँ तक चरित्रों का सवाल है, हर अच्छा-बुरा रत्न आपको मिथक-पुराण की खदान में मिल जाएगा। रामायण को ही लीजिए। उसमें आपको बुढ़ापे में कमसिन पर फिदा होकर अपनी लुटिया डुबोनेवाले और प्रण को पूरा करने के लिए प्राण देने वाले राजा दशरथ मिल जाएँगे तो तरुण रानी को भड़कानेवाली कुटिल मंथरा भी। कोप-भवन में बैठनेवाली कैकेई मिलेगी तो पति की परछाईं बनकर रहनेवाली सीता भी। धीरोदात्त राम मिलेंगे तो बात-बात में भड़कनेवाले लक्ष्मण भी। अभिमानी रावण मिलेगा तो विनम्र विभीषण भी। मिथक-पुरागों में मिलनेवाले इस तरह के पात्रों को आर्कटाइप यानी आद्यरूप कहा जाता है क्योंकि बाद के साहित्य में पात्रों के चरित्र उन्हीं के साँचे में ढाले जाते हैं।

ये पौराणिक पात्र ऐसी नेकी या ऐसी बदी करते हैं जैसी आम जीवन में औसत इनसान नहीं करता देखा जाता। उदाहरण के लिए, श्रीराम सहर्ष लम्बा बनवास करने चले जाते हैं। भरत माँ के द्वारा गद्दी दिलाए जाने पर भी गद्दी पर नहीं बैठते और सिंहासन पर राम की चरणपादुकाएँ प्रतिष्ठित करके भ्रातृप्रेम का आदर्श प्रस्तुत करते

हैं। लक्ष्मण सूर्पणखा की नाक काट देते हैं, रावण सीता जी को धोखा देकर उठा ले जाता है, किन्तु उनका शील भंग नहीं करता।

आम इनसानों से हटकर आचरण करनेवाले इन चरित्रों को 'लार्जर दैन लाइफ' गोया सामान्य वास्तविकता से कहीं ज्यादा कहकर पुकारा जाता है। इन विराट पात्रों के प्रति जनमानस में विस्मयपूर्ण श्रद्धा के संस्कार पड़े होते हैं। इसीलिए अनेक साहित्यकार या सिनेमाकार कभी-न-कभी मिथक-पुराण पर आधारित या उससे प्रेरित कोई रचना करना चाहते हैं। पटकथा-लेखकों के लिए नो वास्तविकता से अधिक विराट ये पौराणिक पात्र हृदयंगम करने लायक हैं। प्रसिद्ध दिग्दर्शक ऋत्विक घटक ने, जिनकी महाभारत पर फिल्म बनाने की बड़ी इच्छा थी, एक बार मुझसे कहा कि फिल्मों के लिए वही अच्छा लिख सकता है जिसे आर्कटाइपों की अच्छी पकड़ हो। इस नेक सलाह को ध्यान में रखते हुए आप मिथक-पुराण पढ़िए और आर्कटाइपों पर पकड़ हासिल कीजिए।

स्टीरियोटाइप : अति सामान्य

चरित्रों के संदर्भ में आपको आर्कटाइप जैसा ही एक शब्द सुनने को मिलेगा—स्टीरियो-टाइप। इसका मतलब है बहुत ही घिसा-पिटा, अतिपरिचित और खासा एकांगी-सा। आर्कटाइप का जितना गुणगान किया जाता है स्टीरियोटाइप की उतनी ही निंदा। यहाँ आपके मन में शंका उठ सकती है कि आर्कटाइप से ज्यादा अति परिचित और घिसा-पिटा क्या हो सकता है ? उसे स्टीरियोटाइप क्यों नहीं कहते ? इसका जवाब यह है कि आर्कटाइप और कुछ भी हो अतिसामान्य कभी नहीं होता। आखिर 'लार्जर दैन लाइफ' आपके जीवन में रोजमर्रा देखने को कैसे मिल सकता है ! हाँ, आप यह जरूर कह सकते हैं कि दर्शकों का बहुत जाना-पहचाना होता है। तो यहाँ मैं आपका ध्यान इस ओर दिलाना चाहूँगा कि उस जाने-पहचाने आर्कटाइप को लेखक अपनी लेखनी से और अभिनेता अपने अभिनय से बराबर कोई नयी भंगिमा, कोई नया अर्थ दे पाते हैं।

मैं आपका ध्यान इस ओर भी दिलाना चाहता हूँ कि भले ही आर्कटाइपों की रूढ़ि घिसी-पिटी है लेकिन जिस समय आर्कटाइप गढ़े गए थे वे मनुष्य की कल्पना की उच्चतम उड़ान के प्रतीक थे। इसीलिए उनकी बार-बार और अलग-अलग तरह से व्याख्या सम्भव है। एक और उल्लेखनीय तथ्य यह है कि ये तमाम पौराणिक पात्र वास्तविकता से विराट होते हुए भी वास्तविकता से अछूते नहीं होते। हमारे पुराणों में राम और कृष्ण जैसे अवतारी पुरुष तक साधारण मनुष्य की तरह जीते हुए और साधारण मनुष्य-से सुख-दुख उठाते हुए दिखाए जाते हैं। हाँ परीक्षा की घड़ी आने पर वे वास्तविकता से विराट सिद्ध होते हैं। पौराणिक नायक और खलनायक, नायिकाएँ और खलनायिकाएँ हर मामले में सामान्य होते हैं। बस उनमें कोई ऐसे गुण-दोष होते हैं जो उन्हें आम आदमी से बहुत ऊँचा उठा देते हैं या नीचा गिरा देते हैं। आर्कटाइप की पकड़ हासिल करने पर आपको खास बात यह समझ में आएगी कि वह सामान्य

में अतिविशिष्टता जुड़ने से पैदा होता है।

स्टीरियोटाइप आम जिन्दगी में मिलनेवाले पात्र हैं। फिल्में और टेलीविजन धारावाहिक लिखते हुए अनिवार्य रूप से आपको इनका चित्रण करना होगा। आपके सामने यह सवाल प्रस्तुत होगा कि इन घिसे-पिटे पात्रों को यादगार कैसे बनाएँ ? इसका जवाब यह है कि आपको भी वही नुस्खा अपनाना चाहिए जो मिथक-पुराण रचने वालों ने अपनाया था। जैसे उन्होंने अपने विशिष्ट पात्रों को सामान्यता का आयाम दिया वैसे ही आप अपने अति सामान्य पात्रों को विशिष्टता का कोई आयाम दें। साथ ही आप अपने सामान्य पात्रों को एकांगी हरगिज न बनाएँ भले ही सामान्य जीवन में एकांगी पात्र भी मिलते हों या नाटक को जोरदार बनाने में पात्रों के एकांगी होने से आपको बड़ी सुविधा मिलती हो। आप अपने बुरे-से-बुरे पात्र में कोई एक अच्छाई और वह भी न हो सके तो कोई एक कमजोरी दिखाएँ इसी तरह अच्छे-से-अच्छे पात्र में भी कहीं कोई खोट रखें या फिर उसकी आदर्शवादिता को ही कहीं-कहीं एक कमजोरी के रूप में प्रस्तुत करें।

सदय खलनायक का एक बहुत अच्छा उदाहरण चार्ली चैप्लिन की फिल्म 'मिस्यू वर्द' में मिलता है ज़िसके मुख्य पात्र का धंधा अकेली अमीर औरतों से विवाह करना और उनकी सम्पत्ति अपने नाम लिखवाकर उनकी हत्या कर देना होता है। लेकिन इसके साथ ही इस आदमी को हत्या से पहले अपनी पत्नियों के प्रति निहायत ही आदर्श पति वाला व्यवहार करते दिखाया जाता है। यही नहीं, वह और तमाम मामलों में अहिंसक किस्म का प्राणी बताया जाता है। एक यादगार दृश्य में हम उसे अपने बगीचे की बाड़ की झाड़ियों की छँटाई करते हुए देखते हैं। जब बागवानी वाली कैंची में एक इल्ली आने लगती है तो वह अपना काम रोककर उसे एक पत्ते में लेकर सुरक्षित स्थान पर रख देता है। इसी तरह हाल की एक हिट फिल्म 'होम अलोन' में दो साधारण-से चोरों को विशिष्टता प्रदान करने के लिए यह दिखाया गया है कि उनमें से एक को खिलौनों का शौक है। दूसरे को चोरी करने के बाद मकान के सारे नल खुले छोड़ कर आने की आदत।

सामान्य को विशिष्ट बनाएँ

इसी तरह आप पाएँगे कि जिन फिल्मों के नायक-नायिका आपको सदा याद रह जाते हैं उनमें सामान्य से हटकर कुछ अवश्य होता है। जैसे यह कि वे नायक हैं मगर सामाजिक दृष्टि से आदर्श व्यक्ति नहीं। 'शोले' के दो नायकों को ही ले लीजिए जिनसे हमारा पहला परिचय कैदियों के रूप में होता है। इनमें से भी एक जरूरत से ज्यादा मस्तमौला है तो दूसरा जरूरत से ज्यादा गुमसुम। 'ममता' और 'देवदास'-जैसी फिल्मों की नायिकाओं की विशेषता यह है कि वे हर तरह से आदर्श होते हुए भी परिस्थितिवश पेशे से वेश्या हैं। कहीं-कहीं ऐसा दिखाया जाता है कि पात्र की आदर्शवादिता ही उसकी कमजोरी है, जैसे 'शक्ति' में। शक्ति में दिलीप कुमार एक पुलिस अधिकारी के रूप

में इतना आदर्श होता है कि परिवार की और इकलौते बेटे की उपेक्षा करता है। उसकी अनुशासनप्रियता उसे जरूरत से ज्यादा कठोर पिता बना देती है।

आप अपने आस-पास नजर डालेंगे तो देखेंगे कि ज्यादातर लोगों का चरित्र घिसे-पिटे साँचे में ही ढला होता है। लेकिन अगर आप उन्हें और नजदीक से जानने की कोशिश करें तो कभी-न-कभी कहीं-न-कहीं उनके चरित्र की कोई विशिष्टता जरूर नजर आ जाती है। सफल पटकथा-लेखक हमेशा अपने आस-पास के लोगों के चरित्रों की इसी विशिष्टता को पकड़ने की कोशिश करता है। वह अपने दिमाग में ऐसी विशिष्टताओं का भंडार लिये घूमता है और पटकथा लिखते समय स्टीरियोटाइप पात्र को खास रंगत देने के लिए उस भंडार में से कुछ-न-कुछ खोज निकालता है।

मैंने आपसे कहा था कि हर कहानी रूढ़िबद्ध होती है। उसे विशिष्टता लेखक का अपना व्यक्तित्व प्रदान करता है। नायक किसी अन्य जाति, प्रांत या देश की नायिका से शादी करना चाहता है मगर माता-पिता नहीं करने देते यह एक रूढ़ कथानक है। लेकिन जब आप इसे लिखने बैठेंगे तो जाहिर है कि आपकी आँखों-देखी या कौन जाने आपबीती भी उसमें झलकेगी। यही नहीं, प्रेम-विवाह और पीढ़ियों की टकराहट के बारे में आपका अपना नजरिया भी उसे खास रंग देगा। इस तरह वह कहानी जानी-पहचानी होते हुए भी कुछ नई हो जाएगी। अब मैं यह कहना चाहता हूँ कि अगर आप अपने कानों-सुनी और आँखों-देखी के आधार पर स्टीरियोटाइप को कोई विशिष्टता देंगे तो पात्र घिसा-पिटा होते हुए भी कुछ नया-नया-सा लगेगा।

स्टीरियोटाइपों का चार्ट

तो जैसे कहानी में फार्मूला से कोई बचाव नहीं है वैसे ही चरित्रों में स्टीरियोटाइप से कोई बचाव नहीं है। टेलीविजन धारावाहिक की कहानी गढ़नेवालों को तो विदेशों में अपने सामने स्टीरियोटाइपों का एक चार्ट रखना होता है ताकि उनके कथानक में तमाम खास-खास स्टीरियोटाइप चरित्र आ जाए। स्टीरियोटाइप पात्र का वर्णन एक विशेषण और एक संज्ञा से कर दिया जाता है। जैसे पियक्कड़ पिता, अमीर अय्याश बूढ़ा, सहनशील पत्नी, कामुक स्त्री, शर्मिली लड़की, दबंग लड़की, मस्तमौला लड़का, ईमानदार इंस्पेक्टर, भ्रष्ट नेता वगैरह। स्टीरियोटाइप पात्रों की भरमार होने की वजह से ही सभी टेलीविजन धारावाहिक लगभग एक-से लगते हैं। आप चैनल बदलते रहते हैं मगर देखते हैं कि पात्रों के चरित्र वही-के-वही हैं। इस प्रतियोगिता में वही धारावाहिक सफल हो पाता है जिसमें या तो स्टीरियोटाइप पात्रों में लेखक अपने अनुभव से कोई-न-कोई विशिष्टता डालकर उनमें नए प्राण फूँक देता है या ऐसे स्टीरियोटाइप उठाता है जो औरों ने न उठाए हों या पुराने स्टीरियोटाइपों को ही बिल्कुल नया परिवेश दे डालता है।

मैंने 'हम लोग' और 'बुनियाद' लिखते समय इस बात का पूरा ध्यान रखा कि हर स्टीरियोटाइप पात्र को कोई-न-कोई विशिष्टता प्रदान की जाए। 'हम लोग' का बसेसर राम 'पियक्कड़ पिता' के स्टीरियोटाइप में आता है। लेकिन वह सहगल के

गाने गाता है, दिलेर है, तर्क करने में माहिर है और बड़े-बड़े सपने देखता है। ये तमाम बातें उसे अपने ढंग का अलग पात्र बनाती हैं। अगर वह शराब पीकर लड़खड़ाता रहता, मारपीट करता और उसके अलावा कुछ नहीं करता तो वह निहायत ही घिसा-पिटा और एकांगी पात्र लगता। इसी तरह 'बुनियाद' का मास्टर हवेली राम 'आदर्शवादी' व्यक्ति के स्टीरियोटाइप में आता है। लेकिन हवेली राम का आर्यसमाजी होना, क्रांतिकारी होना, कवि होना, विनम्र और शर्मीला होते हुए भी ढुलमुल न होना और अपनी शिष्या से प्रेमिका और प्रेमिका से पत्नी बनी लाजवंती को आजीवन 'लाजो जी' ही पुकारना उसे एक विशिष्ट पात्र बना देता है।

इसी तरह 'दिलवाले दुल्हनियाँ ले जाएँगे' का नायक कुल मिलाकर मस्तमौला लड़का नामक स्टीरियोटाइप ही है। लेकिन उसका एक गम्भीर पक्ष दिखाकर उसे विशिष्टता प्रदान की गई है। इस गम्भीरता के चलते ही वह नायिका के पीछे भारत पहुँचता है और जिद करता है कि उससे तभी शादी करेगा जब नायिका का पिता अनुमति देगा। एक और फिल्म 'डर' में रूमानी नायक को इस बात से विशिष्टता मिलती है कि नायिका को पाने के लिए वह खलनायक हो जाने को तैयार है। नायिका के नाम को हकलाते हुए बोलने की उसकी अदा भी उसे विशिष्टता प्रदान करती है। 'खलनायक' की हद तक जाने के लिए तैयार नायक अपने में एक नया स्टीरियोटाइप भी है। जब भी कोई ऐसा स्टीरियोटाइप किसी फिल्म या धारावाहिक में आता है जो दर्शक ने पहले न देखा हो तब वह चौंकानेवाला और इसलिए आकर्षक लगता है। अपनी शुरू की फिल्मों में असफल रह चुके अमिताभ बच्चन तब सुपर हीरो बन गए जब सलीम-जावेद की जोड़ी ने नाराज नवयुवक का नया स्टीरियोटाइप आजमाया और उसकी भूमिका के लिए अमिताभ बच्चन का नाम प्रस्तावित किया। धारावाहिक 'तारा' और बातों के अलावा इसलिए भी लोकप्रिय हुआ कि उसमें दबंग और उन्मुक्त स्त्री का स्टीरियोटाइप भारतीय टेलीविजन के पर्दे पर पहली बार देखा गया। बाद में इसी स्टीरियोटाइप को 'तारा' के मध्यम और उच्चवर्गीय परिवेश से भी ऊपर उठाकर जब अमीर अय्याश लोगों की दुनिया में पहुँचाया गया तब 'स्वाभिमान' ने सफलता प्राप्त की।

तो आप स्टीरियोटाइप से घबराएँ नहीं। पहले अपने स्टीरियोटाइप पात्रों की सूची बना लें और फिर उनके चरित्र को विशिष्टता प्रदान करने में जुटें।

8

अपने पात्रों के बारे में सब कुछ जानिए

कहा जाता है कि पटकथा-लेखक के लिए जरूरी है कि वह अपने पात्रों को उतनी ही अच्छी तरह जाने जितनी अच्छी तरह कोई व्यक्ति अपने अन्तरंगतम मित्र को जानता है। उसे न सिर्फ यह मालूम होना चाहिए कि पात्र क्या करता-कहता है, बल्कि यह भी कि क्यों कहता-करता है ? आखिर उसका "मोटिवेशन" क्या है ? वह जैसा भी है वैसा किन कारणों से हो गया है ? वह जिस भी दिशा में बढ़ रहा है, किस वजह से और किसकी प्रेरणा से बढ़ रहा है ? आप गौर करेंगे कि किसी भी व्यक्ति के बारे में ऐसा ब्यौरा वही बता सकता है जो उसका बहुत ही नजदीकी हो और जिसे विश्वासपात्र का दर्जा मिला हुआ हो। जिस समय आपकी पटकथा पर फिल्म बनेगी तब दिग्दर्शक और अभिनेता आपसे ही पात्र के चरित्र का ब्यौरा माँगेंगे क्योंकि वे पात्र आपके ही दिमाग से उपजे होंगे। इसीलिए कहा जाता है कि पटकथा-लेखक को अपने पात्रों का अन्तरंग होना चाहिए। उसे यहाँ तक मालूम होना चाहिए कि उसकी जेब में कितनी रेजगारी है और अकेले में वह कभी-कभी अपने से ही बोल उठता है कि नहीं ?

गौर से देखिए : बहिरंग पहचानिए

हर पात्र के चरित्र को उजागर करनेवाले दो पक्ष होते हैं। एक उसका बहिरंग, दूसरा उसका अन्तरंग। बहिरंग का मतलब है जैसा वह दिखाई-सुनाई देता है। चरित्र के इस बाहरी पक्ष में शामिल हैं पात्र की भाषा, उसका बोलने का ढंग, उठने-बैठने, चलने-फिरने का ढंग, उसके शौक, उसकी दिनचर्या, उसके तकिया कलाम, उसकी आदतें, उसका खान-पान, पहनावा और रहन-सहन। ये सब उसके चरित्र को हमारे लिए उजागर करते हैं। कहावत है कि 'खत का मजमून भाँप लेते हैं लिफाफा देखकर'। तो व्यक्तियों के संदर्भ में भी हम अक्सर लिफाफा ही देखते हैं, खोलकर चिट्ठी पढ़ने की जहमत नहीं उठाते। मान लीजिए कि आप धोती-कुर्ता पहने संस्कृतनिष्ठ हिन्दी बोलते हुए किसी व्यक्ति से मिलें और वह कहे कि मैं बनारसी पंडित हूँ, तो आपको उसकी बात सच मानने में कोई हिचक न होगी। लेकिन अगर आपको यह बताया जाए कि यह एक अमेरिकी विद्वान है तो आप आसानी से विश्वास नहीं कर पाएँगे। इसी तरह अगर कोई पुलिस की पोशाक पहना हुआ डंडा घुमाता हुआ और डांट-डपट करता हुआ आदमी

किसी रेहड़ी वाले से घूस माँगे तो रेहड़ीवाला यह नहीं कहेगा कि पहले अपना आईकार्ड दिखाइए। वह उसे पुलिस का आदमी मानकर घूस की रकम कम करने की प्रार्थना करने लगेगा।

सारे संसार में ठग विद्या करनेवाले इनसान की इस कमजोरी से ही भरपूर फायदा उठाते रहे हैं। बड़े शहरों में दलाल झोंपड़पट्टियों में पली गरीब लड़कियों को विलायती पोशाक पहनाकर और टेढ़ा मुँह करके अंग्रेजी बोलना सिखाकर वेश्यावृत्ति में उतारते हैं ताकि ग्राहकों से कहा जा सके कि ये सम्पन्न घरानों से हैं। भारत-जैसे देशों में, जहाँ बोली और पहनावे के आधार पर वर्ग-विभाजन किया जाने लगा है, देसी पोशाक पहने और देहाती बोली बोलनेवाले को अनिवार्य रूप से अनपढ़-गँवार समझ लिया जाता है। एक बार न्यूयॉर्क जानेवाले विमान पर बम्बई से एक युवा दम्पत्ति अपनी दो बच्चियों के साथ सवार हुए। वे सौराष्ट्र की देहाती पोशाक पहने हुए थे और आपस में वहीं की बोली बोल रहे थे। देर से आने के कारण उन्हें एक ही पंक्ति में सीट नहीं मिल पाई थी। इस विषय में उन्होंने सहयात्रियों से और परिचायिका से हिन्दी में अनुरोध किया। इसका किसी पर कोई असर नहीं पड़ा, उलटे उसने उन्हें झिड़क दिया। बाद में बच्चियों ने परिचारिका से तकिया माँगने के सिलसिले में खालिस न्यूयॉर्क वाले उच्चारण में अमेरिकी किस्म की अंग्रेजी बोली। सब लोग सकते में आ गए और परिचारिका ने न केवल तकिए लाकर दिए बल्कि उन बच्चियों को अपने माँ-बाप के साथ बैठाने का प्रबन्ध भी कर डाला। पता चला कि वे गँवार बच्चियाँ एक अप्रवासी गुजराती परिवार की चौथी पीढ़ी में से हैं।

टाइपकास्टिंग : बहिरंग ही अन्तरंग !

इस सबसे सीख लेकर आपको चरित्रों के निर्माण करते समय उनकी बाहरी पहचान का पूरा ध्यान रखना चाहिए। अगर आप किसी कारण दर्शकों को झटका देना चाहते हों या आपका पात्र ठग ही हो तो बात अलग है वरना आपको पात्रों की बाहरी पहचान उनके चरित्र के अनुरूप ही रखना चाहिए। मैं आपका ध्यान एक और दिलचस्प तथ्य की ओर दिलाना चाहूँगा कि लोग-बाग न सिर्फ पहनावे, बोली वगैरह से किसी व्यक्ति के चरित्र के बारे में अनुमान करते हैं बल्कि उसकी कद-काठी और उसके रंग-रूप को भी उसके चरित्र की पहचान मानते हैं। भले ही उन्होंने सुन रखा हो कि 'भोली-भाली सूरत वाले होते हैं जल्लाद भी', वे भोला-भाला दिखने वाले को भोला-भाला ही मानते हैं और खूँखार दिखने वाले को जल्लाद ही ठहराते हैं। इसीलिए फिल्मों में, जहाँ समय के अभाव के कारण व्यापक चरित्र-चित्रण कर सकने की गुंजाइश नहीं होती, ऐसे अभिनेता-अभिनेत्री चुने जाते हैं जो देखने-सुनने में सम्बद्ध पात्र के चरित्र के अनुरूप लगते हों। इसे ही टाइप-कास्टिंग कहा जाता है। याद रखिए कि दर्शक पात्र की बाहरी विशेषताओं से उसकी भीतरी विशेषताओं का अनुमान लगाते हैं। इसका फायदा उठाते

हुए नाटक और पटकथा लिखने वाले अपने पात्र की किसी बाहरी विशेषता को उसकी भीतरी विशेषता का प्रतीक भी बना सकते हैं। शेक्सपियर के प्रसिद्ध नाटक 'रिचर्ड थर्ड' का नायक विकलांग है और यह विकलांगता उसके चरित्र की खामियों का बाहरी प्रतीक बन जाती है।

लेकिन जैसा मैं पहले ही कह चुका हूँ, किसी का बाहरी रूप देखकर ही उसका असली रूप नहीं पहचाना जा सकता। असली रूप जानने के लिए यह जानना जरूरी है कि व्यक्ति के भीतर क्या है ? व्यक्ति के भीतर जो कुछ होता है वह तीन तरह से हमारे सामने आता है। उसके विचारों से, उसकी भावनात्मक प्रतिक्रियाओं से और उसके कर्मों से। इसे हम यों भी कह सकते हैं कि इनसान खुद भी बोलता है कि मैं क्या हूँ और उसके कर्म भी बोलते हैं कि वह क्या है ? फिल्म और टेलीविजन दृश्य-श्रव्य माध्यम हैं। इसीलिए पटकथा लिखनेवाले को सलाह दी जाती है कि पात्र का भीतरी चरित्र उसके कर्मों के माध्यम से व्यक्त करे। लेकिन याद रखिए कि हम जो भी करते हैं उसके पीछे कोई-न-कोई मनोवैज्ञानिक, सामाजिक या ऐतिहासिक कारण होता है। इसलिए किसी पात्र के कर्म को समझने के लिए उसके मर्म की बात को समझना भी जरूरी होता है। तो आप अपने पात्र के विचार और उसकी भावनाओं को भी निरूपित करने पर जोर दें। सच तो यह है कि इन दो आयामों से ही पात्र के चरित्र को विशिष्टता मिलती है।

पात्र का अन्तरंग बनकर अन्तरंग जानिए

विचार के तहत तीन चीजें आती हैं—पात्र का जीवन-दर्शन, उसका स्वभाव, और अन्य पात्रों के बारे में उसका नजरिया। हममें से हर किसी का अपना कोई फलसफा होता है। जिन्दगी में हम हर चीज को उसके नजरिए से ही देखते हैं। धन को ही ले लीजिए। कुछ लोग इस आदर्शवादी फलसफे के कायल हो सकते हैं कि पैसा हाथ का मैल है और गलत तरीके से पैसा कमाना पाप है। इस तरह का आदर्शवादी पात्र बहुत-सी फिल्मों में एक ऐसे साधारण पुलिस अधिकारी के रूप में दिखाया जाता है जो आर्थिक परेशानियों से घिरा होने के बावजूद खलनायक की घूस ठुकराकर उसे हवालात में डाल देता है और इस तरह खलनायक का ही नहीं, भ्रष्ट पुलिस कमिश्नर और भ्रष्ट नेता दोनों का कोप-भाजन बनता है। कुछ फिल्मों में ऐसा नायक भी दिखाया जाता है जो धन को बहुत बड़ी चीज मानता है और जिसका फलसफा वही होता है कि 'बाप बड़ा न भैया सबसे बड़ा रूपैया'। 'दीवार' में अमिताभ बच्चन ने ऐसा ही चरित्र अभिनीत किया था।

यह भी हो सकता है कि पात्र के घोषित फलसफे और पात्र के व्यवहार में अन्तर हो। गोया पात्र ढोंगी हो। ढोंगी नेता का चरित्र हमारी फिल्मों में बहुत आम है। खैर, मोटे तौर से तो यह कहा ही जा सकता है कि पात्र के विचार उसके कर्म को प्रभावित करते हैं, लेकिन इसका उलट भी सही है कि पात्र के कर्मों से उसके विचार प्रकट होते हैं। इसी तरह हम देखते हैं कि पात्र के कर्मों को प्रेरित करने में पात्र के स्वभाव की

महत्त्वपूर्ण भूमिका रहती है। और हाँ, पात्र के कर्मों से पात्र के स्वभाव का पता चलता है। तो यहाँ आप यह स्पष्ट कीजिए कि आपके पात्र का जीवन-दर्शन कैसा है, यहीं यह भी स्पष्ट कीजिए कि उसका स्वभाव कैसा है ? वह कायर है कि साहसी ? दिलेर है कि कंजूस ? खुशमिजाज है कि उदास ? आशावादी है कि निराशावादी ? वह चंचल है कि धीर-गम्भीर ? इस तरह की तमाम बातें किसी भी पात्र के व्यवहार को बहुत प्रभावित करती हैं। लेकिन जैसा कि मैंने फलसफे के संदर्भ में कहा वही स्वभाव के संदर्भ में भी कहा जा सकता है कि उसकी असली परीक्षा व्यवहार से होती है।

पात्र की जीवन-दृष्टि, कथनी और करनी

इसीलिए चरित्र-चित्रण में व्यवहार और कर्म का सबसे ज्यादा महत्त्व है। किसी परिस्थिति में पात्र क्या फैसला लेता है इसी से उसका चरित्र उजागर होता है। तो चरित्र-चित्रण के लिए पात्र को निर्णायक परिस्थितियों में डालना जरूरी होता है कि देखें उनमें क्या फैसला लेता है वह ? या क्या कुछ कर गुजरता है ! जब 'दिलवाले दुल्हनियाँ ले जाएँगे' में फिल्म के नायक को पता चलता है कि नायिका अपने पुराने विचारों वाले पिता की जिद के सामने लाचार होकर पिता के चुने हुए लड़के से शादी करने भारत चली गई है तब वह स्वयं भी भारत के लिए रवाना होकर अपने इश्क की दीवानगी का परिचय देता है। वहाँ पहुँचने के बाद नायिका और उसकी माँ दोनों के यह बताने के बावजूद कि नायिका का पिता कभी भी बेटी की शादी उससे नहीं करेगा इसलिए वह या तो नायिका को भगाकर ले जाए या फिर उसे उसके हाल पर छोड़कर चला जाए, हमारा नायक वहीं रहने का और नायिका के पिता का दिल जीतने का फैसला करता है। इससे प्रकट होता है कि नायिका की तरह वह भी विदेश में पले-बढ़े होने के बावजूद परम्परागत जीवन-मूल्यों का कायल है।

पात्र की भावनाओं की और उसके स्वभाव की जानकारी भी बहुत जरूरी है। इसकी जानकारी हमें खुद उनके मुँह से मिल सकती है या किसी अन्य पात्र की टिप्पणी से मिल सकती है। लेकिन विचार की तरह भावनाओं के बारे में वही स्थिति है कि जब तक हम किसी घटना में पात्र को उसे प्रदर्शित करते हुए न देखें तब तक वह हमारे लिए प्रामाणिक नहीं बनती। इसलिए पटकथा में ऐसे अवसर आने चाहिए जिनमें पात्रों की प्रतिक्रिया से हमें उनके स्वभाव का परिचय मिले या कोई ऐसी घटना दिखाई जानी चाहिए जिससे उसके अन्तःकरण की झाँकी मिलती हो। उदाहरण के लिए, हम किसी परिवार पर विपत्ति पड़ते हुए दिखाते हैं। एक भाई फूट-फूटकर रोने लगता है। दूसरा उसे भी भगवान का दिया हुआ मानकर एक गहरी साँस खींचकर चुपचाप बैठ जाता है। और तीसरा स्थिति से पार पाने के लिए संघर्ष करने लगता है। इस तरह एक घटना से तीनों भाइयों के अलग-अलग स्वभाव सामने आ जाते हैं।

तो सफल चरित्र-चित्रण के लिए आपको अपने पात्र का बहिरंग और अन्तरंग निरूपित करना चाहिए। बहिरंग के अन्तर्गत अपने हर पात्र की कद-काठी, रूप-रंग,

सामाजिक पृष्ठभूमि, पहनावा, बोली-ठोली, आदतें, भाव-भंगिमाएँ, नाक-नक्श, चाल-ढाल, पेशा, शौक, तकिया-कलाम वगैरह-वगैरह का सारा ब्यौरा सोचें और कागज पर दर्ज करें। इस सिलसिले में हॉलीवुड में किसी पुराने जाने-माने अभिनेता-अभिनेत्री का नामोल्लेख कर देने का रिवाज भी रहा है। मिसाल के लिए आप लिख सकते हैं कि हमारा नायक वैसा ही है जैसा मार्लन ब्रांडो 'वाटर फ्रंट' में था। या आप लिख सकते हैं हमारी नायिका वैसी ही है जैसी वहीदा रहमान 'प्यासा' में थी। इसके अलावा आपको पात्र का अन्तरंग भी दर्ज करना चाहिए। उसका जिंदगी का फलसफा क्या है ? उसका स्वभाव कैसा है और क्यों है ? वह क्या करता है ? कैसे और क्यों करता है ? उसके अब तक के कड़ुवे-मीठे अनुभव क्या हैं ? अन्य पात्रों से उसका रिश्ता कैसा है ? वह अपने और दूसरों के बारे में क्या सोचता है ? उसका लक्ष्य क्या है ? वह जिंदगी में अपनों से और दूसरों से चाहता क्या है ? इस तरह की सारी जानकारी होगी तो आपको पटकथा लिखने में सुविधा होगी और दिग्दर्शक को फिल्म बनाने में।

9

चरित्र, कर्म, कथानक : मुर्गी, अंडा, आमलेट

याद रखिए कि आपका कथानक इसीलिए विकसित हो पाता है कि पात्र कुछ चाहते हैं और उसे पाने की खातिर कुछ करते हैं। जो कुछ पर्दे पर घटित होता है। वह दर्शकों को पात्र की मंशा के संदर्भ में ही समझ में आता है। आप चरित्र की मंशा बताने के लिए उसके या दूसरों के मुँह से लंबे-लंबे संवाद कहलवा सकते हैं लेकिन यह तरीका उबाऊ होता है और गैर-फिल्मी भी। बहरहाल...'एक्सपोजीशन' कहलाए जानेवाले इस तरीके से पूरी तरह बचा नहीं जा सकता। लेकिन हर अच्छे पटकथाकार की कोशिश यही रहनी चाहिए कि पर्दे पर कुछ ऐसा घटता हुआ दिखाए जिससे दर्शक को पात्र के कार्यों के कारण अपने-आप समझ में आ जाएँ। उदाहरण के लिए, किसी पात्र से यह कहलवाना कि नायक बेचारा पियक्कड़ इसलिए बन गया है कि पैसा कमाने में जुटे हुए अपने बाप से उसे कभी प्यार नहीं मिला या खुद नायक के मुँह से ही ऐसी बात कहलवा देना फिल्म की दृष्टि से उचित नहीं है। आपको दिखाना चाहिए कि नायक को व्यस्त बाप से प्यार नहीं मिलता। वह पिता की दुत्कार-फटकार पाने के बाद ही बोतल का सहारा लेता है। यही बेहतर फिल्मी तरीका है। इसलिए पटकथाकारों को सलाह दी जाती है कि 'बताओ मत दिखाओ'।

पटकथा लिखते हुए हमेशा यह सोचें कि ऐसी कौन-सी घटनाएँ लूँ जिनसे पात्रें के चरित्र उजागर हो सकें। आपको यह जानना चाहिए और दिखाना चाहिए कि आपके अलग-अलग पात्र जो कुछ भी कर रहे हैं किस मनःस्थिति-परिस्थिति के वशीभूत होकर कर रहे हैं ? किस मंजिल को पाने के लिए क्या कर रहे हैं ? प्रेरणा, कर्म और लक्ष्य यानी मोटिवेशन, एक्शन एंड गोल। ये तीनों बातें आपको हर पात्र के संदर्भ में मालूम होनी चाहिए। इसी के आधार पर आप दर्शकों को यह बता पाएँगे कि आपके पात्र कौन हैं ? वे क्या चाहते हैं ? किसलिए चाहते हैं ? और अपनी मंजिल पाने के लिए क्या कुछ करने को तैयार हैं अथवा नहीं हैं ? जब ये सारी बातें पटकथा स्पष्ट नहीं करती तब दर्शकों को पात्रों का सारा क्रिया-कलाप काफी हद तक मनमाना और निरर्थक मालूम होने लगता है।

दर्शकों को सबसे ज्यादा हैरानी तब होती है जब पात्र का मोटिवेशन उन्हें समझ में नहीं आता। आपका पात्र पागल हो तो बात अलग है वरना उसका हर काम तर्कसंगत होना चाहिए। उसके हर कर्म के पीछे कोई स्पष्ट कारण नजर आना चाहिए।

अगर ऐसा न हो तो पात्र दर्शक लिए विश्वसनीयता खो देता है और दर्शक को उससे कोई लगाव नहीं हो पाता। इसीलिए पटकथा लिखनेवालों को सलाह दी जाती है कि हर पात्र का मोटिवेशन जरूर स्पष्ट करें। जहाँ तक मुख्य पात्र का सवाल है। उसका मोटिवेशन तो एक से ज्यादा बार स्पष्ट करना चाहिए। आपने कई ऐसी फिल्में देखी होंगी जिनमें कभी किसी घटना से कभी मुख्य पात्र के या दूसरों के संवाद से मुख्य पात्र का मोटिवेशन स्पष्ट किया जाता रहता है। कभी-कभी मोटिवेशन को दर्शाने वाली घटना से जुड़े किसी बिम्ब को बार-बार दिखाकर हमें नायक के सम्भावित मोटिवेशन की याद दिलायी जाती रहती है। जैसे यह कि हमारे नायक को बचपन में हुई पिता की हत्या से जुड़े किसी बिम्ब को बार-बार दिखाया जाता है। गौण पात्रों का मोटिवेशन स्पष्ट करने के लिए संवादों का सहारा लिया जा सकता है।

मोटिवेशन : बताओ मत, दिखाओ

बहरहाल जैसा मैंने कहा, दृश्य-श्रव्य माध्यम में बताने से बेहतर होता है दिखाना। अब आप यह शंका उठा सकते हैं कि अगर 'एक्सपोजीशन से परहेज किया जाएगा तब तो हर पात्र के पिछले जीवन की सभी प्रमुख घटनाएँ पर्दे पर दिखानी पड़ेंगी। उस हालत में कई घंटों नहीं, कई दिनों तक चलनेवाली फिल्म बनेगी। आपकी यह शंका अपनी जगह पर बिल्कुल दुरुस्त है। इससे बचने का एक बेहतरीन तरीका यह है कि आप अपना कथानक किसी संकट की घड़ी से शुरू करें। ऐसी घड़ी जिसमें मुख्य पात्र जीवन के किसी नाटकीय मोड़ में अपने को पा रहे हों। फर्ज कीजिए कि हम दिखाते हैं कि शहर में दंगे होते हैं और नायक की प्रेमिका की हत्या कर दी जाती है। या यह कि गृहयुद्ध में हमारे नायक का परिवार बिखर जाता है। या यह कि हमारे नायक की मृत्यु-शय्या पर पड़ी माँ उसे एक ऐसी बात बता देती है जो उसने अब तक छिपाकर रखी थी। इस तरह किसी संकट की घड़ी के साथ फिल्म शुरू होती है तो नायक का 'मोटिवेशन' दर्शकों की समझ में आ जाता है और साथ ही फिल्म को शुरू से ही एक नाटकीय गति मिल जाती है।

हॉलीवुड की यादगार फिल्म 'अफ्रीकन क्वीन' में नायिका को नाजियों के कब्जे में आ गए ब्रितानी उपनिवेश के छोटे-से कस्बे में मसीही गिरजा चलाने वाली धर्म-परायण दबी-ढँकी महिला के रूप में दिखाया जाता है। उधर नायक को नदी के रास्ते अपने स्टीमर 'अफ्रीकन क्वीन' से उस कस्बे के लिए डाक और रसद लानेवाले, अपने मतलब से मतलब रखनेवाले और अपने अकेलेपन का गम दारू से गलत करनेवाले प्राणी के रूप में प्रस्तुत किया जाता है। पात्रों की परीक्षा लेनेवाली पहली घटना फिल्म के शुरू में ही तब घटती है जब नाजी लोग नायिका के भाई को मार देते हैं और चर्च को तथा उससे जुड़ी बस्ती को जला देते हैं। इस घटना से दबी-ढँकी-सी नायिका के मन में जर्मनी से बदला लेने का संकल्प जागता है। गोया उसका चरित्र विकसित होता है, बदलता है। इसी तरह नायिका के अकेली पड़ जाने से उत्पन्न स्थिति किसी से मतलब न

रखनेवाले नायक को नायिका से मतलब रखने के लिए मजबूर करती है। नायिका जर्मनों से बदला लेने के संकल्प में नायक को उसके तमाम विरोध के बावजूद साझेदार बनाती है और फिर जो दुस्साहसिक घटनाक्रम शुरू होता है वह उन दोनों को इतना बदलता है कि आपस में छत्तीस का आँकड़ा होने के बावजूद वे प्रेमी-प्रेमिका बन जाते हैं। घटनाओं के माध्यम से पात्रों के चरित्र को विकसित, परिवर्तित होता दिखानेवाली पटकथाएँ आमतौर से 'अफ्रीकन क्वीन' जैसी बेहद सफल फिल्मों को ही जन्म देती हैं।

मंजिल और बढ़ते कदम

जिस तरह मोटिवेशन मुख्य पात्र को कुछ करने की प्रेरणा देकर कथानक को एक दिशा देता है, उसी तरह 'गोल' यानी लक्ष्य कथानक को चरमोत्कर्ष की ओर ले जाने में सहायक होता है। अगर आपके मुख्य पात्र की कोई सुनिश्चित मंजिल नहीं होगी तो आपके कथानक की भी कोई मंजिल नहीं होगी। दर्शक को वह भटकता हुआ नजर आएगा। फर्ज कीजिए, जिस नायक की पत्नी दंगों में मारी गई अगर वह हत्यारों से बदला लेने निकलता है तो आपकी कहानी को भी एक मंजिल मिलती है अगर वह कुछ ऐसा करने का संकल्प लेता है जिससे दंगे हों ही नहीं, तो भी कहानी को मंजिल मिलती है। लेकिन अगर वह इन दोनों में से कोई भी पूरी तरह न चाहता हो तो आपकी कहानी भटकने लगेगी।

मुख्य पात्र के लिए निर्धारित मंजिल ऐसी होनी चाहिए कि दर्शक यही कामना करे कि इस बेचारे को वह मिल जरूर जाए। नायक अथवा नायिका के लिए उस मंजिल को पाना आप जितना जरूरी और मुश्किल बनाएँगे उतना ही ज्यादा दर्शक की आपके मुख्य पात्र के प्रति सहानुभूति बढ़ेगी। अगर लक्ष्य को प्राप्त करने में जिन्दगी-मौत का कोई सवाल निहित न हो या लक्ष्य को प्राप्त करना बिल्कुल आसान हो तो दर्शक को कथानक से कोई दिलचस्पी नहीं हो पाती। उसे कहानी बेमतलब-सी प्रतीत होती है। जाहिर है, कोई-न-कोई ऐसा पात्र होना चाहिए जो मुख्य पात्र की लक्ष्य-प्राप्ति में बाधा उत्पन्न करता हो। बाधा डालनेवाला पात्र जितना ही कुटिल और ताकतवर होगा, उतनी ही मुख्य पात्र के प्रति दर्शक की सहानुभूति बढ़ेगी।

अब आती है बारी आपके पात्रों के किए-धरे की यानी एक्शन की। इस बारे में एक बुनियादी सिद्धांत यह है कि आपको अपने पात्रों को ऐसा कुछ भी करते नहीं दिखाना चाहिए जो अविश्वसनीय हो। दर्शक को विश्वसनीय वही लगता है जो उसने जिन्दगी में सामान्यतः होता हुआ देखा हो। अलग-अलग देश-काल में और अलग-अलग समाजों में सामान्य के पैमाने अलग-अलग होते हैं। जो बात किसी विदेशी फिल्म में या भारत के उच्च शहरी दर्शकों के लिए बनाई गई फिल्म में विश्वसनीय लग सकती है वही भारतीय कस्बों के दर्शकों की निगाह में अविश्वसनीय ठहर सकती है। तो आप अपने सम्भावित दर्शकों के नजरिए को हमेशा अपने ध्यान में रखें। इसी तरह आप इस बात का भी खयाल रखें कि आपके पात्र जो कुछ भी करें वह उनके तब तक दर्शाए

गए चरित्र के प्रतिकूल न हो।

लेकिन साथ ही यह भी याद रखिए कि दर्शक को तब भी अच्छा नहीं लगता जब फिल्म के दौरान मुख्य पात्रों के चरित्र में कोई परिवर्तन हो ही नहीं, सारे घटनाक्रम में वे ज्यों-के-त्यों बने रहें। अगर घटनाएँ और बदलती परिस्थितियाँ पात्र के चरित्र में थोड़ा परिवर्तन लाती हैं या पात्र कुछ ऐसा करने को बाध्य होता है जो उसके चरित्र के अनुरूप नहीं है तो दर्शकों को फिल्म ज्यादा दिलचस्प और नाटकीय लगती है। 'साहब बीवी और गुलाम' में नायिका अपने शराबी और वेश्यागामी पति को घर पर रोके रखने की खातिर, पति की चुनौती पर उसके साथ बैठ कर शराब पीती है और वेश्याओं-जैसा आचरण करती है तो यह काम दर्शक को अविश्वसनीय नहीं, नाटकीय और मर्मस्पर्शी लगता है। पति की गैरहाजिरी में अकेले कटनेवाली रातों का 'मोटिवेशन' और पति का प्यार पाने का 'गोल' दर्शक के लिए एक घरेलू औरत के चरित्र में आए इस परिवर्तन को स्वाभाविक बना देते हैं। वह चाहता है कि यह सदगृहिणी वेश्यावत आचरण करके ही सही अब हर रात पति से सेज-सुख प्राप्त कर सके। जब ऐसा नहीं होता तब दर्शक को भी उतना ही दुख होता है, जितना कि नायिका को।

गोल के लिए एक्शन

लक्ष्य की प्राप्ति में आपके नायक या नायिका को प्राणपण से लग जाना चाहिए। अगर वे खुद कुछ करते-धरते नहीं हैं या पूरी तरह दूसरों के भरोसे रहते हैं तो मुख्य पात्र होते हुए भी कथानक की दृष्टि से गौण हो जाते हैं। साथ ही वे अविश्वसनीय भी लगते हैं कि ये कह-ही-कह रहे हैं, कर तो कुछ नहीं रहे हैं। साथ ही यह भी जरूरी होता है कि आप घटनाक्रम लक्ष्य-प्राप्ति में आती कठिनाइयों के प्रभाव से मुख्य पात्रों का चरित्र विकसित-परिवर्तित होता दिखाएँ। मरता क्या न करता वाली स्थिति में उन्हें डालें ताकि वे अपने को बदलने के लिए बाध्य हों। एक डरपोक-सा, कमजोर-सा पात्र भी अपने परिवार की प्राण-रक्षा के लिए अद्‌भुत साहस दिखा सकता है। एक खुशदिल इनसान भी जिंदगी में ठोकरें खाते-खाते आत्महत्या की ओर बढ़ सकता है। यही नहीं, ऐन आत्महत्या के समय कुछ ऐसा घट सकता है जो उसे फिर आशा और विश्वास की ओर ले जाता है या किसी और की खातिर जीने को मजबूर करता है। उदाहरण के लिए, कोई बाबाजी आ जाते हैं और उसे अपना जीवन दूसरों की सेवा में लगाने को प्रेरित कर देते हैं। या उसे कोई लावारिस बच्चा मिल जाता है और उसकी जीवन-रक्षा के लिए वह अपने प्राण देने का इरादा छोड़ देता है।

पात्र की परीक्षा लेनेवाली, चरित्र को विकसित-परिवर्तित होने की चुनौती देने वाली, इस तरह की घटनाएँ चरित्र को प्रभावशाली बनाती हैं और कथानक को नाटकीयता प्रदान करती हैं। फर्ज कीजिए, हम दिखाते हैं कि नायिका एक आदर्श गाँव की गोरी है जिसे अनपढ़-गँवार मानकर उसका पति छोड़ देता है। हमारी नायिका के लिए चुनौती प्रस्तुत होती है कि वह पढ़ी-लिखी और आधुनिक बनकर अपने विलायती बाबू के होश

ठिकाने लगाए। इसी तरह कई बार नाटकीयता इसलिए पैदा होती है कि पात्र के सामने कोई लक्ष्य होता है तो साथ ही कोई ऐसी भावनात्मक मजबूरी भी होती है कि खुद वही लक्ष्य-प्राप्ति में बाधक हो जाती है। राजा दशरथ अपने लाड़ले बेटे राम को सिंहासन पर बैठाना चाहते हैं लेकिन कैकेई से इतना प्यार करते हैं कि उसे बहुत पहले दिए गए दो वरदानों का वचन पूरा करने को तैयार हो जाते हैं और कैकेई भरत के लिए गद्दी और राम के लिए बनवास माँग लेती है। या आप जरा उन फिल्मों को याद कीजिए जिनमें नायिका का लक्ष्य नायक से विवाह करना होता है लेकिन तभी वह खानदानी हवेली, जिसमें उसके वृद्ध और दुखी पिता के प्राण अटके हुए हैं, खलनायक द्वारा कुर्क की जाने लगती है और हमारी नायिका खलनायक से विवाह करने के लिए मजबूर हो जाती है।

इस तरह की घटनाएँ, जो पात्र को ऊहापोह में डालती हैं, जिनसे 'हाय अब क्या होगा ?' का सवाल प्रस्तुत होता है, दर्शकों के मन में एक साथ हमदर्दी और तनाव उत्पन्न करती है। कहानी में दर्शकों की दिलचस्पी बनाए रखने के लिए यह तनाव निहायत जरूरी होता है। 'सस्पेंस' यानी अनिश्चय से उत्पन्न तनाव भरा कुतूहल, 'सस्पेंस' फिल्मों के लिए ही नहीं, सामान्य फिल्मों के लिए भी बहुत जरूरी है। इसलिए चरित्रों की परीक्षा के लिए ऐसी परिस्थितियाँ उत्पन्न कीजिए जो उन्हें दुविधा और असमंजस में डालें और उनके भविष्य के बारे में दर्शक के मन में अनिश्चय पैदा कर दें। पात्र का तनाव दर्शक का तनाव बनता है और वह कथानक में पूरी तरह डूब जाता है।

तो पात्र जो कुछ करता है उससे उसका चरित्र उजागर होता है। इससे उलट यह कि पात्र कुछ भी इसलिए करता है कि उसका एक खास तरह का चरित्र होता है। सवाल उठता है, चरित्र पहले कि कर्म ? या मुर्गी पहले कि अंडा ? इसका एक यादगार जवाब अमेरिकी उपन्यासकार फिज्गेराल्ड ने दिया था–'करेक्टर इज एक्शन' यानी कर्म ही चरित्र है। बहरहाल अंडे-मुर्गी के इस झगड़े में न पड़कर आपको दो बातें याद रखनी चाहिए। पहली यह कि पात्रों के चरित्र घटनाओं को प्रभावित करते हैं और घटनाएँ पात्रों के चरित्र को। दूसरी बात यह कि पात्रों के कर्म से ही, उनके आपसी द्वन्द्व से ही सब कुछ घटित होता है और कथानक विकसित होता है। चरित्र और कर्म में कोई भी मुर्गी और अंडा हो, उन दोनों के बिना कथानक का आमलेट बन नहीं सकता। चलिए अब एक निगाह पात्रों के आपसी द्वन्द्व पर भी डालें।

10

पटकथा का छन्द : द्वन्द्व-प्रतिद्वन्द्व

नाटक वहीं पैदा हो सकता है जहाँ विभिन्न पात्रों के लक्ष्य, चरित्र या दोनों ही आपस में टकराते हों। ऐसे किसी भी दृश्य में कोई ड्रामा नहीं हो सकता जिसमें सब हाँ में हाँ मिला रहे हों और ना कोई न कर रहा हो। दृश्य में जान डालने के लिए मतभेद जरूरी होता है। नाटक में जान डालने के लिए द्वन्द्व जरूरी होता है। इसीलिए कहा जा है कि पटकथा में पात्रों के बीच ज्यादा-से-ज्यादा मतभेद और झगड़ा दिखाएँ। वे दर्शक को भावुक होते हुए, आवेश में आते हुए और एक-दूसरे को कभी प्यार-मोहब्बत, कभी डाँट-डपट से अपने नजरिए का कायल बनाने की कोशिश करते हुए नजर आएँ। यह नहीं कि सब बहुत शराफत से बैठे हुए हैं और आई-गई-सी बातचीत में मशगूल हैं।

टकराहट पैदा करने का सबसे सीधा तरीका यह है कि आप अपने मुख्य पात्र के बरक्स एक अन्य ऐसा पात्र खड़ा करें जो स्वभाव में उससे ठीक उलट हो। फिर उन दोनों का लक्ष्य आप एक ही रखें। जाहिर है कि उस लक्ष्य-प्राप्ति के सिलसिले में दोनों की टकराहट होकर रहेगी। इस तरह के मुख्य पात्र और उसके विरोधी पात्र को नाटक की भाषा में 'प्रोटैगनिस्ट' और उसके विरोधी को 'एन्टैगनिस्ट' कहा जाता है। प्रेम-त्रिकोण वाली फिल्मों में आपने देखा होगा कि दो परस्पर-विरुद्ध स्वभाव वाले नायक हैं और उनका लक्ष्य एक ही नायिका को प्राप्त करना है। प्रोटैगनिस्ट और ऐन्टैगनिस्ट पटकथा में मुख्य टकराहट के लिए जरूरी मसाला जुटाते हैं। लेकिन आपके बाकी तमाम पात्रों में भी किसी-न-किसी तरह की टकराहट होनी चाहिए और वे मुख्य टकराहट में इस या उस पक्ष में से जुड़े हुए रहने चाहिए।

फर्ज कीजिए कि एक कथानक में प्रोटैगनिस्ट कोई क्रान्तिकारी हो और ऐन्टैगनिस्ट एक भ्रष्ट अत्याचारी शासक, तो बाकी पात्र इनके पक्ष-विपक्ष में बँटे होने चाहिए। लेकिन साथ ही इस बात का भी ध्यान रखना चाहिए कि क्रान्तिकारी के दल में भी सब लोग एक स्वभाववाले न हों। स्वभावगत भिन्नता के कारण उनमें मतभेद की गुंजाइश बनी रह सकती है और इस गुंजाइश के रहते आप क्रान्तिकारियों के दृश्यों में भी थोड़ा तनाव पैदा कर सकते हैं। फर्ज कीजिए कि हमारा क्रान्तिकारी नायक मस्तमौला और रूमानी है और नायिका से बेहद प्यार करता है। जबकि उसका गुरु बहुत ही गम्भीर और रूखे मिजाज वाला है और नायक के प्रेम को क्रान्ति के मार्ग में बाधक मानता है या जैसे यह कि नायक धीरज से काम लेने के पक्ष में है लेकिन उससे प्रतिद्वन्द्विता

रखनेवाला गुरुजी का दूसरा चेला तुरन्त क्रान्ति करने के पक्ष में है। इसी तरह शासक के दरबार में भी ऐसे कुछ लोग होने चाहिए जो उसकी रीति-नीति का थोड़ा विरोध करते हों। यों कहिए कि रावण के दरबार में एक अदद विभीषण की अपेक्षा रहती है। ध्यान दीजिए कि पक्ष-विपक्ष में अपने नेता से मतभेद रखनेवाले ये लोग पाला बदलकर लक्ष्य-प्राप्ति की राह में कोई रोड़ें डाल कर 'ड्रामा' में और जान डाल सकते हैं।

इसीलिए कहा जाता है कि पटकथा को नाटकीय बनाने के लिए आपको ऐसे चरित्र गढ़ने चाहिए जिनका स्वभाव एक-दूसरे से उलट हो और जिनका जीवन-दर्शन परस्पर विरुद्ध हो। जब-जब ऐसे चरित्र किसी दृश्य में सामने आते हैं तब-तब टकराहट की, नाटकीयता की गुंजाइश पैदा होती है। आपको परस्पर-विरुद्ध जीवन-दर्शन की सूची भी बनानी चाहिए। जैसे यह कि विज्ञान बनाम अन्धविश्वास, पूँजीवाद बनाम समाजवाद, भाग्यवाद बनाम पुरुषार्थ, आदर्श बनाम यथार्थ, जातिवाद बनाम जाति-विरोध, परम्परा-पूजन बनाम क्रान्तिकारिता, हिंसावाद बनाम अहिंसावाद, भौतिकवाद बनाम अध्यात्मवाद इत्यादि। इसी तरह आपको सामाजिक दृष्टि से विरुद्ध वर्गों के पात्रों की भी सूची बना लेनी चाहिए। जैसे, अमीर बनाम गरीब, पुरानी पीढ़ी बनाम नई पीढ़ी, पुरुष बनाम स्त्री, एक सम्प्रदाय बनाम दूसरा सम्प्रदाय इत्यादि। इसी तरह एक सूची आप एक-दूसरे से उलटे पड़ने वाले स्वभावगत गुणों-अवगुणों की बना लें। जैसे कंजूस बनाम शाहखर्च, शान्त बनाम क्रोधी, मस्तमौला बनाम उदास, आलसी बनाम कर्मठ, वाचाल बनाम गुमसुम, कोमल बनाम कठोर आदि-आदि।

परस्पर-विरुद्ध हों पात्र

अपने पात्रों की कल्पना करते हुए इस तरह की सूचियाँ अपने सामने रखें फिर जीवन दर्शन, सामाजिक स्थिति और स्वभाव इन तीनों में से किसी एक या किन्हीं दो और हो सके तो तीनों के मामले में अपने मुख्य पात्रों को एक-दूसरे से बिल्कुल उलट दिखाएँ। फर्ज कीजिए, आपका नायक वैज्ञानिक दृष्टि रखनेवाला सरस, सदय एक गरीब घर का नौजवान है और उसका प्रतिरोधी खलनायक एक अन्धविश्वासी, दकियानूस, सुस्त, कठोर, सठियाया हुआ जमींदार है तो उनमें जबरदस्त टक्कर अनिवार्य रूप से होगी। इसलिए यह जरूरी है कि आप कथानक में पात्रों व चरित्र की दृष्टि से विविधता रखें और एक-दूसरे से उलटे स्वभाव वाले लोगों को जोड़ीदार बनाएँ। 'शोले' में धर्मेंद्र और अमिताभ बच्चन की जोड़ी एक मस्तमौला और एक उदास व्यक्ति की जोड़ी होने के कारण बहुत जमती है। फर्ज कीजिए, आप किसी फिल्म में पति-पत्नी की ऐसी जोड़ी बनाएँ जिसमें दोनों ही क्रोधी और हिंसक स्वभाव के हों तो शोर और खून-खराबा भले ही पैदा हो अच्छा नाटक पैदा नहीं हो सकता। लेकिन अगर पति क्रोधी हो और पत्नी सहनशील तो इस टकराहट से एक ऐसा नाटक प्राप्त होता है जिसमें पत्नी को हमारी हमदर्दी मिलती है और जब अत्याचार की हद से गुजर जाने पर वह विद्रोह करती है तब हम तालियाँ बजाते हैं।

तो याद रखिए, पटकथा की जान पात्रों की आपसी टकराहट में होती है। बिना टकराहट के कोई नाटकीयता नहीं आती और बिना नाटकीयता के दर्शक को कथानक से कोई दिलचस्पी नहीं हो पाती। तो आपकी पटकथा के मुख्य पात्रों में आपस में टकराहट होती रहनी चाहिए। ऐसी स्थितियाँ पहले पैदा होनी चाहिए जिनसे आपसी विरोध उभरकर सामने आए। अगर पात्र अलग-अलग जीवन-दर्शन रखते हों लेकिन पटकथा में उनकी यह भिन्नता प्रकट करने वाली घटनाएँ घटती ही न हों तो सारी फिल्म नीरस और निरर्थक हो जाएगी। तो पात्रों की टकराहट की हर गुंजाइश निकालें। याद रखें, दो मुख्य पात्रों की आपसी टकराहट ही वह धुरी है जिसके इर्द-गिर्द फिल्म का पहिया घूमता है। दर्शक बैठा-बैठा देखता रहता है तो इसीलिए कि वह इस टकराहट का नतीजा जानने के लिए बेचैन होता है।

टकराहटों के प्रकार

टकराहटें चार प्रकार की मानी गई हैं। इनमें सबसे पहली श्रेणी है—स्वभावगत द्वन्द्व। हॉलीवुड और बॉलीवुड दोनों ने ही तमाम ऐसी सफल फिल्में बनाई हैं जिनमें प्रेमी-प्रेमिका परस्पर-विरुद्ध स्वभाव के होते हैं, लिहाजा शुरू में उनमें टकराहट ही चलती रहती है। इस फार्मूले में ज्यादातर नायिका नकचढ़ी रईस लड़की होती है और नायक एक गरीब बिंदास लड़का। यों कभी-कभी इससे उलट स्थिति भी दिखाई जाती है। ऐसी फिल्मों में अन्त में नायक-नायिका की तकरार प्यार में बदल जाती है। बॉलीवुड वालों को इतना ही काफी नहीं लगता, लिहाजा चरमोत्कर्ष के लिए वे एक अदद खलनायक भी ले आते हैं ताकि नायक-नायिका की शादी से पहले थोड़ी मारपीट भी हो जाए।

स्वभावगत टकराहट का दूसरा नाम सम्बन्धगत टकराहट भी है। वह जैसे प्रेमी-प्रेमिका में हो सकती है वैसे ही पति-पत्नी, पिता-पुत्र, भाई-बहन, नेता-उपनेता, साहब-गुलाम किन्हीं में भी हो सकती है। साहित्यिक और मनोवैज्ञानिक तेवर वाली ज्यादातर फिल्में ऐसी टकराहट पर ही आधारित होती हैं। टी.वी. के धारावाहिकों का तो उनके बिना काम ही नहीं चल पाता। उनमें पात्रों की बहुत सारी जोड़ियाँ होती हैं और लगभग सब में ऐसी और इतनी ज्यादा सम्बन्धगत टकराहट रखी जाती है कि हर दृश्य में पात्रों को एक-दूसरे पर चीखने-चिल्लाने का मौका मिले।

ज्यादातर फिल्मों में टकराहट का मुख्य आधार यह होता है कि दो पात्र एक ही चीज को प्राप्त करना चाहते हैं लेकिन यह टकराहट दिलचस्प तभी बन पाती है जब दोनों में स्वभावगत द्वन्द्व भी हो। एक नायिका और दो नायक या एक नायक और दो नायिकाओं वाली प्रेम-त्रिकोण फिल्मों में दोनों नायिकाएँ अगर अलग-अलग स्वभाव की न हों तो दर्शक बेमजा हो जाता है। जैसा कि मैं पहले कह चुका हूँ, फिल्म में समान विचार और एक पक्ष वाले लोगों में भी स्वभावगत द्वन्द्व रखा जाना चाहिए। जैसे यह कि दो मित्र मिलकर एक काम करने निकले हैं, उनमें से एक नैतिक और दबा-ढका है दूसरा अनैतिक और चालू। उनका स्वभावगत द्वन्द्व उनके मिशन को

दिलचस्प बना देता है।

टकराहट का दूसरा स्वरूप है सामाजिक द्वन्द्व। इसके अन्तर्गत वर्ण-संघर्ष, वर्ग-संघर्ष, जाति-संघर्ष वगैरह आते हैं। आप दो समुदायों को आपस में लड़ते दिखाते हैं, आपके मुख्य पात्र उनकी नुमाइंदगी करते होते हैं। याद कीजिए वे तमाम फिल्में जिनमें प्रेमी-प्रेमिका के कबीलों की दुश्मनी होती है या दो खानदानी दुश्मन होते हैं और उनके बच्चों में प्यार हो जाता है या फिर याद कीजिए वे तमाम फिल्में जिनमें अमीर नायक और गरीब नायिका या गरीब नायक और अमीर नायिका अपनी-अपनी स्थितियों को भूलकर प्यार करने लगते हैं। यही टकराहट बाप-बेटे में भी दिखाई जा सकती है जब वे दोनों समाज में अलग-अलग वर्गों की नुमाइंदगी कर रहे हों यानी बाप अपराधी और बेटा पुलिस अफसर या इसका उलटा यानी बाप पुलिस अफसर और बेटा अपराधी, जैसा कि फिल्म 'शक्ति' में है। सामाजिक टकराहट वहाँ भी होती है जहाँ नायक अथवा नायिका भ्रष्ट और हृदयहीन व्यवस्था से लड़ते हुए दिखाए जाते हैं। जैसे हॉलीवुड की 'रैम्बो' में या बॉलीवुड की 'प्रतिघात' में।

तीसरे प्रकार की टकराहट होती है परिस्थितिजन्य। बॉलीवुड में तो नहीं मगर हॉलीवुड में ऐसी बहुत-सी फिल्में बनती हैं जिनमें स्वयं परिस्थिति ही द्वन्द्व पैदा करती है। ये फिल्में किसी बड़ी दुर्घटना के इर्द-गिर्द घूमती हैं। मिसाल के लिए 'टावरिंग इनफर्नो' में एक ऊँची इमारत में आग लग जाती है और बचने के उपायों को लेकर टकराहट चलती रहती है। इसी तरह की एक फिल्म बॉलीवुड में भी बनी थी जिसका नाम था 'द बर्निंग ट्रेन'। हाल में 'टाइटैनिक' नामक फिल्म में जहाज के डूबने को कथानक की धुरी बनाकर जबरदस्त सफलता हासिल की गई है।

टक्कर अपने से ही

चौथे प्रकार की टकराहट वह है जो किसी एक पात्र की किसी दूसरे पात्र से नहीं बल्कि स्वयं अपने से होती है। इसका नाम है अन्तर्द्वन्द्व। अब अन्तर्द्वन्द्व तो एक ऐसी चीज है जिसे शब्दों में आसानी से बयान किया जा सकता है। लेकिन इसे सिनेमा के पर्दे पर चित्रित करना कठिन है। फर्ज कीजिए, आपका नायक छोटे-से कस्बे में अपनी बीमार और पति द्वारा उपेक्षित माँ के साथ रह रहा है या फिर उसके सभी दोस्त किस्मत आजमाने महानगर चले गए वह भी जाने के लिए तड़प रहा है लेकिन माँ को छोड़कर नहीं जा सकता। लेकिन आप ऐसा दृश्य दिखा सकते हैं कि जब भी हमारा नायक अपने घर के पास की पटरियों से ट्रेन की आवाज सुनता है तो वह उसे देखने के लिए दौड़ पड़ता है। फिर ट्रेन के गुजर जाने के बाद अपनी बीमार माँ का कराहना-पुकारना सुनता है। इसके साथ ही आप उसे आगे चलकर नायिका से यह सुनते हुए दिखा सकते हैं कि जब तुमसे कम काबिल लड़के बम्बई में अच्छा कमा रहे हैं तब तुम गाँव में क्यों पड़े हो ? आप नायक के अन्तर्द्वन्द्व को उसके उत्तर में मुखर कर सकते हैं। फिर नायिका उससे यह कहती है कि मैं न सिर्फ तुम्हारी माँ की देख-रेख कर लूँगी बल्कि

तुम्हें ट्रेन के टिकट के लिए अपने गुल्लक के सारे पैसे दे दूँगी। कहानी आगे बढ़ती है।

फिल्मों में केवल बातों से बात नहीं बनती इसलिए अन्तर्द्वन्द्व को पात्र के संवादों से या स्वगत भाषण से अभिव्यक्त करना अच्छा नहीं समझा जाता। उधर रंगमंच की तरह टेलीविजन के नाटकों में भी अन्तर्द्वन्द्व को पात्र अक्सर अपने किसी संवाद से या स्वगत भाषण से व्यक्त करता है। फिल्म में किसी घटना या बिम्ब से अन्तर्द्वन्द्व कैसे व्यक्त किया जा सकता है इसकी एक बेहतरीन मिसाल 'ऑल फॉल डाउन' में मिलती है जो महानगर में हुए ट्रैफिक जाम के दृश्य से शुरू होती है। नायक की गाड़ी उसमें फँसी हुई है। सब लोग झुंझला रहे हैं, नायक भी। सहसा नायक गाड़ी छोड़कर यानी ट्रैफिक जाम जल्द खत्म हो सकने की सम्भावना समाप्त मानकर चला जाता है। इस पहले दृश्य से ही हमें पता चल जाता है कि नायक अपने को इतना ज्यादा फँसा हुआ महसूस कर रहा है कि वह मुक्ति के लिए सभ्य महानगरीय बिरादरी से बाहर होने के लिए तैयार है। आगे के कुछ दृश्यों से हमें पता चलता है कि वह एक बेरोजगार हो चुका इंजीनियर है जिसे उसकी पत्नी छोड़ गई है। फिर हम एक और यादगार दृश्य में नायक का आप्रवासी आवारा नवयुवकों द्वारा घेरा और लूटा जाना देखते हैं। उसके बाद वह खुद भी लुटेरा और हत्यारा बन जाता है। सभ्य, उदार महानगरीय समाज का अंग होने किन्तु नौकरी चले जाने, परिवार टूट जाने और आप्रवासियों द्वारा लूटे जाने से उसी समाज के प्रति एक विद्रोह की भावना उभर जाने से उपजा नायक का अन्तर्द्वन्द्व ही इस फिल्म का आधार है और हर दृश्य अपने बिंबों से उसकी झलक देता है।

उत्तरोत्तर बढ़ती टकराहट

बिना टकराहटों के फिल्म नीरस होती है। लेकिन जरूरत से ज्यादा टकराहटें होने से फिल्म दिलचस्प बनने की बजाय उबाऊ होने लगती है। जैसे हाल ही में आई नाना पाटेकर अभिनीत फिल्में 'यशवंत' और 'गुलाम-ए-मुस्तफा' की असफलताओं का यही कारण माना जा सकता है। उसी तरह आपने देखा होगा कि कई फिल्मों में इतने ज्यादा खलनायक होते हैं कि चरमोत्कर्ष एक तमाशा बनकर रह जाता है। नाटक की दृष्टि से सबसे अच्छा यही होता है कि फिल्म में दो पात्रों की सीधी टकराहट हो और अन्य तमाम पात्र उनकी उस टकराहट से जुड़े रहें।

टकराहट के बारे में आपको इस बात का भी पूरा ध्यान रखना होगा कि आप उसे क्रमशः बढ़ता हुआ और फिर एक विस्फोटक बिन्दु पर पहुँचता हुआ और अन्त में किसी सुखद या दुखद समाधान पर पहुँचता हुआ ही दिखाएँ। इसे 'राइजिंग कन्फ्लिक्ट' यानी क्रमशः बढ़ती टकराहट का नाम दिया जाता है। याद रखिए कि हर बड़ी टकराहट कई छोटी-छोटी टकराहटों से मिलकर बनती है। इन छोटी-छोटी टकराहटों में कड़ुवाहट की मिकदार क्रमशः बढ़ती चली जानी चाहिए। अगर शुरू से आखिर तक बात एक ही जगह पर रहती है, कड़ुवाहट की मिकदार उतनी ही बनी रहती है, सम्बद्ध पात्रों में से कोई भी कैसा भी निर्णायक कदम नहीं उठाता है तो कथानक में एक नीरस ठहराव

आ जाता है। इसे 'स्टेटिक कन्फ्लिक्ट' कहा जाता है।

स्टेटिक कन्फ्लिक्ट से बराबर बचिए। कई बार ठहराव को तोड़ने के लिए लेखक पात्र में चमत्कारी परिवर्तन का सहारा लेते हैं। उदाहरण के लिए, पति का जुल्म सहनेवाली पत्नी ठहरी हुई टकराहट के अनेक दृश्यों के बाद एक दिन पति के पिस्तौल से ही पति को मार देती है। अगर लेखक ने पहले दृश्य से लेकर अब तक पति के अत्याचार को क्रमशः बढ़ता हुआ और पत्नी की सहनशीलता के बाँध को क्रमशः टूटता हुआ न दिखाया हो और गोली चलनेवाले दृश्य में पति को बहुत ही घिनौनी बात—जैसे अपनी ही बच्ची से बलात्कार—करता न दिखाया हो तो पत्नी का उस पर गोली चला बैठना अस्वाभाविक लगेगा।

परिवर्तन चरित्र-चित्रण का एक महत्त्वपूर्ण आधार है। हर टकराहट के अन्त में किसी एक पात्र को या दोनों ही पात्रों को बदलता हुआ दिखाना हर नाटकीय कथा का एक आवश्यक अंग होता है। एक डरपोक व्यक्ति का निडर बन जाना, हिंसा के शिकार का हिंसक हो उठना, भोगी का संन्यासी हो जाना या संन्यासी का भोगी हो जाना, ये तमाम उन नाटकीय परिवर्तनों के उदाहरण हैं जो हमें यादगार कथानकों में मिलते हैं। बहरहाल यह आवश्यक है कि टकराहट को क्रमशः बढ़ाते हुए और परिवर्तन के लिए आधारभूमि तैयार करते हुए ही पटकथा लिखी जाए। अन्यथा यही कहा जाएगा कि जब आपको कुछ नहीं सूझा तो एक पटरी से कूदकर दूसरी पर चले गए।

पात्रों के चरित्र में परिवर्तन उनकी टकराहट के कारण उत्पन्न घटनाओं से ही पैदा होता दिखाएँ। कहा जाता है कि अगर पात्रों के चरित्र घटनाओं को प्रभावित करते हैं तो घटनाएँ भी पात्रों के चरित्र को प्रभावित करती हैं। जिस तरह टकराहट धीरे-धीरे बढ़नी चाहिए उसी तरह परिवर्तन भी धीरे-धीरे होना चाहिए। और हाँ, 'द एंड' आने से पहले चरित्र में परिवर्तन पूरी तरह आ जाना चाहिए। आधे-अधूरे परिवर्तन से दर्शक को संतुष्ट कर पानेवाला अन्त नहीं बन पाता। उदाहरण के लिए, बॉलीवुड की 'दिलजले' का नायक फिल्म के शुरू में नायिका को मारने की सुपारी लेता है और फिल्म का अन्त आते-आते उसका प्रेमी बन जाता है।

मुख्य पात्रों में धीमे-धीमे आते परिवर्तन को स्वभावगत द्वन्द्व वाली फिल्मों का मुख्य आधार और आकर्षण बनाया जाता है। 'द अफ्रीकन क्वीन' में पियक्कड़, अलग-थलग रहनेवाला, गरम खून और गरम मिजाज वाला शुष्क और कठोर नायक धार्मिक, दबी-ढकी समाज सेवा में जुटी रही शर्मीली और ठंडी नायिका से टकराता है और उस टकराटह के अन्त में लगभग असामाजिक-सा नायक एक सभ्य और सहृदय व्यक्ति बन जाता है और नायिका एक जिन्दादिल और आजाद-खयाल औरत। इस बदले रूप में वे प्रेमी-प्रेमिका और पति-पत्नी बनते हैं।

11

भूमिका ही नहीं तो चरित्र क्या करेगा !

पटकथा में हर चरित्र की एक विशिष्ट भूमिका होनी चाहिए। आप कहेंगे, वह तो होती ही है; लेकिन नहीं। आप कभी-कभी देखेंगे कि फिल्मों में कई पात्र केवल भर्ती के होते हैं, वे कहीं भी ऐसा कुछ नहीं करते जिससे कथानक आगे बढ़ता हो। आप यह भी देखेंगे कि कई फिल्मों में एक ही काम के लिए कई-कई पात्र डाल दिए जाते हैं। जैसे नायक के बहुत सारे दोस्त, नायिका की बहुत सारी सहेलियाँ, या खलनायक के बहुत सारे गुर्गे। जाहिर है, जब एक ही काम बहुत सारे पात्रों को दिया जाएगा तब उनमें से हरेक की भूमिका का महत्त्व घट जाएगा। जिन फिल्मों में एक ही तरह की भूमिका के लिए कई पात्र हों या जिनमें कुछ पात्रों की कोई भूमिका ही न हो वे बोझिल और बेमानी-से लगते हैं।

इसलिए फिल्म लिखते समय अपने पात्रों की संख्या जितनी सीमित कर सकते हों, करें। उनमें से हरेक को अपने कथानक में कोई स्पष्ट भूमिका दें। अच्छी पटकथा वह होती है जिसमें गौण-से-गौण पात्र का भी कहानी को आगे बढ़ाने में कहीं अच्छा उपयोग किया गया हो। एक औसत फिल्म में चार-पाँच ही मुख्य भूमिकाएँ रखी जाती हैं। इनमें से एक भूमिका मुख्य पात्र की होती है, दूसरे उसके प्रतिरोधी की, तीसरी उसकी जो प्रेम का पात्र हो और चौथी-पाँचवीं उनकी जिनका इनमें से किसी से गहरा रिश्ता हो। टी.वी. धारावाहिकों में अनगिनत मुख्य भूमिकाएँ हो सकती हैं लेकिन वे सब एक साथ नहीं शुरू होनी चाहिए। और धारावाहिक के अलग-अलग खंडों में उनमें से कुछ का ही विशेष महत्त्व होना चाहिए। यही नहीं, लेखक के दिमाग में बिल्कुल साफ होना चाहिए कि इस खंड विशेष में किस पात्र से क्या काम लेना है ?

सबसे पहले आपको अपने मुख्य पात्र पर ध्यान देना चाहिए। अगर उसी का चरित्र जोरदार नहीं होगा तो फिल्म में जान नहीं पड़ेगी। आपको इस बात का भी ध्यान रखना होगा कि सारी कहानी उस मुख्य पात्र को ही केन्द्र में रखकर लिखी जाए। वह इतना दिलचस्प होना चाहिए कि उसका कथानक के केन्द्र में होना दर्शक को सुहाए, उबाए नहीं। सामान्यतः इस मुख्य पात्र को नेक, शरीफ और दर्शक के सामने एक आदर्श प्रस्तुत करनेवाला होना चाहिए। लेकिन जैसा मैं पहले कह चुका हूँ, उसमें भी किसी एक दोष का दिठौना लगा दें ताकि चश्मे-बददूर हो जाए। इस मुख्य पात्र को आप जितना अनूठा बना सकते हों बनाएँ क्योंकि अनूठापन दर्शक को आकर्षित करता है। जाहिर

है कि मुख्य पात्र की भूमिका सकारात्मक होनी चाहिए।

यों अपवादस्वरूप मुख्य भूमिका में कोई बुरा व्यक्ति भी रखा जा सकता है और रखा गया है। आजकल तो 'एंटी हीरो' या हीरोइन का फैशन चल निकला है। जाहिर है कि ये नाराज-नासाज और हिंसक किस्म के मुख्य पात्र परम्परागत पैमाने पर आदर्श नायक-नायिका नहीं कहे जा सकते। लेकिन फिर भी इनकी भूमिका सकारात्मक हो सकती है जैसे कि नाराज नवयुवक के रूप में अमिताभ बच्चन की रही थी। कुछ मुख्य पात्र न केवल दोषयुक्त होते हैं बल्कि कथानक में उनकी भूमिका भी नकारात्मक रहती है। 'बाजीगर', 'डर', 'आरपार' जैसी इधर की कुछ फिल्मों में नायक की भूमिका नकारात्मक है। 'गॉन विद द विंड' जैसी क्लासिक फिल्म में नायक-नायिका की एक जोड़ी ऐसी है जिसमें दोनों ही आदर्श नहीं हैं फिर भी वही फिल्म के मुख्य केन्द्र में हैं। 'गॉन विद द विंड' साबित करती है कि अगर ऐसे पात्र दिलचस्प हों तो नकारात्मकता ही फिल्म की सफलता का कारण बन सकती है।

नायक-खलनायक

मुख्य पात्र के बाद बारी आती है प्रतिरोधी पात्र की। यह वह पात्र है जो मुख्य पात्र से टक्कर लेता है। इसीलिए इस भूमिका में ज्यादातर खलनायक को रखा जाता है। खलनायक कोई एक व्यक्ति भी हो सकता है या पूरा गिरोह या कोई संस्थान। फिर भी यह बेहतर रहता है कि गिरोह या संस्थान भी हो तो उसका कोई एक व्यक्ति मुख्य प्रतिनिधि के रूप में सामने आए। यानी राबर्ट, मोना वगैरह सब हो सकते हैं मगर बॉस अजीत ही रहें। कभी-कभी प्रतिरोधी पात्र खलनायक न होकर कोई प्रतिद्वन्द्वी भी हो सकता है जैसे बैजू बावरा के लिए तानसेन। प्रतिरोधी पात्र मुख्य पात्र की टक्कर का होना चाहिए। अगर वह शुरू में थोड़ा भारी पड़ता हुआ लगे तो सोने में सुहागा।

फिल्म में एक पात्र ऐसा होना चाहिए जिसे मुख्य पात्र प्यार करता हो। नायक-प्रधान फिल्म में यह भूमिका नायिका के लिए होती है और नायिका-प्रधान फिल्म में नायक के लिए। इस भूमिका में आया हुआ पात्र मुख्य पात्र के चरित्र को गहराई और मानवीय स्पर्श प्रदान करता है। मारधाड़ से भरी एक्शन फिल्मों में तो यह भूमिका सिर्फ इसीलिए होती है कि मुख्य पात्र केवल मारपीट करनेवाला दरिंदा लगने से बच जाए और उसकी मानवीयता उजागर हो। जैसे बम्बइया माफिया को लेकर बनी फिल्म 'सत्या' में नायिका उर्मिला मातोंडकर नायक के चरित्र का संवेदनशील पक्ष सामने लाती है। बहुत-सी ऐसी फिल्में भी हो सकती हैं जिनमें नायक-नायिका की प्रेम-कहानी ही केन्द्र में हो। उस स्थिति में वे ही एक-दूसरे के लिए प्रतिरोधी पात्र बन जाते हैं। ऐसी भी फिल्में होती हैं जिनमें दो दोस्त ही प्रतिद्वन्द्वी हों और इसलिए एक-दूसरे के प्रतिरोधी पात्र बन जाते हों, जैसे 'नमकहराम'।

इसके बाद आती हैं सहायक भूमिकाएँ। जैसा कि नाम से ही जाहिर है, ये कहानी को आगे बढ़ाने में सहायता देनेवाले लोगों की भूमिकाएँ होती हैं। सहायक भूमिका में

आए हुए लोग मुख्य भूमिकाओं वालों की बात सुनते हैं। उन्हें सलाह देते हैं। कोई महत्त्वपूर्ण सूचना प्रदान करते हैं। उनका कोई जरूरी काम कर या बना देते हैं। उन्हें धिक्कारते या प्रेरित करते हैं। उनसे राज़ की बात सुनते हैं, उन्हें राज़ की बात बताते हैं। इसीलिए सहायक भूमिका को राज़दाँ भूमिका कहा गया है।

विश्वासपात्र और प्रेरक

सहेली, बहन, दोस्त, भाई, माता-पिता, पड़ोसी, सहयोगी, सेवक कोई भी ऐसा व्यक्ति ऐसी भूमिका में रखा जा सकता है जिस पर मुख्य पात्र को विश्वास हो, जिसे वह अपनी दिल की बात बता-सुना सके और जो उससे सच्ची बात कहने में न हिचके। मुख्य पात्र की भावनाएँ उजागर करने के लिए, मुख्य पात्र को कोई आवश्यक सूचना देने या भेद की बात बताने के लिए इस तरह के पात्र का अक्सर उपयोग किया जाता है। कुछ फिल्में ऐसी होती हैं जिनमें दो भाइयों या दोस्तों, दो बहनों या सहेलियों को केन्द्र में रखा जाता है। जाहिर है उनमें वे एक-दूसरे के राज़दाँ भी बनते हैं और एक-दूसरे के रकीब भी। कई-कई नायक-नायिकाओं वाले धारावाहिकों में तो मुख्य पात्र और सहायक राज़दाँ परस्पर भूमिकाएँ बदलते रहते हैं।

सहायक भूमिकाओं में कुछ पात्र ऐसे होते हैं कि जिनके द्वारा दी गई सूचना से अथवा जिनकी किसी करनी से कुछ ऐसा होता है कि मुख्य पात्र हरकत में आ जाता है। कहानी तेजी से बढ़ निकलती है। फर्ज कीजिए, हम दिखाते हैं कि पति अपनी पत्नी के नौकरी करने के खिलाफ है। फिर एक दिन दफ्तर से लौटने में अँधेरा हो जाने पर कोई गुंडा उससे बलात्कार कर लेता है। घर लौटने पर उसे पति से सहानुभूति नहीं मिलती। पुलिस से मदद भी नहीं मिलती। इस वजह से वह फेमिनिस्ट बन जाती है और पति से उसका टकराव बढ़ता है। अब चाहे फिल्म में उस बलात्कारी गुंडे की आगे कोई भी भूमिका न हो फिर भी उसके कारण ही सारी कहानी आगे बढ़ी है। ऐसे पात्र की भूमिका को केटेलिस्ट अर्थात् स्वयंप्रेरक की भूमिका कहते हैं।

आपको कई ऐसी फिल्में याद होंगी जिनमें कोई आदमी मरते हुए हमारे मुख्य पात्र को कुछ ऐसा बता जाता है जिसे लेकर फिर सारी फिल्म की कहानी आगे बढ़ती है। मिसाल के लिए यह कि फलाँ-फलाँ जगह खजाना गड़ा हुआ है। या तुम्हारा एक और भी भाई है जो मुम्बई में रहता है। या यह कि फलाँ-फलाँ जगह मेरा परिवार रहता है, वहाँ जाकर मेरी यह चिट्ठी दे आना। घर में मरते हुए रिश्तेदार द्वारा कही गई, जेल से छूटते समय किसी साथी द्वारा कही गई, युद्ध या दुर्घटना-स्थल में दम तोड़ते किसी अजनबी द्वारा कही गई इस तरह की बात ही वह घटनाक्रम शुरू करती है जिससे फिल्म का कथानक विकसित होता है। महत्त्वपूर्ण सूचना देनेवाले ये तमाम पात्र उत्प्रेरक की भूमिका निभाते हैं।

उत्प्रेरक की भूमिका में कोई ऐसा डॉक्टर हो सकता है जो मुख्य पात्र को बताता है कि तुम्हें लाइलाज बीमारी है। कोई ऐसा साहूकार हो सकता है जो उसकी पुश्तैनी

जायदाद कुर्क करवा देता है। कोई ऐसा पुलिस अधिकारी हो सकता है जो उसे दुश्मनों के कहने पर गिरफ्तार कर लेता है। कोई ऐसा साहब हो सकता है जो उसकी छँटनी करा देता है। उत्प्रेरकों की वजह से मुख्य पात्रों की जीवनलीला बदलती है। वे महत्त्वपूर्ण निर्णय लेने के लिए बाध्य होते हैं। और उनके लिए एक चुनौती प्रस्तुत होती है।

अन्य सहायक भूमिकाओं में दो तरह के पात्र होते हैं। पहले वे जो आपके कथानक को अतिरिक्त आयाम प्रदान करते हैं। फर्ज कीजिए, आपका कथानक बहुत गम्भीर है। आपके मुख्य पात्र भी गम्भीर ही होंगे। इतनी सारी गम्भीरता से फिल्म नीरस और बोझिल हो सकती है। अगर उसमें एक अदद मसखरा-सा पात्र डाल दिया जाए तो न सिर्फ फिल्म को बल्कि मुख्य पात्रों को भी नया रंग मिल सकेगा। जिस दृश्य में मुख्य पात्र इस मसखरे के साथ होंगे उनके व्यक्तित्व का हलका-फुलका पक्ष किसी हद तक तो सामने आएगा ही। मान लीजिए, वे इसके साथ भी गम्भीर बने रहते हों तो अकेले उस मसखरे की बातें और हरकतें दर्शक का मनोरंजन करेंगी। इसी तरह कामेडी प्रधान फिल्मों में कोई एक गम्भीर पात्र रखा जाता है अथवा किसी एक कामेडियन को दिमागी तौर से सिफर दिखाया जाता है। नटखटों के बीच में एक मूढ़।

एकरस एकपक्ष तोड़ने वाले पात्र

सहायक की भूमिका में स्वभावगत दृष्टि से भिन्न पात्र के सामने होने से मुख्य पात्र की अपनी विशेषता को चार चाँद लगते हैं। फर्ज कीजिए कि हमारी नायिका अपने माता-पिता द्वारा पसन्द किए हुए किसी गम्भीर और घरेलू-से व्यक्ति से सगाई कर चुकी होती है कि उसके जीवन में हमारा हँसमुख दिलेर नायक आ जाता है। उस स्थिति में मंगेतर ही नायिका के प्रेमी के आकर्षण को और अधिक उजागर करने की महत्त्वपूर्ण भूमिका अदा करता है।

तो ये हुई अतिरिक्त आयाम प्रदान करनेवाली सहायक भूमिकाएँ। इन्हीं की एक उपश्रेणी, जिसे कुछ लोग अपने में स्वतंत्र श्रेणी कहते हैं, संतुलन प्रदान करने या सही दृष्टिकोण सामने रखनेवालों की है। जिस फिल्म में कोई विवादास्पद विषय उठाया गया हो उसमें इस तरह के पात्रों की जरूरत बढ़ जाती है जो फिल्म को एकांगी होने से बचा लें। मान लें आपकी फिल्म हिंदू-मुस्लिम दंगों के विषय में हो। आवश्यक हो जाता है कि उसमें एक-न-एक भला हिंदू और एक-न-एक भला मुसलमान जरूर दिखाया जाए जो क्रुद्ध भीड़ की भाषा न बोल रहा हो। या फिर कोई ऐसा फकीराना इनसान दिखाया जाए जो न हिंदुओं की तरफदारी कर रहा हो, न मुसलमानों की।

इसी तरह अगर आपकी फिल्म में सारे स्त्री पात्र खराब होंगे तो वह एकांगी लगेगी। किसी पक्ष-विशेष के सारे ही लोग अच्छे होंगे तो वह भी एकांगी लगेगी। इसीलिए लंका में विभीषण और अयोध्या में मंथरा को रखना जरूरी है। लोककथाओं में एक पात्र आता है अनुभवी, ज्ञानी और पक्षपातरहित बुजुर्ग का जो हर झगड़े का फैसला नीर-क्षीर विवेक से काम लेते हुए करता है। फिल्मों में संतुलन प्रदान करने और

सही नसीहत देने के लिए अक्सर ऐसा पात्र भी रखा जा सकता है। घटनाओं और मनोरंजन से भरपूर फिल्म को उसकी उपस्थिति गरिमा और सार्थकता प्रदान करती है। अक्सर ऐसा पात्र दादा-दादी के रूप में प्रस्तुत किया जाता है। या फिर वह कोई जज या प्रोफेसर होता है। पटकथा लेखक अपना दृष्टिकोण और फिल्म में निहित सीख उजागर करने के लिए इस तरह के पात्र का सदुपयोग कर सकते हैं। यों कई फिल्मों में इस बात की सम्भावना रहती है कि स्वयं मुख्य पात्र ही आपका प्रवक्ता बन जाए।

अब आती है सहायक भूमिकाओं की अंतिम श्रेणी—वह है फिल्म को भरा-भरा बनानेवाली भूमिकाएँ। इस तरह की भूमिकाओं में होते हैं मुख्य पात्रों के रिश्तेदार, नौकर-चाकर, सहयोगी, सहपाठी, मुहल्ले वाले वगैरह-वगैरह। अगर ये बिल्कुल हों ही नहीं तो दर्शक को बड़ा अजीब लगता है। वह पूछता है कि क्या नायक के घर में कोई और है ही नहीं ? क्या उसके पड़ोस में कोई रहता ही नहीं है ? अपने दफ्तर में क्या वह अकेला ही काम करता है ? उसका कहीं कोई मित्र, रिश्तेदार वगैरह है ही नहीं ?

गौण पात्र गौण पात्र न हो

इसीलिए मुख्य पात्रों के साथ काफी और लोग भी दिखाने होते हैं। जाहिर है कि इतने ज्यादा लोगों को कोई लम्बी-चौड़ी भूमिका नहीं दी जा सकती। अक्सर तो उन्हें बोलने के लिए संवाद भी नहीं दिए जा सकते। कभी-कभी तो इतनी भी गुंजाइश नहीं रहती कि उन सबके नाम बताए जाएँ। इसलिए अगर आप नायक के 6 दोस्त दिखा रहे हों तो उनमें से दो-एक को ही प्रधानता दें और उनसे कथानक को आगे बढ़ाने में कोई काम जरूर लें। बाकी को मात्र शोभा के लिए रखें। लेकिन शोभा के लिए रखे गए इन पात्रों को भी कोई ऐसी विशिष्टता दें कि वे लगभग नामहीन और संवादहीन होते हुए भी अपनी कोई छाप छोड़ सकें और दृश्य को अतिरिक्त रंग दे सकें। अक्सर उन्हें कोई विचित्र पहनावा, तकिया कलाम, आदत या शौक देकर 'कॉमिक़ल' बना दिया जाता है। इससे दर्शक के मानस में उनकी उपस्थिति दर्ज हो पाती है।

जैसा कि मैंने पहले कहा, अच्छी पटकथा वह है जो गौण-से-गौण पात्र तक से कहानी को आगे बढ़ाने के लिए कहीं-न-कहीं कोई काम ले लेती है। अब यहाँ यह दोहरा देना आवश्यक है कि कहानी को आगे बढ़ाने के लिए पात्रों से किस तरह के काम लिये जाते हैं। पहला है कोई महत्त्वपूर्ण सूचना या सुराग देना, कोई राज़ खोलना, कोई संदेश पहुँचाना वगैरह। उदाहरण के लिए, फिल्म 'शान' में मजहर खान की भूमिका नायक को महत्त्वपूर्ण सुराग देने की थी। दूसरी भूमिका है कथानक को कोई भावनात्मक आयाम प्रदान करने की। अक्सर इस भूमिका में मुख्य पात्र की प्रेमिका या मुख्य पात्रा का प्रेमी रहता है। यों माँ-बाप, भाई-बहन, दोस्त-सहेली आदि भी फिल्म को भावनात्मक आयाम दे सकते हैं। याद रखिए, जरूरी नहीं कि यह आयाम प्रेम के ही किसी पहलू से दिया जाए। घृणास्पद व्यक्ति भी इस भूमिका में हो सकता है और उसके प्रति मुख्य पात्र की नफरत आपकी पटकथा की भावनात्मक बुनियाद बन सकती है।

प्रतिरोधी और उत्प्रेरक पात्र

इसी के साथ भूमिकाओं की तीसरी श्रेणी सामने आती है। वह है मुख्य पात्र के प्रतिरोधी पात्र की भूमिका। जैसा कि मैं आपको बता चुका हूँ कि प्रतिरोधी का कोई खलनायक ही होना जरूरी नहीं है। वह मात्र प्रतिद्वन्द्वी भी हो सकता है। यहाँ तक कि खुद प्रेमी-प्रेमिका आपस में प्रतिरोधी रिश्ते में जुड़े हुए दिखाए जा सकते हैं। वास्तविक जीवन में भी प्रेमी रह चुकी अपने जमाने की मशहूर सितारा जोड़ी कैथलीन हैप्बर्न और स्पेंसर ट्रेसी की एक फिल्म है 'एडम्स रिब'। इसमें वे वकालत के पेशे से जुड़े हुए दम्पति होते हैं। बेवफा पति से बदला लेने की कोशिश में किसी महिला की गिरफ्तारी का समाचार पढ़कर उन दोनों में बहुत बहस हो जाती है क्योंकि पति कहता है, यह महिला दोषी है, इसे सज़ा होनी चाहिए जबकि पत्नी कहती है, उसका कोई दोष न था। फिर बहस बदमजगी में बदल जाती है। पत्नी गिरफ्तार महिला से वकालतनामा ले लेती है। उधर सरकारी वकील पति को न चाहते हुए भी यह केस सौंप दिया जाता है। लीजिए एक-दूसरे से बेहद प्रेम करनेवाले पति-पत्नी एक-दूसरे के भयंकर प्रतिरोधी बन जाते हैं।

कुछ भूमिकाएँ उनकी होती हैं जो कहानी आगे बढ़ाने के लिए या उसमें कोई पेंच डालने के लिए उत्प्रेरक का काम करते हैं। आपने एक-दूसरे से लड़-झगड़कर अलग हो चुके पति-पत्नी के बारे में ऐसी कई फिल्में देखी होंगी जिनमें बच्चा उनका झगड़ा खत्म करने के लिए उत्प्रेरक का काम करता है। इससे उलट 'जब प्यार किसी से होता है' में नायक के पिछले सम्बन्ध की यादगार के रूप में जब एक बच्चा सामने आता है तब नायक और नायिका में तनाव पैदा होता है और कहानी नया मोड़ लेती है। उसे भी उत्प्रेरक कहा जाएगा। उत्प्रेरक कोई भी ऐसा पात्र होता है जिसके आने से, जिसके कुछ बता जाने से, जिसके कोई प्रेरणा दे जाने से मुख्य पात्र को दिशा बदलनी पड़ती है।

कुछ पात्रों की भूमिका मुख्य पात्र के सेवक या सहायक साथी की होती है। वे उसके राज़दाँ बनते हैं और उसे आवश्यक सूचनाएँ और सलाहें देते हैं। सहायक, सेवक और साथी की भूमिका में कुछ पात्र महज इसलिए रखे जाते हैं कि मुख्य पात्र की हस्ती वजनी लगे और वह निपट अकेला मालूम न पड़े। फिर कुछ भूमिकाएँ उन पात्रों की होती हैं जो फिल्म की नसीहत को उभारते हैं, लेखक का नजरिया स्पष्ट करते हैं या विवादास्पद विषय वाली फिल्म को संतुलित अस्तु दर्शक के लिए अधिक विश्वसनीय बनाते हैं। हॉलीवुड में भूत-प्रेत, परा-मनोविज्ञान और अन्य ग्रहों से आए प्राणियों को लेकर जो फिल्में बनाई जाती हैं, उनमें कुछ पात्र जरूर डाले जाते हैं जो इन बेबुनियाद बातों को नहीं मानते। कभी-कभी तो स्वयं मुख्य पात्र ही अश्रद्धालु दिखाया जाता है। यह बात अलग है कि फिल्म के अन्त में वह कायल हो जाता है।

खुद नायक-नायिका ही बहुरंगी !

कुछ पात्रों की भूमिका यह भी होती है कि वे फिल्म को बहुरंगी बनाएँ। एक पात्र को सेक्स अपील के लिए रख लिया, दूसरे को नाच-गाने के लिए और तीसरे को कामेडी करने के लिए। पुरानी फिल्मों में इस तरह की सहायक भूमिकाओं को प्रमुखता दी जाती थी। लेकिन नए जमाने के मुख्य पात्र फिल्म को सारे ही रंग खुद ही दे डालने के लिए तैयार रहते हैं। नायक डांस-एक्शन-कामेडी-रोमांस सभी कुछ खुद करना चाहता है। नायिका सेक्स अपील का मोर्चा सम्हाल कर वैम्प को गैर-जरूरी बना देती है। इसलिए अलग-अलग रंग प्रदान करनेवालों का महत्त्व बिल्कुल घट गया है। पात्रों की कुल संख्या कम करने के लिए और किसी भी भूमिका के बिल्कुल गौण हो जाने से बचने के लिए यह अच्छा रहता है कि आप अपने सहायक पात्रों से एक से ज्यादा काम लें। उदाहरण के लिए, ड्राइवर की भूमिका करनेवाला पात्र फिल्म को भरा-भरा बनाने और नायक को महत्त्व देने के साथ-साथ फिल्म को कामेडी का रंग भी दे सकता है। नायिका की आधुनिका सहेली उसकी राज़दाँ होने के साथ-साथ परम्परागत नायिका के लिए उत्प्रेरक भी बन सकती है और उसे मनपसन्द व्यक्ति से शादी करने की दिशा में अग्रसर कर सकती है। यही नहीं, आप उससे सेक्स अपील प्रदान करने का काम भी ले सकते हैं। वह और नायिका एक-दूसरे की चरित्रगत भिन्नता को उभारने का काम तो करेंगे ही। आप अपने पात्रों के चरित्र के जितने ज्यादा पहलुओं पर विचार करेंगे उनके उतने ही ज्यादा उपयोग आपको नजर आने लगेंगे।

लेकिन ध्यान रहे कि सहायक पात्रों का पटकथा में उतना ही उपयोग करें जितना कि कहानी को आगे बढ़ाने के लिए आवश्यक हो। उससे ज्यादा उपयोग करने पर तो वे मुख्य पात्रों पर हावी होने लगेंगे। इसी तरह पात्रों की संख्या घटाने की खातिर बार-बार इस ओर ध्यान दें कि अमुक काम किसी नए पात्र को देने की बजाय पहले से आए हुए किसी पात्र को ही क्यों न दे दिया जाए ? इस बात का भी पूरा ध्यान रखें कि मुख्य पात्र और प्रतिरोधी पात्र बराबर की टक्कर के होने चाहिए। और मुख्य पात्र का प्रतिरोधी पात्र आदि से लेकर अन्त तक एक ही रहना चाहिए। प्रतिरोधी का बदल जाना एक तरह से कहानी का ही बदल जाना है।

तो पहले चरित्र गढ़िए और फिर उनकी आपसी टकराहट के सहारे कथानक को आगे बढ़ाइए। कथानक का यह विकास होना चाहिए तीन-अंकीय ढाँचे में।

12

पटकथा की शरीर-रचना

यद्यपि आजकल सामान्यतः दो अंकों वाला नाटक खेला जाता है और कई पुराने नाटक पाँच अंकों के भी हैं तथापि पटकथा के लिए आज भी अरस्तू का दो हजार साल पुराना 'आरम्भ, मध्य और अन्त' के तीन अंकों वाला फार्मूला मान्य है। इसका जिक्र मैं पहले कर चुका हूँ। अब जरूरी है कि उसकी थोड़ी विस्तार से चर्चा की जाए।

पहला अंक पात्रों को उनकी विशिष्ट मनःस्थिति और परिस्थितियों में प्रस्तुत करके और उनकी कामनाओं को उजागर करके आनेवाली घटनाओं की भूमिका बाँधता है। इसलिए उसे सेट-अप कहा जाता है। दो घंटे की फिल्म में यह सेट-अप अधिक-से-अधिक आधे घंटे का होना चाहिए। इससे ज्यादा होने पर दर्शकों को लगेगा कि कहानी तो बढ़ ही नहीं रही है।

दूसरे अंक में हमें उन पात्रों के बीच उन विशिष्ट परिस्थितियों में उनकी अलग-अलग कामनाओं के कारण हुई टकराहट दिखानी होती है। इसीलिए इस अंक को 'कन्फ्रन्टेशन' का अंक कहा जाता है। इसमें पात्रों के घात-प्रतिघात से घटनाओं की एक झड़ी-सी लगनी चाहिए। उलझन इतनी बढ़ जानी चाहिए कि संकट का अहसास हो। दूसरे अंक में कहानी का असली विकास होता है इसलिए वही पटकथा का सबसे बड़ा हिस्सा बनता है। दो घंटे की फिल्म में एक घंटा इसी में लग जाता है।

दूसरे अंक के अन्त में हम जिस संकट का आभास देते हैं वह तीसरे अंक में सहसा गहरा जाता है और टकराहट चरमोत्कर्ष पर पहुँचती है। अन्त में गुत्थी सुलझती है और कहानी खत्म होती है। गोया इस अंक में क्राइसिस, क्लाइमेक्स और रेजोल्यूशन दिखाया जाता है। यह तीसरा अंक भी पहले अंक की तरह छोटा होता है, बल्कि इसमें तो आधा घंटे से भी कम समय लगाने की सलाह दी जाती है क्योंकि दर्शक रेजोल्यूशन यानी समाधान के लिए बेताब होने लगता है और समाधान हो चुकने के बाद हॉल में बैठे नहीं रहना चाहता। तो तीसरे अंक के लिए आप जो 15-20 मिनट का समय रखें उसका भी एक बड़ा हिस्सा चरमोत्कर्ष के नाटकीय बिन्दु पर लगाएँ।

यहाँ आप सवाल उठा सकते हैं कि हमें यह कैसे पता चल सकता है कि हमारे लिखे हुए को पर्दे पर दिखाने में कितना समय लगेगा ? इसका जवाब यह है कि अगर आप अपनी पटकथा कागज पर दोनों तरफ थोड़ी जगह छोड़कर डबल स्पेस देकर टाइप करें और उसमें दो दृश्यों के बीच और भी अधिक स्पेस दें तो पटकथा का एक पृष्ठ

पर्दे पर दिखाने के एक मिनट के बराबर होगा। यह एक मोटा-सा हिसाब है। संवाद बहुत ज्यादा होने पर या उन्हें बहुत धीमे-धीमे बोलने की आवश्यकता होने पर एक टाइप किया हुआ पृष्ठ पर्दे पर दो-ढाई मिनट भी ले सकता है। लेकिन औसत यही आता है कि एक पेज का एक मिनट। तो दो घंटे की फिल्म का मतलब है टाइप किए हुए 120 पेज की पटकथा। हमारे यहाँ फिल्में आमतौर पर ढाई घंटे की होती हैं लेकिन उनमें आधा घंटा तो नाच-गाने में निकल जाता है। इसलिए 120 पेज की ही पटकथा लिखें और सेट-अप के पहले अंक के लिए करीब 30 पृष्ठ लिखें।

प्लॉट पॉइंट उर्फ कथानक बिन्दु

तो पटकथा लिखते हुए आपको अपनी कथा को तीन अंकों वाले ढाँचे में ढालना होता है। अच्छा, जब आप कथा लिखने बैठते हैं तब इतना ही काफी होता है कि आपको यह पता हो कि वह कहाँ से और कैसे शुरू होती है और कहाँ से और कैसे खत्म होती है ? लेकिन पटकथा लिखते समय दो और बातें बिल्कुल स्पष्ट और सुनिश्चित होनी चाहिए—पहले अंक से दूसरे अंक में संक्रमण का बिन्दु और दूसरे अंक से तीसरे अंक में संक्रमण का बिन्दु। यानी पटकथा लिखना शुरू करने से पहले आपको यह तय करना चाहिए कि वह कौन-सी घटना होगी जिसके कारण पहले अंक का सेट-अप दूसरे अंक की मुठभेड़ की ओर बढ़ने लगेगा और वह कौन-सी घटना होगी जिसकी वजह से दूसरे अंक की मुठभेड़ तीसरे अंक के चरमोत्कर्ष और समाधान की ओर बढ़ने लगेगी। एक अंक से दूसरे अंक की ओर ले जाने वाली इस तरह की घटना को 'प्लॉट पॉइंट' यानी कथानक बिन्दु कहा जाता है। प्लॉट पॉइंट किसी ऐसे नाटकीय मोड़ को कहते हैं जो कथा को सहसा धक्का देकर उसकी दिशा बदल दे।

अगर आप प्लॉट पॉइंट तय किए बगैर पटकथा लिखना शुरू कर देंगे तो आप भटकते रह जाएँगे और आपकी पटकथा में तनाव-कसाव की भयंकर कमी रह जाएगी। जैसा मैंने कहा, प्लॉट पॉइंट का काम है कथा की दिशा को नाटकीय ढंग से बदल देना। हॉलीवुड की एक फिल्म 'द डेज ऑफ कॉन्डॉर' में हम देखते हैं कि नायक अमेरिकी गुप्तचर सेवा सी.आई.ए. की उस शाखा में काम करता है, जिसमें जासूस एक साहित्यिक संस्थान की आड़ में अपना काम करते हैं। इस सेट-अप के बाद पहला कथाबिन्दु तब प्रस्तुत होता है जब एक दिन नायक अपने साथियों के लिए लंच लाने बाहर जाता है और जब लौटता है तब पाता है कि वहाँ किसी ने कत्लेआम कर दिया है। इस कत्लेआम का कोई कारण उसकी समझ में नहीं आता, लेकिन इतना वह समझ सकता है कि अगर मैं दफ्तर से बाहर न होता तो मार दिया जाता। जैसे ही पता चलेगा कि मैं जीवित रह गया हूँ, हत्यारे मेरी खोज में निकल पड़ेंगे। इसलिए वह 'भगोड़ा' बन जाता है। इससे कहानी को नाटकीय मोड़ मिल जाता है क्योंकि अगर वह सीधे-सीधे सी.आई.ए. के बड़े अधिकारियों से मिलने चला जाता तो कहानी एक-न-एक कारण से इसी जगह खत्म हो जाती। लेकिन चूँकि उसके मन में संदेह है कि मारनेवाला कोई भीतरी आदमी भी

हो सकता है, इसलिए वह मुख्यालय के केवल उस अधिकारी से बात करने को तैयार होता है जो उसका दोस्त है। वह अधिकारी उससे मिलने भेजा जाता है, मगर एक ऐसे उच्चाधिकारी के साथ जिसे उन दोनों की ही हत्या करने का आदेश मिला है। नायक और दोस्त को धोखाधड़ी एक साथ समझ में आती है। एक्शन में अधिकारी दोस्त को और नायक अधिकारी को मार देता है। इस दोहरी हत्या के लिए नायक को ही जिम्मेदार ठहराया जाता है। इस तरह नायक और गुप्तचर संस्था के मध्य मुठभेड़ की जबरदस्त स्थिति पैदा हो जाती है।

इसी तरह विनोद चोपड़ा की फिल्म 'परिंदा' में कथानक को पहले अंक से दूसरे अंक में ले जानेवाला प्लॉट पॉइंट तब आता है जब नायक अनिल कपूर अमेरिका से लौटकर अपने दोस्त और नायिका के भाई अनुपम खेर से मिलने जाता है और उसकी मौजूदगी में ही अनुपम खेर की हत्या कर दी जाती है। फिर उसे पता चलता है कि हत्यारों का सम्बन्ध उसके बड़े भाई से है। इससे मुठभेड़ की स्थितियाँ पैदा हो जाती हैं क्योंकि भाई के दबाव में वह हत्यारों की शिनाख्त नहीं करता और उसके शिनाख्त न करने पर नायिका उससे सम्बन्ध तोड़ लेती है।

अमेरिका की टेलीविजन कम्पनियों पर व्यंग्य करनेवाली फिल्म 'नेटवर्क' के शुरू के दृश्य में हम देखते हैं कि समाचारवाचक नायक को उसका दोस्त और बॉस शराब पिलाकर यह सूचना दे रहा है कि तुम अब पहले जितने लोकप्रिय नहीं रह गए इसलिए कल से तुम्हें हटाने का फैसला कर लिया गया है। इसके बाद जब नायक समाचार पढ़ने जाता है तब अन्त में यह समाचार भी देता है कि मुझे 15 साल दर्शकों की सेवा करने के बाद अकारण ही निकाला जा रहा है इसलिए मैं लोकप्रियता आँकने की व्यावसायिक पद्धति के विरोध में आइंदा कभी बुलेटिन पढ़ते-पढ़ते ही आत्महत्या कर लूँगा। इससे बड़ी खलबली मचती है। और नेटवर्क चाहता है कि नायक को अगले दिन से ही हटा दिया जाए। लेकिन दूसरी ओर नायक की सनसनीखेज घोषणा के कारण उसकी लोकप्रियता इतनी बढ़ जाती है कि उसे हटाना भी उचित नहीं लगता। ऐसी स्थिति में नायिका कहती है कि हमें नायक को समाचार पढ़ते रहने देना चाहिए और शो का सारा तेवर यह कर देना चाहिए कि हमारा मुँहफट समाचारवाचक दो टूक बात करता है। इस सुझाव का मान लिया जाना पहला प्लॉट पॉइंट बनता है जो नाटकीयता से भरपूर है।

आइंदा आप जब भी फिल्म देखें, उसमें पहले और दूसरे प्लॉट प्वाइंट को ढूँढ़ने की कोशिश करें। जो फिल्में आप देख चुके हों, उनके कथानक को याद करके पहले और दूसरे प्लॉट प्वॉइंट की खोज करें। यह एक बहुत अच्छा अभ्यास है जिससे आपको अपनी कथा को पटकथा का रूप देने में बहुत सहायता मिलेगी। एक्शन और नाटकीयता से भरपूर फिल्मों में प्लॉट पॉइंट खोजना मुश्किल नहीं होता। जैसे 'शोले' में पहला प्लॉट पॉइंट तब आता है जब संजीव कुमार अमजद खाँ से बदला लेने के लिए धर्मेंद्र और अमिताभ बच्चन को जेल से छुड़ाकर अपने गाँव लाता है। सारे दूसरे अंक में नायकों की नायिकाओं से और खलनायकों से मुठभेड़ दिखाने के बाद दूसरा प्लॉट पॉइंट लिया

जाता है। इसके साथ ही हम तीसरे अंक में पहुँचते हैं जिसमें हमारे नायकों की मुख्य खलनायक से सीधी टक्कर होती है।

कभी-कभी आपको ऐसा लग सकता है कि चरित्र-प्रधान भावनात्मक किस्म की फिल्मों में प्लॉट पॉइंट नहीं होते। लेकिन गौर से देखने पर आपको प्लॉट पॉइंट नज़र आ जाएँगे। मिसाल के लिए 'देवदास' में पहला प्लॉट पॉइंट तब आता है जब देवदास को पता चलता है कि पारो की शादी कहीं और तय कर दी गई है। इसके बाद दूसरा अंक एक मित्र की सोहबत में देवदास के शराबी और वेश्यागामी बनने और वेश्या चंद्रमुखी के उसके प्रति समर्पित होने की कहानी कहता है। दूसरा प्लॉट प्वॉइंट तब आता है जब देवदास, जो पारो को भूल नहीं पाया है और बेहद बीमार हो गया है, अपने मित्र के साथ घर के लिए निकल पड़ता है। तीसरे अंक में रास्ते में ही उसकी तबीयत खराब हो जाती है और मरता हुआ देवदास जिस अजनबी घर में ले आया जाता है वह नायिका पारो के पति का ही घर होता है।

चरित्र-प्रधान फिल्मों में प्लॉट पॉइंट

इसी तरह हॉलीवुड की फिल्म 'एन अनमैरिड वुमेन' में सारा पहला अंक पति को समर्पित नायिका की आदर्श गृहस्थी दिखाने में जाता है और पहला प्लॉट पॉइंट तब प्रस्तुत होता है जब उसका पति कहता है कि मैं किसी और से प्रेम करने लग गया हूँ, तलाक चाहता हूँ। सारा दूसरा अंक प्रेम और विवाह में धोखा खाई तलाक़शुदा नायिका के अपने बच्चे को पालने और मर्दों के प्रति अपना दृष्टिकोण तय करने के संघर्ष को निरूपित करने में जाता है। इसमें उसकी मुलाकात कलाकार नायक से होती है जिसके साथ वह स्थायी सम्बन्ध बनाने से हिचकती है। छाछ को फूँककर पीनेवाली दूध की जली इस नायिका की पटकथा में दूसरा प्लॉट प्वॉइंट तब आता है जब एक पार्टी में कलाकार प्रेमी नायिका को लेकर एक अन्य कलाकार से हाथापाई कर बैठता है। इससे नायिका से उसकी प्रतिबद्धता प्रकट होती है। सारा तीसरा अंक नायक-नायिका के एक ऐसे रिश्ते की खोज को समर्पित है जिसमें प्रतिबद्धता के बावजूद पूरी स्वतंत्रता हो।

दूसरे अंक और तीसरे अंक के बीच में आनेवाले कथानक-बिन्दु में कुछ ऐसा होना चाहिए जो सारे घटनाक्रम को विस्फोटक स्थिति पर पहुँचा दे। मरने या मारने, इस पार या उस पार वाला मंजर पेश कर दे। कुछ ऐसा हो जिससे नायक या नायिका अथवा दोनों ही के भविष्य के लिए दर्शक के मन में कुतूहल या चिंता पराकाष्ठा पर पहुँच जाए। फिल्म 'दिलवाले दुल्हनियाँ ले जाएँगे' में इस तरह का विस्फोटक कथानक-बिन्दु तब प्रस्तुत होता है जब नायिका की शादी का दिन आ जाता है। दर्शक यह जानने के लिए बेताब होता है कि क्या शाहरुख नायिका को भगा ले जाने के लिए तैयार हो जाएगा ? क्या वह किसी चालाकी से काजोल की शादी रुकवा देगा ? क्या वह कुछ ऐसा कर दिखाएगा जिससे अमरीश पुरी अपनी बेटी उससे ब्याहने के लिए तैयार हो जाए ?

अक्सर घटना-प्रधान एक्शन फिल्मों में दर्शकों को एक्शन के चरमोत्कर्ष के

साथ-साथ नायक-नायिका के प्रेम-प्रसंग के चरमोत्कर्ष की भी चिंता करनी होती है। इसके लिए कभी-कभी दो प्लॉट पॉइंट लेने पड़ जाते हैं। 'विटनेस' में अहिंसा को धर्म माननेवाली नायिका के यहाँ छिपा हुआ, अहिंसा धर्म अपना चुका पुलिसिया नायक जब नायिका को छेड़नेवालों पर हाथ उठाने से पहचान में आ जाता है तब एक प्लॉट पॉइंट आता है और जब खलनायक अधिकारी उसकी हत्या करने पहुँचता है तब दूसरा प्लॉट पॉइंट आता है कि क्या वह आत्मरक्षा में मारधाड़ करके नायिका को खो देगा ?

अक्सर तीसरे अंक की ओर ले जानेवाले प्लॉट पॉइंट में समय-सीमा का तत्त्व डालकर जबरदस्त तनाव पैदा करने की युक्ति अपनाई जाती है। जैसे यह कि हमारी नायिका को खलनायकों ने कसकर बाँध दिया है और टाइम बम लगाकर चले गए हैं जो दो मिनट बाद फट जाएगा। क्या नायिका अपने को छुड़ा पाएगी ? क्या हमारा नायक सारी किलेबंदी तोड़कर किसी चमत्कार से दो मिनट में नायिका को छुड़ाने आ पहुँचेगा ? यह कि अन्तरिक्ष यान में कुल बीस मिनट के लिए ईंधन बचा है और उसमें खराबी आ गई है। क्या इस दौरान हमारा नायक उसे ठीक करके धरती तक लौटा सकेगा ? हमारी नायिका की शादी की तारीख तय हो चुकी है। क्या हमारा नायक तब तक लौट आएगा आदि-आदि।

तीसरे अंक की ओर ले जानेवाले दो-दो प्लॉट पॉइंट इस तरह के रखे जाते हैं कि पहले वाले से हमारा दर्शक और मुख्य पात्र गहन निराशा में डूब जाएँ और दूसरे से आशा की एक क्षीण किरण जगे। उदाहरण के लिए यह कि हमारा नायक ऐसे कारावास में डाल दिया जाता है जिसमें से निकल सकना असम्भव है। ऐसा लगता है कि उसका खेल खत्म हो चुका है लेकिन फिर खलनायक की बेटी, जो इस बीच उसे अपना दिल दे बैठी है, अपनी सहेली को अपने मन की हालत बता देती है और कहती है कि कारावास के अधीक्षक को रिझाकर उसे छुड़ाने की कोई युक्ति करो। कहने का मतलब यह है कि तीसरे अंक की ओर जाते हुए निराशा-आशा का क्रम चले तो कुतूहल बढ़ता है। सस्पेंस पैदा होता है। इसीलिए कहा गया है कि दूसरे अंक के बाद का प्लॉट पॉइंट सस्पेंस बढ़ाने में जितना सहायक हो, उतना ही अच्छा रहता है।

तो पटकथा लिखना शुरू करने से पहले अपने दोनों प्लॉट पॉइंट तय कर लें ताकि आपके कथा-निरूपण को दिशा मिले। याद रखिए प्लॉट पॉइंट ऐसा होना चाहिए जो कथानक को नाटकीय मोड़ देकर नई दिशा दे, दर्शकों के मन में जिज्ञासा का केन्द्रीय मुद्दा जोरदार ढंग से उठा दे, जो मुख्य पात्र के लिए किसी महत्त्वपूर्ण निर्णय या वचनबद्धता का क्षण प्रस्तुत करे, जो कथानक के नाटकीय तत्त्व को सान चढ़ाए और जो कथानक को एक अंक से दूसरे अंक में ले जाए। आपका दूसरा प्लॉट पॉइंट ऐसा भी होना चाहिए जो घटनाक्रम को सहसा तेज कर दे और कथानक को क्लाइमेक्स की ओर ले जाए।

13

पहला अंक : सेट-अप

सेट-अप में बहुत ही संक्षेप में दर्शक को यह बताना होता है कि हमारे पात्र कहाँ हैं, कौन हैं, क्या करते हैं और क्या चाहते हैं ? दूसरे शब्दों में यह कि इन्होंने क्या चक्कर चला रखा है ? लेकिन इस सिलसिले में भी दो बातें ध्यान में रखना जरूरी है—पहली यह कि आपको सारी सूचना एक साथ नहीं देनी है और दूसरी यह कि सूचनाएँ जहाँ तक हो घटनाओं के माध्यम से दी जानी हैं। इसके साथ ही सेट-अप में फिल्म का मूड भी सेट कर देना चाहिए। मैंने आपसे कहा था कि फिल्मों में 'अम्बियांस' का, समूचे वातावरण का बड़ा महत्त्व होता है इसलिए शुरू में ऐसे घटना-स्थल दिखाएँ, ऐसे बिम्बों की झड़ी लगाएँ जिनसे दर्शक के मन में फिल्म की कथा के अनुरूप रस पैदा होने लगे। कई बार ऐसा हो सकता है कि बिल्कुल शुरू में पात्रों का परिचय दे देना ठीक न हो। उदाहरण के लिए रहस्य-रोमांच की किसी फिल्म में अगर आप शुरू में ही बता दें कि कौन कौन है तो सारा सस्पेंस ही खत्म हो जाएगा। इसलिए उनमें मूड सेट करना और भी अधिक आवश्यक हो जाता है। किसी सामान्य फिल्म में भी महत्त्वपूर्ण सूचनाएँ बिल्कुल शुरू में संवादों के माध्यम से दे देना इसलिए ठीक नहीं रहता कि हॉल में अपनी सीट ग्रहण करने में लोग-बाग थोड़ा समय लगा देते हैं जिसकी वजह से दर्शक फिल्म की शुरुआत एकाग्र होकर नहीं देख पाते।

इसीलिए फिल्म की शुरुआत में वातावरण निर्मित करनेवाले दृश्यों और बिम्बों की झड़ी लगाई जाती है। हॉलीवुड की एक प्रसिद्ध फिल्म 'विटनेस' में तीन मिनट तक कोई संवाद ही नहीं है। हम सिर्फ अमेरिका के एक शांत, सुरम्य स्थल में रहनेवाली आधुनिकता से विमुख शांतिप्रिय अहिंसक एमिस जाति के लोगों का किसी को दफनाने के लिए एकत्र होना ही देखते हैं। विधवा नायिका और उसके 5-6 वर्षीय बेटे का परिचय पाते हैं। फिर यह लड़का शहर में एक खून का चश्मदीद गवाह बनता है। पुलिस उसे गवाह बनाना चाहती है, और इस सिलसिले में उसे और उसकी माँ को थाने ले जाती है। गोया पहले एक बिल्कुल अलग किस्म का जीवन जीनेवाली आज की दुनिया के लिए अजूबा-सी अहिंसा-विश्वासी जाति की नायिका और उसके बेटे को एस्टेब्लिश किया जाता है और फिर महज एक संयोग के कारण उनके शांत जीवन में अशांति और हिंसा का प्रवेश दिखाया जाता है। प्रसंगवश यही अहिंसकों का हिंसा से साक्षात फिल्म कथानक का आधार-बिन्दु है।

मूड सेट-अप करने के अन्तर्गत बॉलीवुड की फिल्मों में अक्सर शुरू में किसी विशिष्ट स्थल पर फिल्माया गया नायक अथवा नायिका का नाच-गाना रख दिया जाता है। याद कीजिए उन तमाम बंबइया फिल्मों को जिसमें नायिका किसी सुरम्य स्थल पर अकेली या सहेलियों के साथ गा रही होती है कि अचानक नायक अथवा खलनायक आ जाता है। या फिर नायक किसी सुरम्य स्थल से गुजरता हुआ उसकी अथवा अपनी प्रशंसा में कुछ गाता हुआ नायिका के गाँव में परदेसी बाबू बनकर पहुँचता है। आरम्भिक बिम्बों से फिल्म के अनुरूप मूड सेट होना चाहिए। इसीलिए आपने देखा होगा कि कामेडी फिल्मों के लिए अक्सर 'क्रेडिट टाइटिल्स' तक कार्टून शैली में बनाए जाते हैं। फिल्म हलकी-फुलकी हो, शुरुआत गुरु-गम्भीर हो या फिल्म गुरु-गम्भीर हो और शुरुआत हलकी-फुलकी हो तो दर्शकों का रसभंग होता है। उदाहरण के लिए, कोरिया युद्ध के दौरान घायल सैनिकों के उपचार में जुटी एक टुकड़ी का जीवन दर्शानेवाली हॉलीवुड की फिल्म 'मैश' हास्य-व्यंग्यप्रधान थी और उसकी शुरुआत युद्ध में घायल सैनिकों के फील्ड अस्पताल में लाए जाने से की गई थी। लेकिन इस त्रासद शुरुआत के बाद दर्शकों को डॉक्टरों-नर्सों की कामेडी शुरू होने पर बड़ा झटका लग रहा था। लिहाजा घायलों से लदे हेलीकाप्टरों के आने के दृश्य के पीछे हलका-फुलका संगीत और यह विचित्र गीत डलवा दिया गया कि 'आत्महत्या में दर्द नहीं होता'। इससे शुरू में ही दर्शक को पता चल गया कि यह दुरंगी फिल्म है जिसमें भयानक और त्रासद वातावरण में व्यंग्य-विनोद की झाँकियाँ प्रस्तुत की जाएँगी। इस गीत-संगीत के डाल दिए जाने के बाद फिल्म दर्शकों के लिए ग्राह्य हो गई।

धक्का कहानी की गाड़ी को

आरंभिक बिम्बों से मूड सेट हो जाने के बाद पात्र-परिचय कराना और कहानी को यादगार ढंग से शुरू करना होता है। कोई ऐसी घटना रखनी होती है जो कहानी की उठान शुरू कर दे। मिसाल के लिए यह कि सुरम्य स्थल पर गाती हुई नायिका सहसा गोली चलने की आवाज सुनती है। एक घायल पंछी उसके कदमों पर आकर गिरता है। एक सम्पन्न शहरी बन्दूकधारी वहाँ पहुँचता है। नायिका उसे बुरा-भला कहती है तभी एक बूढ़ा आकर नायिका को बेटी कहकर सम्बोधित करता है और कहता है कि ये जमींदार साहब के बेटे हैं, इनके पाँव पर गिरकर माफी माँग। वह शहरी कहता है कि माफी माँगने की कोई जरूरत नहीं है। हम शिकारी हैं, हमें गुर्राने, दहाड़ने, चिंघाड़नेवाले जीव पसन्द हैं। कभी-कभी किसी सूचना मात्र से कहानी की गाड़ी को स्टार्ट करनेवाला धक्का लग जाता है। मिसाल के लिए यह कि एक गरीब को पता चलता है कि उसकी लाटरी निकल आई है या एक आदमी को डॉक्टर बताता है कि आपको कैंसर हो गया है। 'मिस्टर डीड्ज गोज टु टाउन' में मिस्टर डीड्ज को विरासत में अपार धनराशि मिलने से कहानी की धमाकेदार शुरुआत होती है। 'विटनेस' में धमाकेदार शुरुआत तब होती है जब अहिंसक जाति का बालक एक खून का चश्मदीद गवाह बनता है और हमारे

नायक को इस बालक की मदद से केस सुलझाने का काम दिया जाता है।

सेट-अप में कहानी को आगे बढ़ाने के लिए धक्का देनेवाली घटना लेना ही काफी नहीं है, एक ऐसा सवाल उठा देना भी जरूरी है जो दर्शक की जिज्ञासा को भड़काए। मिसाल के लिए उन्मुक्त उड़ान का गीत गाती हुई ग्रामीण नायिका और शहरी शिकारी की टकराहट के दृश्य का निरूपण इस तरह करना चाहिए कि दो सवाल उठें। पहला यह कि जमींदार का बेटा नायक है कि खलनायक ? और दूसरा यह कि हमारी नायिका इससे कैसे निपटेगी ? इस सिलसिले में दृश्य के अन्त में हम जमींदार के बेटे का बूढ़े को अपनी बेटी के साथ हवेली में आने का निमंत्रण डाल सकते हैं। इसी तरह 'विटनेस' में एक सवाल तो फौरन ही उठ जाता है कि एक नृशंस हत्या के चश्मदीद गवाह बन गए बच्चे का क्या होगा ? इसी तरह 'मिस्टर डीड्ज गोज टु टाउन' में एक सवाल उठ जाता है कि एक छोटे-से कस्बे का यह भोला-भाला व्यक्ति इतनी भारी सम्पत्ति का वारिस बनकर महानगर के भेड़ियों के बीच पहुँचेगा तो क्या होगा ?

धमाकेदार उठान और पहला प्लॉट पॉइंट

तो कहानी की उठान धमाकेदार होनी चाहिए। लेकिन याद रखिए कि पटकथा में 'उत्तरोत्तर बढ़ती टकराहट' का सिद्धांत लागू होता है। गोया अगर आप टाँय-टाँय से शुरू हों तो धाँय-धाँय पर खत्म हो। यह नहीं कि फिस्स होकर रह जाएँ। यों व्यावसायिक फिल्मों के निर्माता तो यह चाहते हैं कि लेखक धाँय-धाँय से शुरू हो और फिर उत्तरोतर टकराहट बढ़ाये। बकौल सेमुअल गोल्डविन "आप भूचाल से शुरू करें और फिर उससे भी ज्यादा धमाकेदार कुछ करते रहें।" बहरहाल अगर शुरू में ही आपने बहुत बड़ा धमाका ले लिया है तो आगे के धमाके उससे ज्यादा जोरदार होने चाहिए। वरना कहानी जितनी तेजी से उठेगी उतनी ही तेजी से नाक के बल गिरती नजर आएगी।

इसी सिद्धांत पर चलते हुए 'विटनेस' में आगे यह दिखाया जाता है कि एमिस जाति का बच्चा एक पुलिस जासूस के सुपुर्द किया जाता है जो उससे हत्यारे की कद-काठी, रूप-रंग के बारे में सवाल करता है। फिर ऐसे दस नंबरियों की तस्वीरें दिखाता है जो उसी तरह की कद-काठी और रंग-रूप के हैं। ऐसे कुछ लोगों को प्रत्यक्ष भी दिखाता है लेकिन बच्चा कहता है कि हत्यारा इनमें से कोई भी नहीं है। जासूस निराश हो जाता है, तभी वह एक अन्य जासूस मैक्फी को देखकर घबरा जाता है और फुसफुसाकर बताता है कि हत्यारा यही था। इससे सारी कथा को धमाकेदार नाटकीय मोड़ मिलता है। मैं बता चुका हूँ कि इस तरह के नाटकीय मोड़ को 'प्लॉट पॉइंट' यानी कथानक-बिन्दु कहा जाता है और हर अंक की समाप्ति पर ऐसा प्लॉट पॉइंट जरूर आना चाहिए। अगले परिच्छेद में हम देखेंगे कि कैसे 'विटनेस' की आदर्श पटकथा में कथानक इसी तरह उत्तरोत्तर दिलचस्प और तनावपूर्ण बनाया गया है।

सेट-अप को सेट-अप इसलिए भी कहा जाता है कि आगे आपको जो कुछ भी दिखाना हो उसके लिए आवश्यक जमीन आप यहीं तैयार कर लें। इसलिए आरंभिक

दृश्यों में चरित्र-चित्रण करते हुए ऐसी बातें रेखांकित करनी चाहिए जिनका आगे चलकर नाटकीय उपयोग किया जाना है। किसी पात्र का कोई हुनर या खास आदत आगे चलकर नाटक की दृष्टि से उपयोगी होनेवाली हो तो उसका परिचय हमें आरम्भ में ही मिल जाना चाहिए। अगर आप बाद में पात्र के उस हुनर या आदत का जिक्र करेंगे तो यही लगेगा कि जब आपको कोई और रास्ता नहीं सूझा तब यह उपाय निकाल लिया। उदाहरण के लिए, अगर हमने पहले अंक में यह देखा हो कि हमारी नायिका एन.सी.सी. में रह चुकी है तो तीसरे अंक में उसका विषम बाधाओं को पार करना और हथियारों का सफलतापूर्वक इस्तेमाल करना विचित्र नहीं लगेगा। इसी तरह पात्रों में अगर कोई भली या बुरी कमजोरी हो तो उसे भी पहले अंक में उजागर कर देना चाहिए। इससे न केवल पात्र के चरित्र को एक अतिरिक्त आयाम मिलता है बल्कि उसका आगे चलकर नाटकीय उपयोग भी किया जा सकता है।

उदाहरण के लिए यह कि हमारा नायक भले ही बहुत कठोर और रूखा है मगर बच्चों के विषय में बहुत भावुक है। इसीलिए चरमोत्कर्ष में खलनायक गोली से बचने के लिए एक बच्चे को ढाल की तरह इस्तेमाल करता है। या हमारा खलनायक तनावग्रस्त होने पर हकलाता है और इसी कारण चरमोत्कर्ष में बदले भेस में होने के बावजूद नायक द्वारा पकड़ लिया जाता है। हॉलीवुड की एक फिल्म के शुरू में नायिका की इस आदत को सहेलियों में व्यंग्य-विनोद का विषय बनाया जाता है कि वह अपने लंच की जूठन एल्यूमीनियम की 'फॉइल' में लपेटकर घर ले जाती है और फ्रिज में सँभालकर रख देती है। फिर तीसरे अंक में जब चरमोत्कर्ष के आस-पास रेडियोधर्मिता के सबूत ढूँढ़े जा रहे होते हैं तब वे नायिका के फ्रिज में एक एल्यूमीनियम फॉइल से ही मिलते हैं।

पटकथा की हॉलीवुड वाली भाषा में इस तरह आखिर में उपयोग करने के लिए शुरू में ही दिखा दिए जाने वाली चीजों को 'रनर्स' कहा जाता है और ये 'रनर्स' पात्र को बहुआयामी और पटकथा को दिलचस्प बनाते हैं। कामेडी फिल्मों में तो इनका विशेष उपयोग होता है। मिसाल के लिए 'विक्टोरिया नम्बर 203' के पहले अंक में आशिकमिजाज बुढ़ऊ अशोक कुमार की औरत के पीछे लग लेने की आदत दिखाई जाती है। क्लाइमेक्स के बाद जब वह प्राण से, जिसे अपने बहू-बेटा मिल गए हैं, विदा लेता है तब प्राण कहता है कि किसी औरत के पीछे मत लग जाना। लेकिन अशोक कुमार अगले ही दृश्य में एक बुर्के वाली के पीछे लग जाता है और बुर्के से निकलता है प्राण। इस तरह पकड़े जाने के बाद अशोक कुमार प्राण के साथ ही रहने को तैयार हो जाता है और फिल्म खत्म हो जाती है।

आरम्भ में अन्त

प्रसंगवश इसी से एक और सिद्धांत उजागर होता है कि अगर पहले अंक में तीसरे अंक का गोया फिल्म के आरम्भ में फिल्म के अन्त का पूर्वाभास रहे तो पटकथा की दृष्टि

से सोने में सुहागा वाला मामला हो जाता है। आपने तमाम ऐसी फिल्में देखी होंगी जिनके आरम्भ में नायक किसी स्टेशन पर गाड़ी से उतरता है और जिसके अन्त में वह अपना मिशन पूरा करके उसी स्टेशन से लौटने के लिए गाड़ी पकड़ता है। हाँ, इसी बीच एक पूरी कहानी घट चुकी होती है जिसने उसे बदल दिया होता है। जैसे यह कि आरम्भ के दृश्य में नायक अपने पिता के हत्यारे की खोज में जिस समय स्टेशन पर उतरता है तब उसकी आँखें किसी सहेली को स्टेशन पर छोड़ने आई एक लड़की से चार होती हैं। आगे चलकर यह लड़की नायक से प्रेम करने लगती है। फिर नायक को पता चलता है कि यह उसी हत्यारे की बेटी है। अंतिम दृश्य में नायक उसी स्टेशन से लौट रहा होता है कि नायिका अपने हत्यारे पिता के हत्यारे को क्षमा करने और उसके साथ चले जाने को ऐन ट्रेन छूटते समय पहुँच जाती है।

ऐसी कई फिल्में हैं जिनके पहले और अंतिम दृश्य का स्थल या वातावरण एक-जैसा होता है। जैसे 'गाइड' का आरम्भ होता है भगोड़े देव आनंद के किसी गाँव के मंदिर में जा छुपने और गाँव वालों द्वारा महात्मा समझ लिये जाने से और अन्त होता है, उसी गाँव के मंदिर में उसका बारिश करवाने के लिए बारह दिन का उपवास रखने और बारिश होने के साथ ही उसके मर जाने से। कहानी के बाकी प्रमुख पात्र भी उसी स्थल पर आ जाते हैं यानी देव आनंद की माँ, उसकी पत्नी वहीदा रहमान, उसका दोस्त आदि। इसी तरह आपको ऐसे उदाहरण भी मिलेंगे जिनमें फिल्म का आरंभिक और अंतिम बिम्ब बिल्कुल एक-जैसे या सर्वथा एक-दूसरे के उलट हों। जैसे यह कि पहले दृश्य में गाँव का एक मेला दिखाया जाता है जिसमें एक अप्रिय घटना घटती है और जिसके फलस्वरूप बाद में बड़ी तनातनी होती है। क्लाइमेक्स में मार-काट होती है, नेकी बदी पर जीत हासिल करती है, फिर से मेले का समय आ जाता है जिसमें नायक-नायिका नाचते हैं और फिल्म खत्म हो जाती है। उलट बिम्ब का उदाहरण यह कि फिल्म किसी की शादी के दृश्य से शुरू होती है और उसी के दाह-संस्कार के दृश्य पर खत्म होती है या पतझड़ के दृश्य से शुरू होती है और वसंतोत्सव पर खत्म होती है।

सच तो यह है कि किसी भी पटकथा की शुरुआत बहुत कुछ इस पर निर्भर करती है कि फिल्म का अन्त क्या होनेवाला है ? आपको शुरू में ऐसी घटना लेनी होती है जो बहुत ही तर्कसंगत ढंग से घटना-प्रति-घटना आपको चरमोत्कर्ष और निष्पत्ति की ओर ले जाए। इसलिए कहा जाता है कि पटकथा लिखना तब शुरू करें जब उसका अन्त आपके दिमाग में बहुत स्पष्ट हो। जैसे बगैर मंजिल तय किए निकल पड़ने पर आवारागर्दी ही हो सकती है, सफल यात्रा नहीं, उसी तरह बगैर अन्त तय किए पटकथा शुरू कर देने पर भटकाव के सिवा कुछ हासिल नहीं हो सकता। फिल्म 'सागर' को देखते हुए दर्शक को बार-बार लगता है कि बनानेवालों के मन में इस बात को लेकर ऊहापोह है कि फिल्म के अन्त में हीरोइन किसे मिले। कमल हासन को—जिसका किरदार ज्यादा दिलचस्प और अभिनय ज्यादा प्रभावशाली है या ऋषि कपूर को जो उससे बड़ा बाक्स आफिस हीरो है ?

पटकथा शुरू करने का एक तरीका तो यह है कि आप मूड जमानेवाले बिम्बों की झड़ी लगा दें। इसे काव्यात्मक शुरुआत कहा जाता है। दूसरा तरीका है नाटकीय शुरुआत का जिसके लिए शुरू में ही कोई धमाकेदार घटना या एक्शन प्रसंग ले लिया जाता है। इससे फिल्म को शुरू से ही जबरदस्त गति मिल जाती है। जैसे यह कि एक आदमी किसी पुराने शहर के गली-कूचों में कुछ कातिलों से बचने के लिए दौड़ता हुआ नजर आता है; वह बचने की बहुत कोशिश करता है मगर उसे गोली लग जाती है। इसके बावजूद वह पीछा करने वालों को चकमा देकर खुफिया संगठन में अपने बॉस के पास पहुँच जाता है। वह उसे भेद की बात बताना शुरू करता है और बात पूरी होने से पहले ही दम तोड़ देता है। एक और तरीका यह है कि आप शुरू में ऐसा दृश्य लें जिससे मुख्य पात्र का चरित्र उजागर हो। इस तरह के दृश्य को परिचय दृश्य या 'इंट्रोडक्शन सीन' कहा जाता है। व्यावसायिक फिल्मों में इंट्रोडक्शन सीन का बड़ा महत्त्व है। हर अभिनेता-अभिनेत्री की यही इच्छा होती है कि पर्दे पर मेरी पहली आमद यादगार किस्म की हो।

इंट्रोडक्शन सीन : प्रथम परिचय का दृश्य

चरित्र-चित्रण से फ़िल्म की बेहतरीन शुरुआत करने का एक अच्छा उदाहरण हॉलीवुड की फिल्म 'शैम्पू' में मिलता है। फिल्म की शुरुआत में हम देखते हैं कि एक नीमअँधेरे कमरे में नायक किसी लड़की को हमबिस्तर बनाए हुए है। नायक नायिका के काम-कूजन के स्वर पर टेलीफोन की घंटी हावी होती है। नायक प्रेमलीला जारी रखते हुए फोन उठाता है और फिर हम देखते हैं कि फोन उसकी एक अन्य प्रेमिका ने किया है जो उसके विरह में तड़प रही है। इस पहले ही दृश्य से पता चल जाता है कि नायक भयंकर रूप से चालू छैल-छबीला युवक है। इसी तरह 'बोनी एंड क्लाइड' के पहले सीन में नायिका को अपने चेहरे का भोंडे ढंग से मेकअप करते दिखाया जाता है। फिर यह दिखाया जाता है कि वह बगैर कपड़े पहने ही मेकअप कर रही थी। फिर नायिका यह देखती है कि नायक बाहर खड़ी कार को चुराने में लगा है। वह उसी हालत में खुली खिड़की की तरफ बढ़ती है और नायक से उसकी नोक-झोंक होती है। वह नायक से कहती है, भागना मत, मैं आ रही हूँ और जल्दी से कपड़े पहनकर बाहर चली जाती है जहाँ नायक उसके इंतजार में खड़ा है। दोनों में फिर नोक-झोंक शुरू हो जाती है। इस एक दृश्य में एक-दूसरे का प्रथम परिचय पाते ही स्पष्ट हो जाता है कि दोनों ही उजड्ड और उद्दंड हैं।

फिल्म 'आर्थर' की शुरुआत में हम शानदार शोफर-ड्रिवेन गाड़ी में बैठे हुए पियक्कड़ नायक को अपनी गाड़ी को थकी-हारी सड़कछाप वेश्याओं के पास रुकवाते और पागलपन की हद तक पहुँची हुई हास-परिहासपूर्ण बातें करते हुए देखते हैं। वह उनमें से एक वेश्या को अपने साथ बैठा लेता है और उसकी फीस से दुगनी फीस दे देता है और फिर अपने ड्राइवर से दूसरी वेश्या को भी पैसे दिलवाता है। तब यह दूसरी

वेश्या उसे ध्यान से देखती है, और कहती है, आप कहीं आर्थर साहब तो नहीं हैं ? इसके बाद क्रेडिट्स आने शुरू हो जाते हैं। उन क्रेडिट्स के बीच हम आर्थर और वेश्या की बातचीत की झाँकियाँ देखते रहते हैं, जिनसे आर्थर के शराबी, सिरफिरा और अमीर होने का परिचय मिलता रहता है।

सारा दारोमदार पहले दस मिनट में

क्रेडिट्स यानी फिल्म का नाम और उससे जुड़े हुए तमाम लोगों के नाम बताने से पहले या बताने के साथ-साथ दिया गया ऐसा दृश्य-प्रसंग 'प्री क्रेडिट्स सीक्वेंस' कहलाता है। अक्सर इस तरह के सीक्वेंस में मुख्य कथा की पूर्वपीठिका दिखाई जाती है। याद कीजिए उन फिल्मों को जिनमें क्रेडिट्स आने से पहले नायक या नायिका की बचपन की कहानी दिखाई जाती है। उदाहरण के लिए फिल्म 'जंजीर' में नायक अपने बचपन में अपने पिता की हत्या होते देखता है और हत्यारे के गले में पड़ी जंजीर से लटके घोड़े के निशान वाले लाकिट की झलक उसकी आँखों में और दुःस्वप्नों में बस जाती है। आगे चलकर मुख्य कथा में इसी जंजीर के सहारे वह खलनायक को पहचान पाता है और पिता की हत्या का बदला लेता है। आप अपनी पटकथा के शुरू में चाहे जैसा भी दृश्य रखें, इस बात को कभी न भूलें कि हॉल में बैठा दर्शक फिल्म के बारे में अपनी राय पहले दस मिनटों में बना लेता है। अगर इन दस मिनटों में आप उसका ध्यान नहीं खींच सके, फिल्म के प्रति उसका कुतूहल नहीं जगा सके तो उसका मूड शुरू से उखड़ जाएगा।

आपकी पटकथा के पहले दस पृष्ठों में दिलचस्पी जगा सकनेवाली कोई बात न हुई तो कोई भी निर्माता उसे आगे पढ़ने की जहमत नहीं उठाएगा। इस मंत्र को याद रखिए कि फिल्म का आरम्भ ऐसा होना चाहिए जो फिल्म का मूड जमाकर दर्शक को पूरे ध्यान और दिलचस्पी से फिल्म देखते रहने के मूड में ले आए। कोई ऐसा पात्र, कोई ऐसी घटना हो जो बहुत ही दिलचस्प हो और जिसके कारण दर्शक के मन में आगे देखते रहने का कुतूहल जागे। लेकिन साथ ही इस बात का ध्यान रहे कि आप शुरू में जो कुछ भी दिखाएँ उसका आगे की कहानी से, यहाँ तक कि फिल्म के अन्त से कोई सम्बंध हो। फिल्म की शुरुआत को दिलचस्प और नयनाभिराम न बनाना बड़ी भूल है लेकिन इस चक्कर में फिल्म की सर्वथा अप्रासंगिक शुरुआत करके मुख्य कथानक के निरूपण में विलम्ब करना तो और भी बड़ी भूल है।

स्वर्गीय आर्सन वेल्स की क्लासिक फिल्म 'सिटिजन केन' की धाक उसके पहले दृश्य से ही जम जाती है। कैमरा एक विराट आधुनिक महल को बाहर से दिखाता है। फिर वह उसके एक आलीशान कमरे में जाता है जिसमें नायक मृत्युशय्या पर लेटा है और उसके हाथ में एक पेपरवेट है। वह अकेला दर्द से कराहता है। पेपरवेट उसके हाथ से गिर जाता है। कैमरा दिखाता है कि उस पेपरवेट में बर्फ पर चलनेवाली गाड़ी के साथ खड़ा एक बच्चा अंकित है। मरता हुआ नायक कराहकर एक औरत का नाम पुकारता है—रोज। लेकिन उसकी पुकार को सुनकर कोई नहीं आता। दर्शक के मन में

सवाल उठता है, इतने आलीशान महल में इस तरह अकेला अनदेखा मरता हुआ यह अमीर आदमी कौन है ? और मरते दम इसके लबों पर जिस औरत का नाम आया है वह कौन है या थी ? फिर सारी फिल्म जैसे इन दो सवालों का जवाब ही देती है। 'सिटिजन केन' के अंतिम दृश्य में हम बर्फ पर चलनेवाली एक गाड़ी को जलता हुआ देखते हैं और पाते हैं कि उस पर भी वही नाम 'रोज' लिखा हुआ है जो पहले दृश्य में मरते हुए आदमी ने पुकारा था। इस तरह फिल्म का अन्त और फिल्म के आरम्भ में परस्पर-सम्बन्ध जुड़ जाता है।

बेहतरीन पटकथा का प्रमुख लक्षण ही यह है कि वह शुरू के दस मिनटों में छह काम एक साथ कर डालती है। पहला—मुख्य पात्र का प्रभावशाली ढंग से परिचय देना। दूसरा—उपयुक्त मूड और वातावरण से फिल्म का रंग जमा देना। तीसरा—कथानक के विषय में कुतूहल जगाना। चौथा—कहानी को आगे बढ़ानेवाला एक्शन पॉइंट ले आना। पाँचवाँ—फिल्म की प्रीमाइज का आभास देना। छठा—फिल्म के आरम्भ में उसके अन्त का पूर्वाभास देना। इतने सारे काम एक साथ कर डालना कोई आसान बात नहीं है। फिर कई कथानक ऐसे भी हो सकते हैं जिनमें इन सबको एक साथ करना शायद उचित भी न हो। लेकिन हर लेखक की कोशिश यही होनी चाहिए कि इनमें से ज्यादा से ज्यादा बातें पटकथा के आरम्भ में कर दिखाए ताकि दर्शक का मन एक से अधिक कारणों से फिल्म में रम सके और वह यह जानने को उत्सुक हो उठे कि आगे क्या होता है ?

चाइना टाउन : एक आदर्श शुरुआत

रॉबर्ट टाउन हॉलीवुड के जाने-माने पटकथा-लेखक हैं। फिल्म 'चाइना टाउन' के लिए लिखी गई उनकी पटकथा आदर्श मानी जाती है। ज़रा उसके पहले अंक की विस्तृत स्टेप आउटलाइन पर गौर करें।

1. हम किन्हीं स्त्री-पुरुष के ऐसे अन्तरंग चित्र एक के बाद एक देखते हैं जो थोड़े धुँधले-से हैं और साथ ही किसी व्यक्ति के कराहकर 'हे भगवान' कहने की आवाज सुनते हैं। फिर हम देखते हैं कि कराहनेवाला व्यक्ति गुप-चुप तहकीकात करनेवाले जासूस के साथ खड़ा है जो उसे उसकी पत्नी की अपने प्रेमी के साथ रंगरेली की तस्वीरें दिखा रहा है। दफ्तर काफी खस्ताहाल है।

2. हम बगल का खस्ताहाल दफ्तर देखते हैं जो तलाक के मामले में लड़नेवाले वकील का है। एक सम्पन्न-सी महिला उससे कहती है कि मैं सीधे जासूस से ही बात करना चाहूँगी। वकील कहता है कि शुरू की बातचीत मुझे करने दीजिए तब तक उन्हें फुर्सत हो जाएगी। तभी बगल के दफ्तर से रोने-कराहने की आवाज आती है।

3. हम देखते हैं कि जासूस का मुवक्किल रोने लगा है। जब वह कहता है कि अपनी पत्नी और उसके प्रेमी को जान से मार देगा तब जासूस उसे समझाता है कि तुम्हारे-जैसा गरीब अगर गुस्से में भी हत्या कर बैठता है तो उसे सज़ा-ए-मौत मिलकर रहती है। वे तो अमीर होते हैं जो बाक़ायदा योजना बनाकर ख़ून करते हैं मगर कानून

उनका फिर भी कुछ नहीं बिगाड़ पाता। मुवक्किल के पास जासूस को मेहनताने की किस्त देने के लिए पैसे नहीं निकलते तो जासूस कहता है छोड़िए, एक ड्रिंक लीजिए और घर जाइए। जासूस शराब की बोतलों की अलमारी खोल कर महँगी शराब निकालता है। थोड़े इंतजार के बाद महँगी शराब की बोतल वापस रखकर सस्ती शराब की बोतल से पैग ढालता है। इससे उसकी खस्ताहाली और कंजूसी का परिचय मिलता है। जासूस की सेक्रेटरी बताती है कि वकील साहब के पास एक और मुवक्किला आपका इंतजार कर रही है।

4. वकील के पास आई स्त्री जासूस से कहती है कि मुझे शक है कि मेरा पति किसी और औरत के चक्कर में पड़ गया है। आप उसका दिन-रात पीछा करके सबूत जुटाकर दें। जासूस कहता है कि अगर आप अपने पति से प्यार करती हैं तो इस तरह का काम मुझसे मत करवाइए। वह यह भी कहता है कि इस तरह के काम में बहुत पैसा लग जाता है। वह स्त्री कहती है कि पैसे की चिंता मत कीजिए और सबूत लाकर दीजिए। वह बताती है कि मेरा पति शहर का मुख्य जल-अभियंता है।

5. हम देखते हैं कि नगरपालिका की मीटिंग चल रही है। सदस्य दो दलों में विभाजित हैं। एक दल उनका है जो नगर के लिए ज्यादा पानी जुटाने के वास्ते एक बड़ा बाँध बनाने के पक्ष में हैं। दूसरा उनका जो समझते हैं कि इस तरह का बाँध बनने से कृषि भूमि डूब जाएगी और किसानों का बहुत नुकसान होगा। यही नहीं, इस बात का भी खतरा रहेगा कि कभी बाँध टूट जाने से सारा शहर ही डूब जाए। स्वयं मुख्य जल-अभियंता का भी यही कहना है। हम देखते हैं कि जासूस उसका पीछा करते हुए यहाँ मीटिंग में पहुँचा हुआ है।

यह फिल्म के पहले दस मिनटों की स्टेप आउटलाइन है और इतने कम समय में भी दर्शक पर फिल्म पूरा रंग जमा देती है। इसके पहले ही शॉट में स्त्री-पुरुष के अनैतिक अन्तरंग सम्बन्ध के चित्र हैं और ऐसे ही एक अनैतिक सम्बन्ध का इस फिल्म के कथानक से गहरा सरोकार है। हम शुरू में ही देखते हैं कि दफ्तर के काँच के दरवाजे पर लिखा हुआ है–'गुप्त तहकीकात'। इससे न केवल जासूस नायक के धंधे का पता चलता है बल्कि यह संकेत भी मिलता है कि इस फिल्म की कहानी किसी गुप्त तहकीकात के इर्द-गिर्द घूमेगी। नायक और उसका दफ्तर दोनों साफ-सुथरे हैं, मगर खस्ताहाल हैं। नायक की बातचीत में निम्न वर्ग बोलता है मगर वह उच्चवर्गीय मुवक्किल जुटाने की खातिर उच्चवर्गीय दिखने की कोशिश में जुटा हुआ है और इस कोशिश में उससे भी अधिक खस्ताहाल वकील उसका साथ दे रहा है। इससे कॉमिक और करुण दोनों रस उपजते हैं, जासूस के प्रति सहानुभूति जागती है। यह सहानुभूति तब और भी बढ़ जाती है जब हम देखते हैं कि कठोर धंधे में होने के बावजूद जासूस एक भला इनसान है जिसे लालच छू नहीं गया है। इसलिए वह गरीब मछुआरे मुवक्किल से फीस की किस्त नहीं लेता और अमीर मुवक्किला को भी पति की जासूसी कराने में पैसे बरबाद न करने की सलाह देता है।

इस तरह बिल्कुल शुरू में हमें कथानक का और मुख्य पात्र के चरित्र का आभास मिल जाता है। जब जासूस नायक गरीब मुवक्किल से यह कहता है कि वे तो अमीर होते हैं जो बाकायदा योजना बनाकर खून करते हैं और कानून उनका फिर भी कुछ नहीं बिगाड़ पाता तब हमें यह संकेत तो मिलता ही है कि जासूस नायक ने दुनिया की उलटी रीत देखी है और शायद भुगती भी है मगर साथ ही हमें फिल्म की इस प्रीमाइज का भी कुछ अंदाजा लग जाता है कि इस दुनिया में बेकसूर गरीब मारे जाते हैं और कसूरवार अमीर बेदाग छूट जाते हैं। फिल्म के अन्त में सचमुच यही होता है। गोया 'चाइना टाउन' के आरम्भ में उसके अन्त का आभास है और अन्त में आरम्भ की अनुगूँज का। प्रसंगवश पहले मुवक्किल को मछुआरे के रूप में यहाँ प्रतिष्ठित करके फिल्म के क्लाइमेक्स में उसका उपयोग तब किया गया है जब नायक जासूस नायिका को उसकी मोटरबोट से भगवा देता है। ध्यान रखिए कि आदर्श पटकथा का एक सिद्धांत यह भी है कि कोई भी पात्र ऐसा न आए जिसका कहानी को आगे बढ़ाने के लिए कहीं अच्छा उपयोग न हो सके।

एक्शन पॉइंट से प्लॉट पाइंट की ओर

जब अमीर मुवक्किला जासूस को अपने पति के खिलाफ सबूत जुटाने के काम के लिए नियुक्त करती है तब कथानक को आगे बढ़ानेवाला पहला धक्का लगता है। गोया पहला एक्शन पॉइंट यानी क्रिया-बिन्दु आ जाता है। एक्शन पॉइंट का मतलब है जिसकी वजह से आगे कुछ और होना ही है। एक्शन पॉइंट गोया कथानक को एक दृश्य से दूसरे दृश्य में ले जाने का पुल तैयार कर देता है।

तो इस उल्लेख के साथ ही कि जासूस को जिसके खिलाफ सबूत जुटाने हैं वह नगर का मुख्य जल-अभियंता है, हम कट करके नगरपालिका की बैठक में चले जाते हैं जहाँ मुख्य जल-अभियंता उन किसानों के पक्ष में बोल रहा है जो बड़ा बाँध बनाए जाने के विरुद्ध हैं जबकि अमीर शहरी लोग बाँध बनाए जाने के पक्ष में हैं। पिछले दृश्य में क्रिया-बिन्दु पर हमारे मन में यह सवाल उठा था कि क्या इस अमीर स्त्री का पति पकड़ा जाएगा ? हमें यह जिज्ञासा भी थी कि आखिर वह कैसा शख्स है ? यहाँ हम देखते हैं कि वह एक आदर्शवादी किस्म का इंसान है; और हमारे दिमाग को एक और सवाल परेशान करने लगता है कि कहीं ऐसा तो नहीं कि इसकी स्त्री ही खराब है ? यह बेचारा तो रंगरेलियाँ मनानेवाला व्यक्ति लगता नहीं।

बाँध को लेकर उठी गरीबों, किसानों और अमीर शहरियों की बहस की झाँकी दिखाकर और मुख्य जल-अभियंता को गरीब का पक्षधर बताकर पटकथा के शुरू में ही यह आभास दे दिया जाता है कि यहाँ घरेलू ही नहीं, राजनीतिक झगड़े का भी मामला है। व्यक्तिगत कथानक को समष्टिगत पृष्ठभूमि दे दी जाती है। इस तरह शुरू के दस मिनट में ही पटकथाकार राबर्ट टाउन ने दो बड़े पात्रों को दर्शकों के लिए बेहद दिलचस्प बना दिया है और परिस्थिति की पेचीदगी की ओर भी भरपूर संकेत दे दिया है।

अब देखिए इससे आगे उसके पहले अंक की स्टेप आउटलाइन कैसे चलती है और किस तरह पहले कथानक-बिन्दु यानी प्लॉट पॉइंट की ओर बढ़ती है। कथानक-बिन्दु पटकथा के उस मुकाम को कहा जाता है जिस पर घटनाक्रम को एक नाटकीय मोड़ मिलता है। जिस तरह एक्शन पॉइंट हमें एक दृश्य से दूसरे दृश्य में ले जाने का काम करता है वैसे ही प्लॉट पॉइंट हमें एक अंक से दूसरे अंक में धकेलता है।

6. चीफ इंजीनियर का पीछा करते-करते जासूस शहर के जलाशय पर पहुँचता है। वह देखता है कि एक कमसिन युवती चीफ इंजीनियर से मिलने आई हुई है। चीफ इंजीनियर और उस युवती की वह तस्वीरें खींच लेता है। जासूस को और साथ में हमें भी यह लगता है कि यह भला आदमी अपने से बहुत कम उम्र की लड़की के चक्कर में फँस गया है।

7. जासूस के दफ्तर में मुवक्किला आती है और वह उसे अपनी रिपोर्ट और उसके पति की तरुण युवती के साथ खींची तस्वीरें दे देता है। स्त्री उसे फीस और धन्यवाद देकर चली जाती है। जासूस समझता है कि उसका काम खत्म हो गया है।

8. जासूस सैलून में बाल कटवा रहा होता है कि उसकी निगाह एक अखबार पर पड़ती है जिसमें चीफ इंजीनियर और कमसिन युवती की वे तस्वीरें छपी हुई हैं जो उसने खींची थीं। हैरान होकर वह अखबार उठाता है जिसमें नगर के मुख्य जल-अभियंता को खराब चाल-चलन वाला व्यक्ति ठहराते हुए यह खबर छापी गई है कि वह कमसिन युवतियों के साथ रंगरेलियाँ मनाता है। उसकी पत्नी ने उसके खिलाफ सबूत जुटाने के लिए जासूस को नियुक्त किया था जिसने ये तस्वीरें लाकर दी हैं। जासूस के साथ-साथ हम भी हैरान होते हैं कि उस औरत ने अपने पति के खिलाफ यह खबर और तस्वीरें क्यों छपवा दी हैं ? हमारे मन में फिर यह सवाल उठता है कि कहीं यह राजनीतिक झगड़े का मामला तो नहीं है ?

8. जासूस अपने दफ्तर पहुँचता है जहाँ एक अन्य स्त्री अपने वकील के साथ पहले से मौजूद है। उसका कहना है कि मैं चीफ इंजीनियर साहब की पत्नी हूँ, मैंने कभी आपको उनकी जासूसी के लिए नियुक्त नहीं किया। जासूस हतप्रभ हो जाता है। स्त्री के साथ आया वकील उसे कानूनी नोटिस देता है जिससे वह यह मानने को मजबूर होता है कि जो स्त्री पहले आई थी वह धोखेबाज थी।

यह है पहला प्लॉट पॉइंट। अब जासूस को अपने बचाव के लिए इस मामले की तह तक पहुँचना जरूरी है। आखिर वह कौन स्त्री थी, जिसने उसे बेवकूफ बनाया ? और किस वजह से बनाया ? चीफ इंजीनियर की असली पत्नी यह है तो इसके मन में उस कमसिन युवती को लेकर कोई शंका या जिज्ञासा क्यों नहीं है ? वह कमसिन युवती है कौन ? बाँध का विरोध करनेवाले चीफ इंजीनियर को बदनाम कौन करवाना चाह रहा है ? इसमें घरेलू चक्कर क्या है ? और राजनीतिक चक्कर क्या है ? तमाम तरह के सवाल पहले प्लॉट पॉइंट पर दर्शक के मन में पैदा होते हैं।

और इन सवालों के जवाब की खोज में हम पहुँचते हैं दूसरे अंक में।

14

दूसरा अंक : टकराहट

पहले अंक में यह बता चुकने के बाद कि अपने-अपने चक्करों में उलझे हमारे पात्र कौन हैं, हमें दूसरे अंक में यह दर्शाना होता है कि उनके चक्करों की टक्कर से क्या बवंडर पैदा हुआ ? पटकथा की आधे से कुछ ज्यादा जगह घेरनेवाले (120 में से 60-70 टंकित पृष्ठ इसी के होते हैं) दूसरे अंक में लेखक की अग्निपरीक्षा हो जाती है। अक्सर देखा गया है कि फिल्म की कहानी का आरम्भ और अन्त आसानी से सूझ जाता है। आप पात्र और परिस्थितियाँ सोच लेते हैं। पात्रों की टकराहट के मुद्दे का अंदाजा भी लगा लेते हैं। इस टकराहट के अंतिम नतीजे के बारे में भी आश्वस्त हो लेते हैं। आप सोच लेते हैं कि फिल्म की धमाकेदार शुरुआत क्या होगी और उसका यादगार अन्त क्या होगा ? गोया पहला और तीसरा अंक आपके सामने स्पष्ट हो जाता है। इसी भरोसे आप पटकथा लिखने बैठ जाते हैं। और तब यह पाते हैं कि आपकी गाड़ी तेजी से आगे बढ़ ही नहीं पा रही है।

दूसरे अंक में घटनाओं की ऐसी झड़ी लगानी होती है जिससे कथानक उत्तरोत्तर उलझता जाए और दर्शक का कुतूहल बढ़ता चला जाए। ये घटनाएँ ऐसी होनी चाहिए जो कथानक को चरमोत्कर्ष की ओर बहुत तेजी से और स्वाभाविक ढंग से ले जाती हों और परस्पर-सम्बद्ध हों। हमारी जिंदगी घटना-बहुल होती है। लेकिन जिंदगी में घटनाएँ बेतरतीब ढंग से होती हैं और अक्सर उनमें संयोग का भी बहुत बड़ा हाथ रहता है। यही नहीं, वे अनिवार्य रूप से नाटकीय, नयनाभिराम या दिलचस्प नहीं होतीं। उधर पटकथा में हमें ऐसी घटनाएँ दिखानी होती हैं जिनमें आपस में तारतम्य हो और जो नाटकीय या नयनाभिराम या दिलचस्प हों। इसके बावजूद आपको सारा निरूपण ऐसा रखना पड़ता है कि वह वास्तविक लगे। गोया आपको वास्तविक जीवन में होनेवाले घटनाक्रम को निहायत ही नकली ढंग से पेश करना है, इस तरह कि वह नकली असली ही नजर आए।

इस बात का सबसे ज्यादा ध्यान दूसरे अंक में रखना होता है कि एक घटना से दूसरी घटना पैदा हो और एक दृश्य दूसरे दृश्य की भूमिका बने। कोई भी दृश्य ऐसा न हो जो प्रत्यक्ष या परोक्ष रूप से कहानी को आगे न बढ़ाता हो या जिसका आगे-पीछे के दृश्य से कोई सम्बन्ध न हो। ऐसा असम्बद्ध दृश्य भले ही कितनी खूबसूरती से लिखा या फिल्माया गया हो फिल्म के सम्पादन के समय अनावश्यक ठहराया जाएगा और

काटकर फेंक दिया जाएगा। इसलिए आप स्वयं ही उसे काट लें। इस सिलसिले में हॉलीवुड में 'फ्लोचार्ट' यानी कथा-प्रवाह का चार्ट बनाने का रिवाज है कि कैसे एक दृश्य अगले दृश्य का कारण बनता है। इसे 'क्योंकि-इसलिए' का चार्ट भी कहा जा सकता है। जैसे यह कि क्योंकि अहिंसक एमिस जाति के बच्चे को विधवा माँ के साथ बाप की मृत्यु के बाद शहर जाना पड़ा इसलिए वह संयोगवश एक जघन्य हत्याकांड का चश्मदीद गवाह बन गया। क्योंकि चश्मदीद गवाह की हैसियत से इस बच्चे ने एक अन्य पुलिस हवलदार की ही कातिल के रूप में शिनाख्त की इसलिए हमारा जासूस नायक पशोपेश में पड़ गया।

फ्लो चार्ट उर्फ क्योंकि-इसलिए

अब ज़रा देखिए कि 'विटनेस' के ही दूसरे अंक के शुरू में फ्लोचार्ट आगे कैसे बढ़ता है, क्योंकि जासूस नायक हत्या के चश्मदीद गवाह बच्चे द्वारा जासूस मैक्फी को हत्यारा बताया जाने से पशोपेश में पड़ता है इसीलिए सीधा जाकर सुपरिंटेंडेंट को सूचना देता है। सुपरिंटेंडेंट उससे पूछता है कि तुमने यह बात किसी और को तो नहीं बताई ? और इस विषय में आश्वस्त हो जाने के बाद कहता है कि मैक्फी से तो मैं निपट लूँगा, तुम इस बारे में किसी को कुछ मत बताना। क्योंकि मैक्फी के हत्यारे होने की सूचना नायक ने सिर्फ सुपरिंटेंडेंट को दी है, इसलिए नायक को तब आश्चर्य होता है जब मैक्फी उस पर कातिलाना हमला करता है और वह इस नतीजे पर पहुँचता है कि मैक्फी और सुपरिंटेंडेंट दोनों ही हत्याकांड से जुड़े हैं और अपराधी गिरोह में शामिल हैं। मैक्फी के वार करने से नायक को यह चिंता भी होती है कि वह बच्चे को भी मारने की कोशिश करेगा इसलिए बुरी तरह घायल होने के बावजूद वह बच्चे और उसकी माँ को कार से वापस एमिस गाँव में छोड़ आने के लिए चल पड़ता है। क्योंकि वह बगैर मरहम-पट्टी कराए कार ड्राइव करता है और गाँव तक पहुँचकर नीम बेहोशी की हालत में गाड़ी को खेत की बाड़ से दे मारता है और तुरंत कहीं जा सकने की हालत में नहीं रहता इसीलिए नायिका उसे अपने यहाँ ही शरण देने के लिए बाध्य होती है। वगैरह-वगैरह।

तो दूसरे अंक के लिए आप बाकायदा घटनाओं का फ्लोचार्ट बनाएँ। घटना-प्रवाह में कहीं शिथिलता नहीं आनी चाहिए। पटकथा-लेखकों की भाषा में प्रवाह की कमी को स्क्रिप्ट का झोल खाना कहते हैं। तो पटकथा का हर अंक और खासकर दूसरा अंक बिल्कुल कसा-तना होना चाहिए और उसमें एक भी दृश्य ऐसा नहीं रहना चाहिए जो कथानक को किसी-न-किसी रूप में आगे न बढ़ाता हो। फ्लोचार्ट के प्रसंग में यह भी बता दूँ कि हॉलीवुड के लेखकों में छोटे-छोटे कार्डों पर दृश्य का सार लिख लेने का और हर कार्ड के ऊपर किसी खास रंग की पेंसिल से निशान लगाकर उस दृश्य की अपनी रंगत का संकेत देने का रिवाज है। जैसे यह कि सारे मारपीट वाले दृश्यों के कार्ड पर लाल का निशान लगा दिया। प्रेम-प्रसंगों पर पीला। भावनात्मक दृश्य पर भूरा। कामेडी दृश्यों पर नीला वगैरह। इस तरह के कार्डों को एक पंक्ति में रखने से फ्लोचार्ट का पता

चलता है और यह भी कि पटकथा में अलग-अलग रंगत के दृश्यों का कितना अनुपात है ? अनुभवी लोगों का कहना है कि इस अनुपात के गड़बड़ा जाने से ही अक्सर अच्छी फिल्में भी व्यावसायिक दृष्टि से विफल हो जाती हैं। इस दृष्टि से कहा जा सकता है कि सलीम-जावेद की हिट जोड़ी की लिखी हुई 'शक्ति' इसलिए अपेक्षित सफलता प्राप्त नहीं कर सकी कि उसमें पिता-पुत्र के तनाव के भावनात्मक दृश्य तो बहुत ज्यादा थे लेकिन नायक-नायिका के रूमानी प्रसंग बहुत कम थे और कामेडी तो नदारद ही थी। भले ही दुनिया में फिल्म की सफलता का फार्मूला मालूम न हो, फिल्म व्यवसाय में यही मानकर चला जाता है कि फिल्म में अलग-अलग किस्म का मसाला सही मात्रा में पड़ा हो तो उसके सफल होने की सम्भावना बढ़ जाती है।

मैंने कहा कि दूसरे अंक में घटनाओं की झड़ी लगा देनी होती है। मैंने यह भी कहा कि इन घटनाओं का मुख्य पात्र से और मुख्य कथानक से घनिष्ठ सम्बन्ध होना चाहिए, नहीं तो पटकथा झोल खाने लगती है। लेकिन सवाल यह है कि अगर सारी घटनाएँ मुख्य कथानक और मुख्य पात्र से ही जुड़ी होंगी तो क्या फिल्म एकांगी नहीं हो जाएगी ? क्या कहानी बहुत जल्दी खत्म होने का खतरा पेश नहीं आएगा ? मुख्य पात्र और मुख्य कथानक से सीधे-सीधे जुड़ी हुई आखिर कितनी ऐसी घटनाएँ सोची जा सकती हैं कि उनमें एक उसी अभिनेता या अभिनेत्री का चेहरा देखते हुए दर्शक ऊब न जाएँ ?

न झोल खाए, न एकांगी हो

फिल्म को एकांगी होने से बचाने के लिए दूसरे अंक में उपकथानकों पर भी ध्यान देना होता है। ऐसी घटनाएँ भी लेनी होती हैं जिनमें सहायक पात्रों की मुख्य अथवा महत्त्वपूर्ण भूमिकाएँ हों। आप आपत्ति कर सकते हैं कि एक ओर कहा जा रहा है कि दूसरे अंक में सारा ध्यान मुख्य कथानक की ओर दो और ऐसा कोई भी दृश्य न लो जो मुख्य कथानक को आगे बढ़ाने में सहायक न हो और दूसरी ओर यह सलाह दी जा रही है कि घटनाओं की झड़ी लगाने और फिल्म को दिलचस्प बनाने के लिए उपकथानकों का सहारा लीजिए। जी हाँ, दूसरा अंक ये परस्पर-विरुद्ध माँगें पूरी करने के लिए कहता है। इसीलिए तो इसे लिखना सबसे कठिन होता है। अगर आप उपकथानकों में नहीं जाएँगे तो फिल्म नीरस, एकांगी और सपाट लगेगी। लेकिन अगर आप उपकथानकों में रमने लगेंगे तो कथा-प्रवाह शिथिल पड़ेगा और दर्शक का ध्यान मुख्य कथानक से भटक जाएगा। फिल्म झोल खा जाएगी।

इस विषम स्थिति से पार पाने का भी एक नुस्खा है। वह यह कि उपकथानक को 'उप' ही मानो। जी हाँ, इस बात को कभी न भूलिए कि फिल्म का कथानक हमेशा संक्षेप में यही होता है कि हमारा अमुक मुख्य पात्र अपनी अमुक मंजिल तक पहुँचने के लिए अमुक-अमुक बाधाओं से लड़ा और अमुक-अमुक तरीके से आगे बढ़ा। सारे दूसरे अंक में मुख्य पात्र के अपनी मंजिल की ओर आगे बढ़ने का संघर्ष प्रस्तुत किया

जाता है। इस संघर्ष में कुछ पात्र सहायक हो सकते हैं, कुछ बाधक बनते हैं। और उपकथानकों से जुड़े दृश्य भी इस तरह लिये जाते हैं कि उनका मुख्य कथानक के दृश्यों से प्रत्यक्ष या परोक्ष सम्बन्ध जुड़े। दूसरे शब्दों में, उपकथानकों को फिल्म की पटकथा में 'उप' का ही दर्जा मिलना चाहिए और उनकी मुख्य कथानक से स्वतंत्र या मुख्य कथानक जितनी महत्त्वपूर्ण सत्ता नहीं बनने देनी चाहिए। फिल्म में उपकथानक सीमित होने चाहिए और हर उपकथानक फिल्म को गति प्रदान करनेवाला होना चाहिए। इसका अर्थ यह है कि आप अपनी फिल्म की कहानी में हर छोटा-बड़ा पात्र ऐसा ही रखें जो मुख्य पात्र के मिशन में कहीं-न-कहीं किसी-न-किसी तरह से सहायक या बाधक होता हो और इस दृष्टि से मुख्य कथानक का ही अंग बनता हो।

दूसरे अंक में पटकथा लेखन का एक और बुनियादी सवाल सामने आता है। वह यह कि चरित्र-चित्रण-प्रधान और घटना-प्रधान दृश्यों को किस अनुपात में रखा जाय ? यह समस्या इसलिए आती है कि अगर चरित्र उजागर करनेवाले प्रसंग ज्यादा रखे जाते हैं तो कथा-प्रवाह शिथिल होता है। लेकिन अगर एक्शन-ही-एक्शन रखा जाता है तो उससे सभी पात्र एक-आयामी होकर रह जाते हैं। कहानी बिल्कुल सतही और सपाट बन जाती है। इस समस्या का समाधान आप तभी कर सकते हैं जब आप इस बात को हमेशा याद रखें कि करेक्टर और एक्शन में अंडे-मुर्गी वाला सम्बन्ध है। गोया पात्र एक खास तरह के स्वभाव का होता है इसलिए खास तरह का कर्म करता है। लेकिन जब वह खास तरह का कर्म करता है तभी हम समझ पाते हैं कि वह खास तरह के स्वभाव का है। इसलिए घटना-प्रधान दृश्य भी इस तरह लिखें कि उनसे पात्रों का चरित्र उजागर होता हो। इसी तरह जो अपेक्षाकृत ठहरे हुए भावना-प्रधान दृश्य हों उन्हें इस तरह लिखिए कि दर्शकों को लगे चूँकि ये पात्र ऐसे-ऐसे हैं इसलिए आइंदा ऐसा-ऐसा हो सकने की सम्भावना या आशंका है। गोया आप चाहे चरित्र-प्रधान दृश्य लिखें, चाहे घटना-प्रधान, वे कथानक को आगे बढ़ाने में सहायक होने चाहिए और उनमें कोई-न-कोई एक्शन पॉइंट यानी क्रिया-बिन्दु रहना चाहिए।

मिड पॉइंट : इंटरवल सीन

दूसरा अंक लिखते समय आपको इस बात का भी ध्यान रखना होता है कि फिल्म में इंटरवल यानी मध्यांतर दूसरे अंक के दौरान ही लिया जाता है। इसलिए कहा जाता है कि इंटरवल से ठीक पहले आनेवाला सीन बहुत जोरदार होना चाहिए। उससे भी कथानक को कोई नाटकीय मोड़ मिलना चाहिए ताकि जब हॉल में इंटरवल के लिए लाइट जले तब दर्शक अब तक फिल्म से संतुष्ट और आगे की फिल्म के लिए जिज्ञासु होकर उठे। इंटरवल से ठीक पहले आनेवाले दृश्य को पटकथा की भाषा में 'मिड पॉइंट सीन' या मध्य-बिन्दु कहा जाता है। तो दूसरे अंक को लिखते हुए आपको उसे दो हिस्सों में बँटा हुआ मानना चाहिए। पहला हिस्सा प्रथम अंक के प्लॉट पॉइंट से लेकर दूसरे अंक के मिड पॉइंट तक और दूसरा हिस्सा मिड पॉइंट से लेकर दूसरे अंक की समाप्ति

के प्लॉट पॉइंट तक।

'विटनेस' में प्रथम अंक दो प्लॉट पॉइंट के साथ समाप्त होता है और दो प्लॉट पॉइंट्स एक-दूसरे से जुड़े हुए रहते हैं। पहले प्लॉट पॉइंट पर पता चलता है कि जासूस नायक का ही एक साथी मैक्फी हत्यारा है और दूसरे प्लॉट पॉइंट से यह पता चलता है कि सुपरिंटेंडेंट और मैक्फी मिले हुए हैं और नायक को मार देना चाहते हैं। मैक्फी की गोली से बुरी तरह घायल नायक के नायिका और उसके बेटे को लेकर कार में भाग जाने के साथ दूसरा अंक धमाकेदार ढंग से शुरू होता है। पहले अंक के बीच में दर्शक के मन में यह जिज्ञासा पैदा कर दी गई थी कि अहिंसक जाति के बच्चे का एक हत्या का चश्मदीद गवाह बन जाने से कहीं कुछ बुरा तो नहीं होगा ? यह भी कि क्या पुलिस उसकी मदद से हत्यारे को पकड़ सकेगी ? पहला अंक समाप्त होते-होते दर्शक जान जाते हैं कि पुलिस का ही एक भला जासूस हमारा नायक है, उसी का एक साथी हत्यारा है और उसी का एक उच्च अधिकारी खलनायक है। गोया अहिंसक जाति की हमारी नायिका और उसका अबोध बच्चा अच्छी मुसीबत में फँस गए हैं और हमारे नायक के लिए हत्यारे को पकड़वा सकना बहुत मुश्किल है।

दूसरे अंक का महत्त्वपूर्ण क्रिया-बिन्दु तब आता है जब नायिका और उसके बच्चे को उनके गाँव में पहुँचाने के लिए गया हुआ नायक बेहोश हो जाता है और विधवा नायिका उसे अपने घर में शरण देने के लिए बाध्य होती है। इसी के साथ दर्शक के मन में कई सवाल पैदा होते हैं। पहला तो यह कि क्या नायक जिंदा बचेगा ? दूसरा यह कि क्या नायक खलनायक द्वारा पकड़ लिया जाएगा ? तीसरा यह कि क्या नायिका नायक को यहीं छिपे रहने देगी ? चौथा यह कि क्या नायिका और नायक के बीच कोई चक्कर चलेगा ? मिड पॉइंट की ओर बढ़ते हुए पटकथाकार ने इन्हीं जिज्ञासाओं का समाधान किया है। वह दिखाता है कि नायक की हालत इतनी खराब हो जाती है कि रहमदिल नायिका उसे अपने यहाँ रख लेने के लिए मजबूर होती है। वह उसकी तीमारदारी करती है। इस क्रम में उसे नायक के निकट आना पड़ता है लेकिन वह परजाति और पुलिस के हिंसक धंधे से जुड़े नायक से बहुत घबराती भी है। उसका बच्चा ज्यादा तेजी से नायक के निकट आता है। नायिका का अभिभावक नायक की उपस्थिति से खासा परेशान होता है। इस तरह पारिवारिक परिवेश में नायक-नायिका की प्रेम-कहानी भी चल पड़ती है।

अगर हम नायिका को मुख्य पात्र मानकर चलें तो यह प्रेम-प्रसंग ही मुख्य कथानक है। उस दृष्टि से हम कहेंगे कि नायिका विधवा हो जाती है इसलिए शहर जाती है जहाँ उसका बेटा एक हत्या का चश्मदीद गवाह बन जाता है और नायक उसके जीवन में आ जाता है। लेकिन अगर हम नायक की दृष्टि से देखें तो यह प्रेम-प्रसंग नायिका के इर्द-गिर्द घूमनेवाला एक उपकथानक ही है। आप गौर करेंगे कि आप चाहे नायक की कहानी को उपकथानक मानें चाहे नायिका की, दोनों ही एक-दूसरे से उपजे हैं और एक-दूसरे से जुड़े हैं। दूसरा अंक इसलिए दिलचस्प बनता है कि इधर नायक-नायिका

का प्रेम-प्रसंग चलता है और उधर हत्याकांड और पुलिस भ्रष्टाचार से जुड़ी हुई कहानी भी आगे बढ़ती है।

पुलिस नायक को खोजते हुए नायिका के गाँव में पहुँचती है लेकिन नायिका नायक को पुलिस के सुपुर्द नहीं करती है। खलनायक पुलिस सुपरिंटेंडेंट को लगता है कि या तो नायक मर गया है या भागकर कहीं और छिप गया है। वह यह मान ही नहीं सकता कि सदाचारी और सत्य-अहिंसा की कायल एमिस जाति की नायिका ने नायक को छिपा रखा होगा या उसकी उपस्थिति के बारे में झूठ बोला होगा। वह नायक को भगोड़ा अपराधी पुलिसकर्मी घोषित करता है और हर थाने को इस बारे में सूचित करता है। पुलिस-दल में नायक का एक जिगरी दोस्त भी है। उसी को वह मैक्फी की असलियत बता देता है। वही उसे खलनायकों के दाँव-पेंच के बारे में सूचना देता रहता है और उनकी नजर से बचाए रखने में मदद भी।

इसके समानान्तर प्रेम-प्रसंग में एक दिन नायक नायिका को स्नान करते हुए देख लेता है। दोनों का परस्पर आकर्षण उजागर होता है। नायिका की घबराहट चरम सीमा पर पहुँचती है। नायक नायिका की खातिर अपने को एमिस जाति के संस्कारों में ढालने की कोशिश करता है और इस सिलसिले में अपने हथियार अलग रख देता है और फिर नायिका नायक को अपने प्रेमी के रूप में स्वीकार कर लेती है। यही है 'विटनेस' का नाटकीय मध्य बिन्दु। नायक और नायिका के हमबिस्तर हो जाने के इस सीन के साथ ही पर्दे पर 'इंटरवल' लिखा हुआ आ जाता है। यह सीन दर्शकों के मन में अनेक जिज्ञासाएँ छोड़ जाता है। क्या अपने नियम-धर्म कट्टरता से माननेवाली एमिस जाति की महिला को हमबिस्तर बना लेने के बाद हमारा नायक उससे शादी कर लेना अपना कर्त्तव्य नहीं समझेगा ? क्या उससे शादी कर लेने की खातिर वह विधिवत एमिस बिरादरी में शामिल हो जाएगा जो आज भी सदियों पुराना जीवन जीती है और अपने किसी भी काम में मशीनों का या मशीन से बने पदार्थों का उपयोग नहीं करती। कुछ समय के लिए यहाँ छिपने आया हमारा नायक क्या हमेशा के लिए यहीं छिपा रह जाएगा ? क्या वह पुलिस के कर्मचारी के रूप में अपना कर्त्तव्य भूल ही जाएगा ? क्या नायिका की बिरादरी इस शहरी को स्वीकार कर लेगी ?

तो मध्य बिन्दु ऐसा होना चाहिए कि उससे दूसरे अंक के आरम्भ में प्रस्तुत हुए प्रश्न का समाधान हो और भले ही वह प्लॉट पॉइंट की तरह कहानी को कोई अप्रत्याशित या जोरदार झटका न भी दे, कहानी को आगे बढ़ानेवाला एक हलका-सा धक्का उसे जरूर मिले। फिर दोहरा दूँ कि मिड पॉइंट पहले अंक से दूसरे अंक में ले जानेवाले प्लॉट पॉइंट नम्बर एक और दूसरे अंक से तीसरे अंक में ले जानेवाले प्लॉट पॉइंट नम्बर तीन के बीचोंबीच आता है। उसे वहाँ रखा ही इसलिए जाता है ताकि इन दोनों प्लॉट पॉइंटों के बीच की लम्बी दूरी दर्शकों को खले नहीं और दूसरे अंक को बीच में इस तरह तोड़ा जा सके कि इंटरवल के बाद की फिल्म के लिए दर्शकों के मन में कुतूहल बना रहे। मध्य बिन्दु का सीन रखना अनिवार्य नहीं है। कुछ फिल्मों में बाद

में किसी भी ठीक-ठाक-सी जगह पर इंटरवल डाल दिया जाता है लेकिन वह ठीक नहीं। याद रखिए अगर आप मध्य बिन्दु सीन की आवश्यकता को ध्यान में रखते हुए दूसरा अंक लिखेंगे तो स्वाभाविक रूप से आपके कथा-प्रवाह में शिथिलता नहीं आएगी।

मध्य बिन्दु के बाद आपको कथा-प्रवाह को दूसरे बड़े कथानक-बिन्दु की ओर ले जाना होता है। यह वह नाटकीय मोड़ होता है जिससे कहानी दूसरे अंक से तीसरे अंक में प्रवेश करती है। यह मोड़ मुख्य पात्र के लिए कोई संकट पैदा करनेवाला हो तो सोने में सुहागा। जैसे 'विटनेस' में मध्यांतर के बाद नायक-नायिका का बढ़ता हुआ प्रेम, इस प्रेम के प्रभाव में नायक का अहिंसक जाति के सारे तौर-तरीके, रीति-रिवाज अपना लेने का सिलसिला और इसकी वजह से उसके एमिस बिरादरी में शामिल कर लिये जाने का रास्ता खुल जाने के बाद वह नाटकीय मोड़ डाला जाता है जिससे नायिका और नायक की यह प्रेम-कहानी फिर से भ्रष्ट और हत्यारी पुलिस की कहानी से जुड़ जाती है। जब पुलिस भगोड़े नायक को ढूँढ़ना लगभग छोड़ चुकी होती है तब एक दिन वह नायिका और उसके बच्चे को घोड़ागाड़ी में कस्बे के बाजार में ले जाता है। वहाँ उन्हें मनचले नौजवान मिलते हैं जो एमिस मर्द-औरतों को यह सोचकर निश्चिंत भाव से छेड़ते रहते हैं कि इनका धर्म इन्हें हमसे लड़ने की इजाजत नहीं देगा। वे गुंडे हमारे नायक को पीटने लगते हैं और वह नायिका के मना करने पर भी एमिस जाति का धर्म भूलकर उन गुंडों की पिटाई कर देता है। पुलिस आ जाती है और एक सिपाही कहता है कि यह एमिस तो हो ही नहीं सकता। इसकी शक्ल भगोड़े हवलदार से जरूर मिल रही है। यह सूचना सुपरिंटेंडेंट तक पहुँचती है और मारपीट से भरा तीसरा अंक शुरू हो जाता है।

15

तीसरा अंक : चरमोत्कर्ष और समाधान

तीसरे अंक में आपकी कहानी अपने चरमोत्कर्ष पर पहुँचकर किसी समाधान के साथ समाप्त हो जाती है। इसे लिखते समय तीन अंकीय ढाँचे की ओर सबसे पहले ध्यान दिलानेवाले अरस्तू की यह उक्ति याद रखनी चाहिए कि 'अन्त वह होता है जो स्वयं तो पिछली तमाम घटनाओं के कारण अनिवार्यतः आता है लेकिन जिसके बाद और कुछ भी आने को नहीं बच रहता है।' गोया आप इस अंक में जो कुछ दिखाएँ और करें वह ऐसा हो जो पिछले दोनों अंकों में घटी घटनाओं से जुड़ा हुआ अथवा उपजा हुआ हो। ऐसा कुछ भी इसमें न दिखाएँ जिसकी बुनियाद पहले न डाली जा चुकी हो। वरना यही लगेगा कि फिल्म खत्म करने के लिए आपने मनमाने ढंग से कुछ भी कर लिया है। उदाहरण के लिए आपने पहले कहीं न दिखाया हो कि नायक हवाई जहाज चलाना जानता है और अन्त यह दिखा दें कि वह खलनायक से बचने के लिए नायिका को हवाई जहाज में उड़ा ले गया तो दर्शक इसे सरासर धोखाधड़ी कहेंगे। इसीलिए यह कहा जाता है कि जिस भी बात का आगे क्लाइमेक्स में इस्तेमाल करना हो उसकी बुनियाद जहाँ तक हो सके पहले ही अंक में नहीं तो दूसरे अंक में रख दी जानी चाहिए।

जैसे मैंने तीसरे अंक की ओर ले जानेवाले प्लॉट पॉइंट के संदर्भ में एक उदाहरण दिया था कि जब नायक का कारावास में से निकल सकना असम्भव जान पड़ता है तब आशा की किरण उस पर फिदा हो चुकी खलनायक की बेटी जगाती है। लेकिन अगर फिल्म के शुरू में ही कहीं यह न दर्शाया जा चुका हो कि खलनायक की बेटी नायक से सहानुभूति रखती है और अन्ततः प्रेम करने लगती है तो तीसरे अंक में सहसा उसका नायक से प्रेम करने लगना दर्शकों को हजम नहीं होगा। एक रूसी फिल्म थी जिसमें नायक अपनी अमेरिकी पत्नी से हुई बच्ची को वापस लाने के लिए गैर-कानूनी ढंग से अमेरिका में आ जाता है। उसकी पत्नी एक अमीर आदमी से दूसरा विवाह कर चुकी है जिसने उसकी बेटी को विधिवत गोद ले लिया है। लेकिन बेटी अपने असली बाप को याद करती रहती है। इस फिल्म के क्लाइमेक्स में बेटी अपने पिता को, जो अमेरिका में गैर-क़ानूनी ढंग से रहने और अपनी बेटी का अपहरण करने के अभियोग में कड़ी सुरक्षा वाली जेल में बंद कर दिया गया है, अपने सौतेले पिता का हेलीकाप्टर जेल में उतारकर भगा ले जाती है। इस तरह का क्लाइमेक्स दिखाने की बुनियाद फिल्म के आरंभिक अंश में ही डाल दी गई थी जिसमें दिखाया गया था कि इस बच्ची के घर

में हेलीकाप्टर है, चालक से उसकी बड़ी दोस्ती है और वह उससे हेलीकाप्टर चलाना सीखती रहती है। यही वजह है कि जब वह हेलीकाप्टर लेकर अपने पिता को छुड़ाने आ जाती है तो दर्शक को अटपटा नहीं लगता।

अरस्तू की परिभाषा के अनुसार अन्त वह होता है जिसमें आगे के लिए कुछ नहीं बचता। इसलिए तीसरा अंक लिखते समय इस बात का ध्यान रखिए कि जो भी कथासूत्र चले आ रहे हों वे सबके-सब सुलझ जाएँ और उनमें से किसी के बारे में भी दर्शक की कोई जिज्ञासा बची न रहे। साथ ही इस बात का भी ध्यान रखें कि उन सब सूत्रों को सुलझाने के चक्कर में आपका तीसरा अंक कहीं जरूरत से ज्यादा न खिंच जाए। कथा का चरमोत्कर्ष शुरू होते ही दर्शकों के लिए इतना तो स्पष्ट हो ही जाता है कि अब आर या पार वाली स्थिति आ ही गई है। हमारा मुख्य पात्र अपने मिशन में या तो अब सफल हो जाएगा या विफल। इसलिए जैसे ही उसकी सफलता या विफलता पर्दे पर आ जाती है, दर्शक अपनी सीट से उठकर बाहर निकलने के मूड में आ जाते हैं कि अब तो बस 'द एंड' आना ही बच रहा है। ऐसी स्थिति में गौण कथासूत्रों को अंतिम मंजिल तक पहुँचाने के चक्कर में आप बहुत ज्यादा समय लेंगे तो दर्शक ऊबेगा और झुँझलाएगा। इसलिए कुछ ऐसा करना चाहिए कि कहानी जल्दी-से-जल्दी निपट जाए। और कुछ भी न सूझे तो दक्षिण भारतीय फिल्मों का नुस्खा अपना सकते हैं जिसमें अंतिम दृश्य में सारे पात्र इकट्ठा नजर आते हैं कि किसका क्या हो गया ? अगर नायक-नायिका के साथ कोई सहनायक-सहनायिका भी थे तो अंतिम दृश्य में वे सब शादीशुदा जोड़ों के रूप में प्रकट होते हैं और बुजुर्गों के पाँव छूते हैं। या विधुर बाप/विधवा माँ अपने मृत जीवन-साथी की तस्वीर के सामने सभी सम्बद्ध पात्रों को लाती है और उसे तमाम शुभ सूचनाएँ इकट्ठा दे देती है !

तीसरे अंक के तीन अंक

पटकथा के पहले दो अंकों से तीसरा अंक उपजता है। गोया वे तीसरे अंक की बुनियाद डालने के लिए होते हैं : मगर स्वयं तीसरा अंक किसी और अंक की बुनियाद नहीं डाल रहा होता है या यों कहिए कि वह सिर्फ चरमोत्कर्ष और समाधान की बुनियाद दिखाने के लिए होता है। ज्यादातर यह भी पहले अंक की तरह आकार में छोटा होता है। तो भी लिखते समय आपको तीसरे अंक का भी मानसिक रूप से तीन अंकों में विभाजन करना चाहिए। जी हाँ, अन्त का भी 'आदि-मध्य-अन्त' आपके दिमाग में स्पष्ट रहना चाहिए। तीसरे अंक के आदि में दूसरे अंक के अन्त में आए प्लॉट पॉइंट में निहित फैसले को लागू करने की बुनियाद रखनी चाहिए। जैसे 'विटनेस' की ही कथा को लीजिए। उसके दूसरे अंक के अन्त में जो प्लॉट पॉइंट आता है वह यह है कि नायिका के साथ छिपा हुआ और उसके प्रेम में अहिंसाधर्मी एमिस जाति में शामिल हो चुका नायक जब उसके साथ बाजार जाता है तब नायिका के साथ छेड़खानी करनेवालों से नायिका के रोकने के बावजूद हाथापाई कर बैठता है और पुलिस का एक आदमी उसे

पहचान लेता है। इससे प्रेमकथा को सहसा मोड़ मिलता है और वह फिर मारधाड़ वाली कथा का रूप ले लेती है। तो तीसरे अंक का पहला अंक है—हमारे नायक और उसके भ्रष्ट बॉस के बीच निर्णायक मुठभेड़ की तैयारी का निरूपण। नायक बड़ी दुविधा में पड़ा हुआ है क्योंकि वह अपनी प्रेमिका की बिरादरी के अहिंसा धर्म का एक बार उल्लंघन करके उसे नाराज कर चुका है और अब अपनी और नायिका की रक्षा के लिए उसे फिर अहिंसा धर्म का सहारा लेना है। उधर भ्रष्ट पुलिस अधिकारी के लिए भी दुविधा है। खाली नायक को पकड़ लेने से उसकी समस्या हल नहीं हो सकती। उसे तो मारना जरूरी है क्योंकि वह जान गया है कि पुलिस अधिकारी भ्रष्ट है और उसी ने वह हत्या करवाई थी जिसका चश्मदीद गवाह नायिका का बेटा है। तो वह अपने विश्वस्त सहायक के साथ नायक की हत्या करने पहुँचता है।

इस तरह शुरू होता है तीसरे अंक का 'दूसरा अंक'—चरमोत्कर्ष। नायक, खलनायक की आखिरी, निर्णायक मुठभेड़। इसमें नायक कई बार मरते-मरते बच जाता है और अन्त में विजयी होता है। यह विजय तीसरे अंक का तीसरा अंक है—समाधान। तो तीसरे अंक के तीन अंक इस प्रकार बनाए जाते हैं—चरमोत्कर्ष की तैयारी, चरमोत्कर्ष और समाधान। 'विटनेस' में खलनायक पर नायक की विजय के बाद भी एक जिज्ञासा का समाधान बचा रहता है। वह यह कि क्या नायक अब भी नायिका को स्वीकार हो सकेगा और इसका उत्तर हमें तब मिलता है जब नायक खलनायक को बंदी बनाकर और अपने को नायिका के लिए अयोग्य समझकर वापस पुलिसकर्मी बनने चला जाता है।

तो याद रखिए, तीसरा अंक चरमोत्कर्ष की तैयारी, स्वयं चरमोत्कर्ष और समाधान दिखाने के लिए होता है। इसमें कहीं किसी तरह का ठहराव नहीं आना चाहिए। घटनाएँ तेजी से घटनी चाहिए और दर्शक के मन में जितनी भी जिज्ञासाएँ जगाई गई थीं उन सबका समाधान हो जाना चाहिए। 'विटनेस' को ही लीजिए, इसकी शुरुआत में हम अहिंसाधर्मी एमिस बिरादरी की एक विधवा और उसके बच्चे को देखते हैं। हमारे मन में जिज्ञासा होती है कि इस बेचारे का क्या होगा ? किसी काम से शहर जाने पर दुर्योग से विधवा का बेटा एक हत्याकांड का चश्मदीद गवाह बन जाता है और पुलिस उसे हत्यारे की शिनाख्त करने के लिए ले जाती है। वहाँ पर बच्चा एक पुलिस हवलदार को ही हत्यारे के रूप में पहचानता है। नायक को पता चलता है कि उसका बॉस भ्रष्ट है और उससे मिले हुए हवलदार ने उसके इशारे पर ही हत्या की है तो वह नायिका और उसके बच्चे को लेकर भाग जाता है। नायिका और उसमें प्रेम हो जाता है और अब सवाल यह पैदा होता है कि क्या ये पति-पत्नी बन पाएँगे और सुख से रह पाएँगे ? हम दूसरे अंक में यह भी देखते हैं कि एमिस बिरादरी का भी एक आदमी नायिका से शादी करना चाहता है। क्या नायिका उससे शादी करेगी ? दूसरे अंक के दौरान यह सवाल भी उठता है कि कहीं प्रेम के चक्कर में हमारा नायक भ्रष्ट आफिसर और हत्यारे हवलदार को सज़ा दिलवाना तो न भूल जाएगा ? आप देखेंगे कि 'विटनेस' का तीसरा

अंक इन सभी शंकाओं का समाधान कर देता है।

तीसरा अंक लिखना इस मायने में बहुत आसान होता है कि उसमें गंतव्य स्पष्ट हो जाता है और सोच-विचार की ज्यादा जरूरत नहीं रह जाती है। लेकिन साथ ही उसे लिखना इस मायने में बहुत मुश्किल भी होता है कि अगर वह बहुत प्रत्याशित और घिसे-पिटे ढंग का हो तो चरमोत्कर्ष शुरू होते ही दर्शकों के लिए देखने-सुनने को कुछ नहीं रह जाता। वे समझ जाते हैं कि अब ऐसा-ऐसा होगा। 'सागर' जैसी कई बेहतरीन फिल्में अपने तीसरे अंक में आकर पिट जाती हैं। अगर 'सागर' में प्रेम त्रिकोण सुलझाने के लिए एक नायक पर किया जाता घातक वार दूसरे नायक द्वारा अपने पर ले लिये जाने की घिसी-पिटी विधि से न सुलझाया गया होता तो फिल्म अधिक सफल और यादगार बन जाती।

याद रखिए, फिल्म के बारे में दर्शक की अंतिम धारणा तीसरे अंक से बनती है। उसी का प्रभाव मन में लेकर वह सिनेमाघर से बाहर निकलता है। इसीलिए कहा जाता है कि पटकथा का तीसरा अंक सबसे ज्यादा सनसनीखेज या भावोत्तेजक या हो सके तो दोनों ही होना चाहिए। गोया जबरदस्त 'एक्शन', जबरदस्त 'इमोशन'। कभी न भूलने वाले बिम्ब और हमेशा के लिए याद रह जानेवाले संवाद—ये दोनों चीजें आपको तीसरे अंक के लिए बचाकर रखने चाहिए। यह नहीं कि सारे कारतूस पहले ही दाग दें और तीसरे अंक में टाँय-टाँय-फिस्स होकर रह जाएँ।

पहले अंक की तरह तीसरे अंक में भी संवाद से ज्यादा जोर बिम्बों पर दिया जाना चाहिए। ऐसे बिम्ब जो दर्शक को फिल्म में निहित भावना से सराबोर कर दें। पहले अंक के संदर्भ में कह ही चुका हूँ कि अक्सर उसमें ऐसे बिम्ब लिये जाते हैं, ऐसा वातावरण उद्घाटित किया जाता है जिससे न केवल फिल्म के लिए उपयुक्त मूड बने बल्कि जिसमें फिल्म के अन्त की अनुगूँज भी हो। इसी तरह फिल्म का अंतिम बिम्ब, अंतिम संवाद भी अगर शुरू के बिम्ब और संवाद की याद दिलाने वाला रहे तो दर्शक पर बहुत गहरा प्रभाव पड़ता है। जैसे ऋत्विक घटक की फिल्म 'सुवर्ण रेखा' के आरम्भ में हम देखते हैं कि शरणार्थी होकर आया हुआ नायक अपनी छोटी बहन के साथ निर्जन प्रदेश से गुजर रहा होता है कि उसकी अंगुली थामे चलती वह अबोध पूछती है, "हमारा नया घर कहाँ है ?" और जब फिल्म के अन्त में परिस्थितियों की मार से वेश्या बन चुकी उसी बहन के पास वही भाई नायक अय्याशी करने पहुँचता है और वह आत्महत्या कर लेती है तब नायक को अपने भांजे को साथ ले जाना पड़ता है। नायक की अंगुली थामे निर्जन प्रदेश से गुजरता भांजा वही प्रश्न दोहराता है, "हमारा नया घर कहाँ है ?" और इस तरह फिल्म दर्शक के मन में एक गहन विचार जगाकर समाप्त हो जाती है।

16

दृश्य लेखन

जब भी मैं सत्यजित राय की विख्यात फिल्म 'पाथेर पांचाली' को याद करने बैठता हूँ तो मुझे पहले उसकी कहानी नहीं, उसके कुछ अविस्मरणीय दृश्य याद आते हैं। जैसे यह कि बुढ़िया दादी मर जाती है और उसका लोटा लुढ़ककर पानी में जा गिरता है। इस 'विसर्जन' से जीवन लीला की समाप्ति की प्रतीकात्मक अभिव्यक्ति होती है। इसी तरह फिल्म 'मशाल' (पुरानी) का कथानक अब मुझे याद नहीं है लेकिन उसका अंतिम दृश्य मेरे जेहन में हमेशा के लिए अटक गया है। नायक अशोक कुमार, जिसे नायिका की ससुराल में चोर समझकर पकड़ लिया गया था और दाग दिया गया था, नायिका से अंतिम विदा ले रहा होता है। नायिका उससे कहती है एक अधूरा वाक्य, "अगर कोई अगला जन्म होता होगा तो..." और बात अधूरी छोड़कर चली जाती है। नायक पूछता ही रह जाता है।—"तो तरू ? तो तरू ?" फिर वह भी अपनी अकेली राह निकल पड़ता है। और फिल्म खत्म हो जाती है।

आप किसी भी फिल्म को याद करने बैठिए आपको उसके दृश्य ही याद आएँगे। दृश्य वह ईंट है जिससे फिल्म की इमारत तैयार होती है। अच्छी फिल्म वही कहलाती है जिसके दृश्य यादगार हों। तो अच्छे पटकथा-लेखक के लिए जरूरी है कि वह यादगार दृश्य सोच और लिख सकता हो। दृश्य के बारे में सबसे बुनियादी बात आपको यह ध्यान में रखनी चाहिए कि हर दृश्य का एक संदर्भ (कन्टेक्स्ट) होता है और एक कथ्य (कन्टेंट) होता है। तो दृश्य लिखते समय आपके दिमाग में कन्टेक्स्ट और कन्टेंट दोनों बिल्कुल स्पष्ट होने चाहिए। कन्टेक्स्ट के अन्तर्गत यह आता है कि सीन लेने का उद्‌देश्य क्या है ? वह कहाँ घटित हो रहा है ? और कब हो रहा है ? कन्टेंट के अन्तर्गत यह आता है कि इस सीन में उद्‌देश्य की पूर्ति के लिए क्या किया और कहा जाना है ?

दृश्य के संदर्भ के विषय में सबसे पहले यह तय करना जरूरी है कि उसका उद्‌देश्य क्या है ? फिल्म का हर दृश्य कहानी को आगे बढ़ाने के लिए या चरित्र का निरूपण करने के लिए या फिल्म की थीम उजागर करने के लिए, या कोई मूड या वातावरण उभारने के लिए या कहानी को स्पष्ट करनेवाली कोई महत्त्वपूर्ण सूचना देने के लिए ही रखा जाना चाहिए। अगर आपका सीन इनमें से एक से ज्यादा काम कर रहा हो तो सोने में सुहागा। जो सीन इनमें से कोई काम न कर रहा हो वह चाहे कितना ही अच्छा क्यों न हो उसके लिए फिल्म में कोई जगह नहीं हो सकती। लिहाजा पटकथा में भी

नहीं होनी चाहिए। तो सबसे पहले अपने से पूछिए कि यह दृश्य किसलिए लिखा जाना है ? फिर तय कीजिए कि आपके उद्देश्य की पूर्ति के लिए कौन-सा लोकेशन और कौन-सा समय ठीक रहेगा ? याद रखिए कि पटकथा दृश्य-श्रव्य माध्यम के लिए लिखी जाती है इसलिए उसमें हम जो कुछ देखते हैं उसका उतना ही, बल्कि उससे भी ज्यादा महत्त्व हो जाता है जितना कि उसका जिसे हम सुनते हैं। यह सही है कि फिल्मों में भी कई ऐसे दृश्य होते हैं जिनमें ज्यादातर बात संवादों के माध्यम से प्रेषित की जाती है लेकिन अच्छा लेखक और दिग्दर्शक उनमें भी बिम्बों का ज्यादा-से-ज्यादा उपयोग करने की गुंजाइश ढूँढ़ता है।

संवाद और बिम्ब

ये बिम्ब घटना-स्थल यानी लोकेशन से ही मिल सकते हैं। फर्ज कीजिए, पति-पत्नी के झगड़े का सीन है। उसे आप 'बैडरूम' में भी रख सकते हैं और 'किचन' में भी। इन दो लोकेशनों की भिन्नता से सीन का तेवर भिन्न हो जाएगा और उसमें इस्तेमाल किए जानेवाले बिम्ब भी। रसोई में होनेवाले झगड़े में 'रोजमर्रापन' का स्वर प्रमुख होगा और वह अपेक्षाकृत कम गम्भीर लगेगा। उसमें चूल्हे की लौ, खड़खड़ाते बर्तन, खदबदाते-खौलते पकवान, चाकू से काटी जाती सब्जियाँ आपको प्रतीकात्मक रूप में इस्तेमाल करने के लिए मिलेंगे। बैडरूम का झगड़ा ज्यादा गम्भीर लगेगा। उसमें तकिया, कंबल, लैम्प, पठन-सामग्री, नींद की गोलियों की शीशी, स्वयं पलंग उपयोगी बिम्ब प्रदान करेंगे।

जैसा मैंने शुरू में बताया था, पटकथा में आपको मात्र इतना लिखना होता है कि दृश्य दिन का है कि रात का ? तो आपको दृश्य का उद्देश्य तय करने के बाद यह भी तय करना होगा कि उसे दिन का दृश्य रखें कि रात का ? काम-क्रीड़ा के दृश्य, रहस्य-रोमांच के दृश्य, अपराध के दृश्य आमतौर से रात में रखे जाते हैं। उदासी के दृश्य भी रात में रखना अच्छा रहता है। यह एक साधारण अनुभव है कि अलग-अलग किस्म के प्रकाश से अलग-अलग किस्म का मूड बनता है। तो आप दृश्य के अनुसार मूड तय कीजिए कि उसे रात में रखना बेहतर होगा कि दिन में ? इसके साथ ही आप मौसम का भी कुछ संकेत अपने वर्णन में दे सकते हैं। खासकर तब जब मौसम से भी आप मूड का निर्माण करना चाहते हों। यथा यह कि हम देखते हैं कि तेज बरसात में नायक-नायिका पार्क के एक बड़े-से पेड़ के नीचे शरण लिये ठिठुरते खड़े हैं।

दृश्य के लिए घटना-स्थल और समय का चुनाव ज्यादातर जानी-मानी साहित्यिक परिपाटियों के अनुसार किया जाता है। आपने देखा होगा कि फिल्मों में ज्यादातर रोमांटिक दृश्य किसी सुरम्य स्थल में फिल्माए जाते हैं। मिसाल के लिए कोई बड़ा उद्यान। और फिर उस स्थल से भी जाने-माने साहित्यिक बिम्ब उभारे जाते हैं। मिसाल के लिए उद्यान में एक डाल पर बैठे दो पंछी या फूल पर मँडराता भँवरा। लेकिन इसके साथ ही फिल्मों में नवीनता का बड़ा आग्रह रहता है जिसे बॉलीवुड की भाषा में कहा जाता है 'कुछ हट के होना चाहिए'। हमारे निर्माता-दिग्दर्शक जो पहले प्रेम-प्रसंग

फिल्माने के लिए कश्मीर या मैसूर जाते थे अब स्विट्ज़रलैंड, हॉलैंड या सेशल्स-मॉरीशस, अमेरिका और ऑस्ट्रेलिया जाने लगे हैं। लेकिन सच पूछा जाए तो इसमें कुछ भी 'हटके नहीं है'। सुरम्य स्थल कश्मीर का हो या स्विट्ज़रलैंड का, है तो सुरम्य स्थल ही। इसीलिए सूझ-बूझ वाले पटकथा लेखक और दिग्दर्शक लोकेशन का चुनाव करते हुए पुरानी साहित्यिक परिपाटी को भुला देते हैं। उदाहरण के लिए, प्रसिद्ध दिग्दर्शक ऑर्सन वेल्स ने अपनी फिल्म 'द लेडी फ्रॉम शंघाई' में नायक-नायिका के प्रेम का दृश्य एक मछलीघर में फिल्माया है और सो भी खूँखार शार्कों के टैंक के सामने ! इसी तरह 'चाइना टाउन' में प्रणय निवेदन का लोकेशन नायिका के घर का बाथरूम रखा गया है। गुंडों के हाथों पिटा हुआ जासूस नायक अपने घावों को पोंछने के लिए दवा माँगता है और नायिका उसे अपने बाथरूम में ले जाकर दवा लगाती है। पहली बार उनके चेहरे एक-दूसरे के निकट आते हैं, उनकी निगाहें मिलती हैं। नायक नायिका की आँखों के रंग के बारे में कुछ कहता है और सहसा उनके ओंठ छू जाते हैं। आलिंगन-चुंबन का सिलसिला शुरू हो जाता है।

तो आप सीन लिखते समय अपने उद्देश्य के नजरिए से लोकेशन और टाइम का अच्छी तरह विचार करें। जब भी कोई नई फिल्म देखें यह नोट करें कि उसमें किस तरह के दृश्य के लिए किस तरह का लोकेशन चुना गया है और किन बिम्बों का उपयोग किया है ? नया लोकेशन होने से या किसी जाने-माने लोकेशन का ही नए ढंग से इस्तेमाल करने से दृश्य में जान पड़ती है। हॉलीवुड की प्रसिद्ध प्रेमगाथा 'ऐन अफेयर टु रिमैम्बर' इसलिए भी यादगार साबित हुई कि उसमें सारा प्रेम-प्रसंग एक लक्जरी लाइनर (आरामदेह समुद्री जहाज) में होता है। राजकपूर की 'मेरा नाम जोकर' के दृश्यों को सर्कस की पृष्ठभूमि विशिष्टता प्रदान करती है। कई बार सीन में नयापन इसलिए भी आ जाता है कि आप उसके लिए ऐसा लोकेशन चुनते हैं जो अप्रत्याशित या असामान्य हो। जैसे नायक-नायिका की पहली मुलाकात के लिए सब्जी मंडी या मछली बाजार का लोकेशन !

दृश्य का तीन अंकीय ढाँचा

जिस तरह पटकथा का आदि, मध्य और अन्त वाला तीन अंकीय ढाँचा होता है वैसे ही हर दृश्य का भी आदि, मध्य और अन्त होता है। लेकिन अगर आप अपनी पटकथा में हर दृश्य का आदि, मध्य और अन्त दिखाने की कोशिश करेंगे तो फिल्म बेहद लम्बी और उबाऊ, दोनों ही हो जाएगी। इसलिए दृश्य लिखने से पहले यह तय कर लेना जरूरी होता है कि उसे कहाँ से शुरू किया जाए ? धंधे की भाषा में इसे कहते हैं सीन कहाँ से पकड़ा जाए ? आप उसको बिल्कुल शुरू से शुरू कर सकते हैं या मध्य से पकड़ सकते हैं या फिर अन्त के आस-पास से ही उठा सकते हैं। कहा जाता है कि जिस तरह पटकथा को दिशा देने के लिए उसका अन्त दिमाग में स्पष्ट होना चाहिए उसी तरह सीन लिखते हुए यह स्पष्ट होना चाहिए कि इस सीन का उद्देश्य क्या है ? इसमें क्या

घटना घटती है और पात्र के चरित्र का कौन-सा पक्ष उजागर होता है ? और कौन-सी महत्त्वपूर्ण सूचना मिलती है ? इस उद्देश्य को ध्यान में रखते हुए आपको यह तय करना चाहिए कि कैसे मैं इस सीन को देर से देर करके पकड़ूँ और उद्देश्य पूर्ति होते ही जल्दी-से-जल्दी छोड़ दूँ।

एक उदाहरण देकर अपनी बात स्पष्ट करूँ। आपको एक सीन लिखना है जिसमें नायक कॉलेज में नया-नया नियुक्त होकर आया है और पहली बार पीरियड ले रहा है। इस सीन का उद्देश्य है--यह दिखाना कि नायक कठोरता से अनुशासन का पालन करवाता है, विद्यार्थियों का हृदय जीतना जानता है, उसकी उद्दंड नायिका से मुठभेड़ हो जाती है और उसे और हमें यह सूचना मिलती है कि नायिका कॉलेज के संस्थापक की बेटी होती है। जाहिर है कि दो-ढाई घंटे की फिल्म में आप 45 मिनट का पूरा पीरियड तो दिखा नहीं सकते। आपको हद-से-हद 2-3 मिनट का सीन लिखना है। फिर भी एक वास्तविक पीरियड का आभास देना है और अपने सब उद्देश्य पूरे कर लेने हैं। अध्यापक नया है, यह 'एस्टेब्लिश' करने के लिए (जब कोई बात पहली-पहली बार दिखाई या बताई जाती है तो उसे पटकथा की भाषा में एस्टेब्लिश करना कहते हैं।) हमें यह दृश्य 'आदि' से पकड़ना होगा यानी पीरियड शुरू होने से।

तो आप दिखाएँगे कि उद्दंड विद्यार्थी नए लेक्चरर के स्वागत की तैयारियाँ किए हुए हैं। उसके आते ही वे ऊधम मचाते हैं। वह मुस्कुराते हुए, मगर दृढ़ता से उनका सामना करता है। उनमें से एक को क्लास से बाहर कर देता है। वह पढ़ाना शुरू करता है। अपने ज्ञान और खुशमिजाजी से छात्र-छात्राओं का दिल जीत लेता है। तभी नायिका क्लास से निकाले गए छात्र से मिलकर हँसती-बतियाती क्लास में प्रवेश करती है। नायक उस छात्र से कहता है कि आपको तो क्लास से निकाल दिया गया था, आप वापस नहीं आ सकते और नायिका से कहता है कि मेरी कक्षा में किसी को भी देर से नहीं आने दिया जाता। आप दोनों तशरीफ ले जाइए। नायिका के साथ बाहर जाता हुआ छात्र कहता है कि आपको बता दूँ कि ये कालेज के संस्थापक की बेटी हैं। नायक कहता है कि 'बाई द वे' आप इन्हें बता दीजिएगा कि ये परम पिता परमेश्वर की भी बेटी हों तो मेरी क्लास में इनका दर्जा एक साधारण छात्रा का ही रहेगा। ऐसा कहकर वह आगे पढ़ाना शुरू करता है और चपरासी आता है कि आपको प्रिंसीपल साहब बुला रहे हैं। 'कट टू' प्रिंसीपल के कमरे में नायक-नायिका और प्रिंसीपल के बीच का सीन।

मैंने 'चाइना टाउन' के प्रणय निवेदन के दृश्य का जिक्र किया था जिसमें नायिका नायक के घावों को साफ करती है और नायक-नायिका आलिंगनबद्ध हो जाते हैं। उनके इस प्रथम चुंबन के साथ यह एस्टेब्लिश हो जाता है कि वे प्रेमी-प्रेमिका बन गए हैं। सीन वहीं छोड़कर पटकथा अगले सीन में चली जाती है। अगला सीन उनके हमबिस्तर होने का है। उसे भी पूरा-का-पूरा दिखाने की बजाय लेखक ने अन्त से पकड़ा है। हम देखते हैं कि नायक-नायिका सहवास के बाद बिस्तर में लेटे हुए ऐसी बातचीत कर रहे हैं जो पटकथा को अगले सीन की ओर ले जाती है। तो बाथरूम वाले सीन को लेखक

ने शुरू से पकड़ा और बीच में ही छोड़ दिया है और बेडरूम वाले सीन को उसके अन्त के आस-पास से ही शुरू किया है।

कहने का मतलब यह है कि किसी दृश्य के आदि, मध्य और अन्त का फैसला आपको वास्तविक जीवन में घटनेवाले दृश्यों के आधार पर नहीं, कथा की आवश्यकताओं के अनुसार करते हुए उसका तीन अंकीय ढाँचा निर्धारित करना चाहिए। दृश्य के पहले अंक सेट-अप में वह सब आ जाना चाहिए जो सीन को समझने में सहायक हो। नए अध्यापक की क्लास वाले सीन के सेट-अप में यह दर्शाना जरूरी था कि अध्यापक नया है और एक छात्र-विशेष उद्दंडों का नेता है। इसीलिए सीन पीरियड के शुरु से पकड़ा गया। अब दूसरा अंक यानी टकराहट। उसके अन्तर्गत हमने उद्दंड छात्र का नायिका के साथ आना और दोनों का निकाला जाना दिखाया है। फिर तीसरा अंक—समाधान जिसमें नायक को प्रिंसिपल ने बुला भेजा।

देर से पकड़ें, जल्द छोड़ दें

तो सीन को देर से देर करके पकड़िए और जल्दी से जल्दी छोड़िए। अगर आप मुद्दे की बात पर आने में बहुत देर लगाएँगे या मुद्दे की बात आ जाने पर भी सीन खत्म नहीं करेंगे तो फिल्म उबाऊ होने लगेगी। कई नौसिखिए वास्तविकता के निकट रहने के लिए हर दृश्य का आदि-मध्य-अन्त दिखाना आवश्यक समझते हैं लेकिन समय की सीमा को ध्यान में रखते हुए वह सीन को ऐसा दौड़ाते हैं कि आदि-मध्य-अन्त सब तुरत-फुरत हो जाता है। दो लोगों की मुलाकात का दृश्य वे सदा स्वागत के साथ शुरू और विदा के साथ खत्म करते हैं और इस दौरान चाय-पानी का चक्कर भी चला देते हैं। चाय-नाश्ता कहते ही आ जाता है और एक ही घूँट में प्याली खत्म हो जाती है ! इस तरह लिखा सीन वास्तविकता नहीं, वास्तविकता का उपहास प्रस्तुत करता है। उस पर तुर्रा यह कि सीन में कहानी आगे बढ़ाने के लिए जो एक सूचना मिलनी हो उसे भी लेखक स्वाभाविक ढंग से नहीं दे पाता। इसलिए वह कोई ऐसा संवाद डलवाता है—"हाँ भई, ये बताओ आज कैसे आना हुआ ?" दूरदर्शन के कमीशंड श्रेणी के धारावाहिकों में आपको इस तरह के दृश्यों की भरमार देखने को मिल सकती है।

दृश्य के आकार के बारे में अनाड़ियों से इस तरह की गलती होती है तो खिलाड़ियों से यह गलती हो जाती है कि वह इतना छोटा दृश्य लिख डालते हैं कि संदर्भ स्पष्ट ही नहीं हो पाता। या फिर ऐसे दृश्य लिख जाते हैं जिसका आगे-पीछे दृश्यों से कोई तारतम्य नहीं बैठ पाता है। यह 'दोष' आप आज की कलात्मक फिल्मों में अक्सर पाएँगे जिनकी दिलचस्पी कहानी कहने से ज्यादा एक वातावरण निर्मित करने में रहती है।

तो दृश्य को न तो इतना काट-छाँट दें कि दर्शकों के कुछ पल्ले ही न पड़े कि हो क्या रहा है ? और न उसे इतना लम्बा खींच दें कि दर्शकों को लगे कि कहानी एक जगह ठहर गई है। एक मोटा नियम यह है कि कोई भी दृश्य तीन-चार मिनट से ज्यादा का नहीं होना चाहिए। अगर उसमें कुल दो आदमी आपस में बात कर रहे हों तो उसे

दो ही मिनट में समेट लेने की कोशिश करनी चाहिए। यों इसके अपवादस्वरूप कई जानी-मानी फिल्मों के सात-सात, आठ-आठ मिनट लम्बे यादगार दृश्य गिनाए जा सकते हैं। लेकिन जहाँ आप लम्बे संवाद-प्रधान दृश्य लिखेंगे वहाँ सिनेमाई शैली पर रंगमंच के नाटक की शैली हावी होने लगेगी। दृश्य कुल एक शॉट का भी हो सकता है—मिसाल के लिए यह कि नायक कार में बैठ कर चल पड़ा। दृश्य 7-8 मिनट का भी और कई-कई शॉटों वाला भी हो सकता है। आप दृश्य के आकार का फैसला सिर्फ कहानी की आवश्यकता के आधार पर करें। उसे लिखते हुए और उसे लिख चुकने के बाद भी कई बार यह सोचें कि क्या यह सीन लेना आवश्यक है और यदि आवश्यक है तो इसे कितनी जगह दी जानी चाहिए ?

17

दृश्य का उद्‌देश्य : कथा-निरूपण और चरित्र-चित्रण

दृश्यों में बिम्बों और संवादों के सहारे कहानी को आगे बढ़ाया जाता है और साथ-ही-साथ पात्रों का चरित्र-चित्रण भी किया जाता है। तो कथा-निरूपण और चरित्र-चित्रण—दृश्य लेखन के ये दो मुख्य उद्‌देश्य हैं। इसलिए दृश्यों को दो श्रेणियों में बाँटा जाता है—कथा-निरूपण दृश्य अथवा 'स्टोरी सीन' और चरित्र-चित्रण दृश्य अथवा 'कैरेक्टर सीन'। यों तो चरित्र-चित्रण करनेवाले दृश्य में भी कथा का निरूपण होता है और कथा-निरूपण वाले दृश्य में भी चरित्र-चित्रण होता है, तथापि सुविधा के लिए इन्हें अलग-अलग मानकर इनका विचार किया जाता है।

चलिए पहले स्टोरी सीन की बात करें—स्टोरी सीन वह है जो आपकी मुख्य कहानी को उसकी आखिरी मंजिल की ओर बढ़ाता हो। हर स्टोरी सीन में अगले स्टोरी सीन का बीज रहता है। क्योंकि ऐसा हुआ इसलिए वैसा हुआ। एक सीन में हमने देखा कि अनुशासनप्रिय अध्यापक नायक ने नायिका को क्लास में नहीं आने दिया इसलिए दूसरे सीन में उसकी प्रिंसिपल के यहाँ पेशी हो गई। घटनाक्रम को आगे बढ़ानेवाले ऐसे जितने भी 'क्योंकि' होते हैं, उन्हें पटकथा लेखन की भाषा में स्टोरी की 'बीट्स' कहा जाता है।

हॉलीवुड की एक प्रसिद्ध कामेडी फिल्म है 'टूटसी'। इसमें अभिनेता नायक बेरोजगारी के आलम में अभिनेत्री बनकर काम पा जाता है। इसकी स्टोरी बीट्स इस प्रकार चलती हैं—क्योंकि बेरोजगार नायक को अपनी एक शिष्या से पता चलता है कि किसी टेलीविजन धारावाहिक में एक नर्स की भूमिका के लिए अभिनेत्री का चुनाव होना है और वह उस शिष्या को उस पार्ट के लिए कोचिंग भी देता है और क्योंकि उसका एजेंट उसे बताता है कि तुमने सारे लोगों को नाराज कर दिया, तुम्हें कहीं काम नहीं मिलेगा इसलिए वह औरत बनकर नर्स का पार्ट पाने के लिए पहुँच जाता है। क्योंकि वह चुन लिया जाता है इसलिए उसकी मुलाकात धारावाहिक की हीरोइन से होती है जो उसे अपनी सखी बना लेती है। क्योंकि वह उसे अपनी सखी बना लेती है इसलिए नायक उसके घर जाने लगता है। क्योंकि वह नायिका के घर जाने लगता है इसलिए उसकी मुलाकात नायिका के विधुर पिता से होती है जो उससे प्यार करने लगता है जबकि इस दौरान वह स्वयं नायिका से प्रेम करने लग चुका होता है। क्योंकि वह नायिका से प्रेम करने लग चुका होता है इसलिए वह अपना भंडाफोड़ स्वयं करता है। आदि-आदि।

तो स्टोरी सीन एक-दूसरे में से उपजते हैं और क्रिया-प्रतिक्रिया के रूप में सामने आते हैं। जैसे एक दृश्य में आता है कि खलनायक का गुर्गा नायक के हाथों पिटते हुए उसे हरामी पुकारकर थूकता है और कहता है कि तू अपने जिस भाई की मौत का बदला लेने आया है वह तेरा भाई नहीं क्योंकि तू अपने बाप की औलाद ही नहीं है। लिहाजा अगले दृश्य में नायक अपने पुलिस इंस्पेक्टर बाप को असलियत बताने के लिए मजबूर करता है। कहानी को इस तरह आगे बढ़ानेवाली घटना या बात को 'एक्शन पॉइंट' या क्रिया-बिन्दु कहा जाता है।

स्टोरी सीन की बीट्स : एक्शन पॉइंट

लगे हाथ यहाँ दो कुछ खास तरह के क्रिया-बिन्दुओं का जिक्र कर दें, जिनका अक्सर एक्शन फिल्मों में क्लाइमेक्स के आस-पास उपयोग किया जाता है। इनमें से पहला है—अवरोध और हताशा बिन्दु जो एक साथ हताशा का क्षण और उसके निपटने की आवश्यकता प्रस्तुत करता है कि यह रास्ता तो बंद हो गया है, अब क्या किया जाए ? इस तरह की रुकावट आने पर एक्शन थोड़ी देर के लिए रुक जाता है फिर किसी दूसरी दिशा से आगे बढ़ता है। रुकावट स्थूल भी हो सकती है और भावनात्मक भी। स्थूल रुकावट का एक उदाहरण यह है कि नायक खलनायक को मारने को तैयार होता है तभी खलनायक उसे दिखाता है कि मेरा गुर्गा तेरी माँ की कनपट्टी पर पिस्तौल ताने हुए है और नायक को अपनी पिस्तौल फेंक देनी पड़ती है। नायक और नायिका के लिए जो हताशा बिन्दु होता है वही दर्शक के लिए प्रत्याशा बिन्दु भी बनता है कि ये इस स्थिति से उबरने के लिए जरूर कुछ-न-कुछ करेंगे। आखिर हीरो-हीरोइन हैं !

एक्शन फिल्मों में प्रयुक्त होनेवाला एक और क्रिया-बिन्दु है उलट-पुलट बिन्दु। इसमें हारी हुई बाजी जीती या जीती हुई बाजी हारी जाती है। नायक-नायिका और दर्शक सब समझते हैं कि ऐसा हो गया, पर पता चलता है कि वैसा हुआ ही नहीं। फिल्म 'ज़ॉज' में एक स्थान पर पत्ता चलता है कि नरभक्षी शार्क पकड़ ली गई है। सारे लोग जश्न मनाने लगते हैं। तभी एक और हादसा होता है और पता चलता है कि गलत शार्क पकड़ी गई है। फिल्म 'परिंदा' में अनिल कपूर टॉम आल्टर की मदद से अपने दुश्मनों का सफाया कर माधुरी दीक्षित के संग शादी रचाकर समुद्र में 'लांचर' पर सुहागरात मना रहा होता है और ऐसा लगता है कि कहानी एक सुखांत की ओर बढ़ रही है। तभी बिसात पलटती है और टॉम आल्टर नाना पाटेकर को असलियत बता देता है, फिर नाना पाटेकर जाकर लांचर पर ही दोनों को गोली मार देता है। भावनात्मक फिल्मों में भी इस तरह के उदाहरण खूब ढूँढ़े जा सकते हैं। यह बिन्दु कहानी को झकझोरकर एक धक्के से आगे बढ़ाता है।

यहाँ एक और तरह के क्रिया-बिन्दु की चर्चा कर लेने का लोभ संवरण नहीं कर पा रहा हूँ जिसे गड़बड़झाला या पेचोखम बिन्दु कहा जाता है। कामेडी फिल्मों में इसका जमकर उपयोग होता है। जैसे अभी 'टूटसी' के संदर्भ में बताया कि नायक मजबूरी में

स्त्री बन जाता है और नायिका का पिता उससे प्रेम करने लग जाता है। इस तरह का क्रिया-बिन्दु कहानी को बिल्कुल ही अप्रत्याशित मोड़ देता है। मुख्य कथा का विषय बदल देता है अथवा उसकी कोई दिलचस्प उपकथा शुरू करा देता है।

चरित्र-चित्रण : करेक्टर सीन

चरित्र-चित्रण करनेवाले यानी करेक्टर सीन ज्यादातर उपकथानकों के अन्तर्गत आते हैं। उपकथानकों की चर्चा एक अलग परिच्छेद में की जा चुकी है कि कैसे वे मुख्य कथानक से अलग होते हुए भी किसी-न-किसी बिन्दु पर और किसी-न-किसी तरह उससे जुड़े भी रहते हैं और उसे गति देने में सहायक होते हैं। इसलिए भले ही चरित्र-चित्रण वाले दृश्यों में ज्यादा जोर पात्रों का चरित्र दर्शकों के सामने उजागर करने में रहता हो, उसमें ऐसी सूचनाएँ दी जाती हैं या पात्रों की ऐसी खूबियाँ बताई जाती हैं जो आगे चलकर मुख्य कथानक के स्टोरी सीन में उपयोगी साबित हों। उदाहरण के लिए, 'विटनेस' की आदर्श मानी जानेवाली पटकथा में एक उपकथानक अहिंसाधर्मी एमिस बिरादरी की विधवा नायिका और उससे शादी करने के इच्छुक बिरादरी के एक युवक डेनियल के सम्बंध में है। फिल्म में उस के दृश्यों का उपयोग शहरी नायक और बिरादरी के युवक डेनियल के चरित्र की भिन्नता प्रदर्शित करने और इस भिन्नता के कारण नायिका के शहरी नायक के प्रति आकर्षित होने का सिलसिला दिखाने के लिए किया गया है। दूसरे शब्दों में, नायक का चरित्र-चित्रण करने के साथ-साथ ये दृश्य मुख्य कथानक में नायक-नायिका के प्रेम-प्रसंग को बढ़ाने में सहायता भी प्रदान करते हैं। इस तरह के दृश्य में हम पाते हैं कि डेनियल गुरु-गम्भीर है जबकि हमारा नायक खिलंदड़। यह भी कि डेनियल को नायक अच्छा नहीं लग रहा है जबकि नायिका नायक के बिरादरी वालों से भिन्न स्वभाव को एक स्तर पर आकर्षक भी पा रही है। नायिका द्वारा दोनों प्रेमियों को लेमिनेड पिलाए जाने के एक दृश्य में नायक की यह खूबी भी सामने आती है कि वह मशीनों का विरोध करनेवाली नायिका की बिरादरी के सदस्य की तरह बढ़ई का काम करना अच्छी तरह जानता है। इस क्षमता का उपयोग आगे चलकर मुख्य कथानक में तब होता है जब नायक नायिका का प्रेमी बनकर बिरादरी में शामिल हो जाने के बाद 'बखार' बनाने में एमिस मर्दों की मदद करता है।

चरित्र-निरूपण करनेवाले दृश्यों का आगे किस तरह मुख्य कथानक से सम्बन्ध जुड़ जाता है, इसके दो और उदाहरण लीजिए। 'दिलवाले दुल्हनियाँ ले जाएँगे' के प्रथम अंक में एक दृश्य आता है जिसमें शाहरुख खान कठोर स्वभाव के परम्परावादी अमरीश पुरी की बंद हो चुकी दुकान यह कहकर खुलवा लेता है कि मुझे बीयर नहीं सिर्फ सिरदर्द की दवा चाहिए। लेकिन जब दुकान खोल दी जाती है तब वह दवा के साथ-साथ शराब भी लेना चाहता है जिससे अमरीश पुरी बहुत खफा होता है। इस दृश्य से अमरीश पुरी और नायक दोनों का चरित्र-चित्रण तो होता ही है साथ ही इसके कारण नायक के प्रति नायिका के पिता की बहुत खराब राय बन जाती है जो मुख्य कथानक को प्रभावित करती है।

ऐसे ही 'मिसेज डाउटफायर' के पहले अंक में चरित्र-चित्रण करनेवाले दृश्य में यह दिखाया जाता है कि नायक को नकलें उतारने की आदत है और वह तरह-तरह की आवाजों में बोल सकता है। इसके बाद सारा दूसरा अंक इस बात के इर्द-गिर्द घुमाया जाता है कि हमारा तलाकशुदा अभिनेता नायक अपने बच्चों के निकट रहने की लालसा से अपनी पत्नी के घर में आया बनकर चला आया है। कहने का मतलब यह है कि चरित्र-निरूपण करनेवाले दृश्यों में आप सम्बद्ध पात्रों की ऐसी क्षमताएँ दिखा सकते हैं या ऐसी सूचनाएँ दे सकते हैं या सम्बन्धों के जुड़ने-तुड़ने का ऐसा कोई सिलसिला दिखा सकते हैं जो मुख्य कथानक को बढ़ाने में सहायक हो। चरित्र-चित्रण करनेवाले दृश्यों में अक्सर मुख्य पात्रों को खेलते हुए, अपना कोई शौक पूरा करते हुए या अपना व्यावसायिक कार्य करते हुए या 'शॉपिंग' जैसा रोजमर्रा का कोई काम करते हुए दिखाया जाता है। गोया उनमें उसके सामान्य जीवन की झाँकियाँ रहती हैं। अच्छी पटकथा लिखनेवाला इन सामान्य प्रसंगों में जहाँ चरित्र-चित्रण की हर गुंजाइश निकालता है वहाँ इस बात की भी गुंजाइश ढूँढ़ता है कि ऐसा कुछ दिखा या बता दे जो आगे किसी स्टोरी सीन में काम आ जाए।

जैसे हम गरीब घर के नायक का चरित्र-चित्रण करने के अन्तर्गत पहले अंक में यह दिखा सकते हैं कि उसमें कुछ नया जानने और सीखने की बड़ी लालसा है जिसकी वजह से उसके साथी उसकी हँसी उड़ाते हैं कि इन बेकार-सी चीजों को सीखकर तू क्या करेगा ? और आगे चलकर वही बेकार-सी चीजें मुख्य कथानक में नायक के लिए बड़े काम की साबित होती हैं और उनको वजह से ही वह नायिका का हृदय जीत पाता है और अपनी महत्त्वाकांक्षाएँ पूरी कर पाता है। फर्ज कीजिए कि उसने डूबे हुए व्यक्ति के पेट से पानी निकालना और उसकी रुकी हुई साँस फिर से चलाने की बेकार जानकारी हासिल की। इस जानकारी के बूते उसे आगे नायिका के छोटे भाई को मौत के मुँह से वापस लाते वक्त दिखा सकते हैं। फर्ज कीजिए कि आपने उसे चट्टानों पर चढ़ना सिखाया हो, आप बाद में उसे नायिका को बचाने के लिए किसी अभेद्य किले की दीवार पर चढ़ता हुआ दिखा सकते हैं, आदि-आदि।

वातावरण और बिम्ब : मूड सेटिंग सीन

दृश्य का मुख्य उद्देश्य केवल कथानक को आगे बढ़ाना या पात्रों का चरित्र-चित्रण करना ही नहीं होता है। हर फिल्म में ऐसे भी दृश्य होते हैं जो उसका खास मूड और वातावरण तैयार करते हैं या जिनसे हमें किसी अकेले बैठे हुए पात्र अथवा पात्रों की मनःस्थिति का संकेत मिलता है। इस तरह के दृश्यों में मुख्यतः बिम्ब बोलते हैं। अक्सर इस तरह के दृश्यों का फिल्मों में प्रतीकात्मक उपयोग किया जाता है। जैसे आपने एक दृश्य में दिखाया कि जहाज के डैक पर एक बेकसूर बच्चे की पिटाई की जा रही है और वह रो रहा है। कट करके दिखाया कि समुद्री पक्षी चीत्कार करते हुए उड़ रहे हैं। पहले दिखाया कि रेलगाड़ी में बैठा हुआ मरणासन्न नायक दोस्त के मना करने के

बावजूद शराब पी रहा है और फिर कट करके दिखाया कि इंजन की भट्टी में कोयला झोंका जा रहा है।

यह जरूरी नहीं कि प्रतीकात्मक बिम्ब की तलाश में 'कट अवे' करके किसी दूसरे दृश्य में ही आप चले जाएँ। आप उसी दृश्य में मौजूद बिम्बों से भी बखूबी काम ले सकते हैं। शान्ताराम ने 'दुनिया न माने' में नौजवान पत्नी ले आए बूढ़े पति के आलीशान मकान में रखी बड़ी दीवार घड़ी को काल के प्रतीक के रूप में इस्तेमाल किया है। बूढ़ा आते-जाते उसके गजर सुनता है और रिएक्ट करता है। फिर एक यादगार दृश्य में वह घड़ी पर ही टूट पड़ता है और उसे रोक देने की कोशिश करता है। सत्यजित राय की फिल्मों में आपको मूड सेटिंग सीनों के बहुत ही अच्छे उदाहरण देखने को मिल सकते हैं। 'चारुलता' में उन्होंने नायिका का एक अमीर किन्तु व्यस्त पति की पत्नी के रूप में एकाकीपन रेखांकित करने के लिए एक दृश्य लिया है जिसमें बाहर से आती फेरीवालों की आवाजें सुनकर वह भव्य कोठी के भव्य कक्ष की खिड़कियाँ दौड़-दौड़कर खोलती जाती है और फेरीवालों को देखती है। इसी फिल्म में झूले को नायिका की युवा उमंगों का प्रतीक बनाया गया है। इसी के इर्द-गिर्द उसका प्रेम प्रकरण चलता है। नायिका के उतर जाने के बाद चरमराता हुआ डोलता झूला उसकी त्रासदी को उजागर करता है। प्रसंगवश इस तरह खाली झूलते झूले के बिम्ब का बाद में रमेश सिप्पी ने शोले में ठाकुर साहब के परिवार के मार दिए जाने के बाद बहुत ही सशक्त उपयोग किया है।

बिम्ब बोलते हैं

'पाथेर पांचाली' में दर्शकों के भीतर विशिष्ट मनःस्थिति पैदा करनेवाले दृश्यों की भरमार है। उदाहरण के लिए उसमें एक दृश्य है जिसमें घटाओं का उमड़ना-घुमड़ना और फिर मूसलाधार बरसात में बच्ची दुर्गा का अलमस्त होकर भीगना दिखाया गया है। यह दृश्य फिल्म में उसके विवाह की चर्चा के दृश्यों से जुड़कर आता है और दुर्गा के सहसा बालिका से सौभाग्यकांक्षिणी की श्रेणी में आ जाने की काव्यात्मक अभिव्यक्ति करता है। जैसा कि मैं शुरू में ही कह चुका हूँ, फिल्म की बुनियादी भाषा बिम्बों की भाषा है, इसलिए भी बेहतरीन फिल्मों में 'मूड' और वातावरण बनानेवाले बिम्ब-प्रधान दृश्यों की भरमार रहती है।

सिनेमा में बिम्बों का प्रयोग किस तरह किया जाता है इसके कुछ उदाहरण देखिए। ऋत्विक घटक की फिल्म 'मेघे ढाका तारा' में एक ऐसी नायिका की कहानी है जो नौकरी करके अपने बूढ़े माता-पिता, छमकछल्लो बहन और दो निठल्ले छोटे भाइयों का पालन कर रही है, जिनमें से एक महान गायक बनने में लगा रहता है और दूसरा फुटबॉल का चैम्पियन खिलाड़ी बनने का सपना देखते-देखते अपनी टाँग तुड़ा बैठता है। साधारण दिखनेवाली इस नायिका से एक पड़ोसी आदर्शवादी लड़का प्रेम करता है। नायिका उसका भेजा प्रेमपत्र पढ़ रही होती है कि तभी उसका भाई आ जाता है। वह पत्र को मुट्ठी में दबा लेती है। उसे अच्छा माननेवाला उसका गायक भाई जबरदस्ती मुट्ठी

खोलकर प्रेमपत्र पढ़ लेता है। यह बंद मुट्ठी एक बिम्ब बन जाती है कि लाख की यह बंद मुट्ठी खुलते ही खाक की साबित हो जाती है। गायक भाई दीदी को प्रेमी मिल जाने की खुशी में घर से गायब हो जाता है। नायिका की माँ कमाऊ बेटी के हाथ से निकल जाने की आशंका से इतना त्रस्त होती है कि घर में निठल्ली बैठी छोटी बेटी को बड़ी बेटी के प्रेमी से भिड़ा देती है और उनकी शादी करा देती है। नायिका को तपेदिक का रोग हो जाता है। गायक भाई प्रसिद्ध और प्रतिष्ठित होकर घर लौटता है। अकालवृद्ध हो चुकी नायिका अपने रूमाल में खाँस रही होती है कि गायक भाई कमरे में आता है। वह रूमाल को मुट्ठी में बंद कर लेती है। भाई उसी तरह खिलंदड़ी करते हुए मुट्ठी जबरदस्ती खोलता है कि 'प्रेमपत्र' देखे लेकिन इस बार खून के कतरों से सना हुआ रूमाल मिलता है। बंद मुट्ठी इस बार खुलकर नायिका के ही खाक हो जाने का संदेश देती है।

बिम्ब, संवाद, एक्शन, ड्रामा

बिम्बों का उपयोग करने में ऋत्विक घटक को महारत हासिल थी। फिल्म 'सुवर्ण रेखा' में उन्होंने एक जगह नायक की छोटी-सी बहन को जंगल में अकेले घूमता दिखाया है। सहसा काली माई बना हुआ एक बहुरूपिया उसके सामने आता है और वह डर जाती है। अबोध बच्ची, अरण्य में हठात् काली से साक्षात ! यह बिम्ब दर्शक के मन में एक अजीब-सा प्रभाव छोड़ता है और बेचैनी और आशंका पैदा करता है। फिर जब एक वृद्ध आकर सीता नाम की इस बच्ची का डर दूर करता है और अंगुली पकड़कर उसे घर की ओर ले जाते हुए उसे सीता मैया की कहानी सुनाता है कि कैसे वे जंगल में रही थीं, कैमरा ऊपर उठता जाता है और बूढ़ा और बच्ची उस विराट जंगल में खो जाते हैं। दर्शक के मन में यह आशंका गहरा जाती है कि कहीं इस सीता के साथ भी इस आधुनिक अरण्य में वह सब न हो जो उस सीता के साथ हुआ था।

'विटनेस' में पुलिसिया नायक की बन्दूक के बिम्ब को बखूबी इस्तेमाल किया गया है। अहिंसाधर्मी एमिस बिरादरी की नायिका के घर में उसका यह अस्त्र उसके अपने हिंसाधर्मी जगत् का प्रतीक बन जाता है। इस बिम्ब का लेखक और दिग्दर्शक ने एक दृश्य में फिल्म की मुख्य थीम उजागर करने के लिए बहुत सुंदर उपयोग किया है। हम देखते हैं कि नायिका का बेटा इस सर्वथा अनजान चीज के प्रति बहुत आकर्षित होता है। फिर नायिका नायक से कहती है कि अगर आप मेरे घर में शरण लिये रहना चाहते हैं तो आपको हमारी बिरादरी के नियमों का पालन करना पड़ेगा। हालाँकि नायक की सुरक्षा के लिए वह पिस्तौल जरूरी है, नायक उसे नायिका को दे देता है कि लीजिए, इसे कहीं ऐसी जगह छिपाकर रख दीजिए कि आपके बेटे को न मिल सके। आत्मरक्षा के लिए आवश्यक हथियार नायिका को सौंपकर नायक नायिका के प्रति अपना प्रेम और विश्वास व्यक्त करता है और इस बात का संकेत देता है कि वह नायिका की खातिर नायिका की बिरादरी में शामिल हो जाएगा। नायिका के एक संवाद में इसी पिस्तौल

के बहाने एमिस बिरादरी का पूरा जीवन-दर्शन व्यक्त हो जाता है। वह कहती है, "आपके हाथ की यह पिस्तौल किसी के प्राण लेने के लिए है। इंसान जो भी हाथ में उठाता है वही उसके हृदय में प्रतिष्ठित हो जाता है।"

तो मूड और वातावरण तैयार करनेवाले दृश्यों में बिम्बों की प्रधानता रहती है। यही नहीं, जिन दृश्यों में कोई 'एक्शन' हो उनमें भी संवादों से ज्यादा बिम्बों की प्रधानता रहती है। मारामारी का दृश्य, किसी का पीछा किए जाने का दृश्य, युद्ध का दृश्य, खेलों और साहसिक करतबों के दृश्यों में संवादों के लिए खास गुंजाइश नहीं रह जाती इसलिए प्रभावशाली बिम्बों का सहारा लिया जाता है। मूड और एक्शन वाले दृश्य इसीलिए बिम्ब-प्रधान दृश्य कहे जाते हैं। वे गोया देखने से ताल्लुक रखते हैं। इन बिम्ब-प्रधान दृश्यों का ब्यौरा दिग्दर्शक तय करता है। सेट या लोकेशन देखकर वही तय कर सकता है कि कौन-से दिलचस्प बिम्ब उपलब्ध हैं अथवा उपयोगी साबित हो सकते हैं। लेकिन पटकथा लेखक को भी सम्भावित बिम्बों की ओर इशारा करना चाहिए। यही नहीं, अगर कोई 'प्रॉप' (उपकरण) सीन में प्रयुक्त होना हो और उसका बतौर बिम्ब सशक्त उपयोग हो सकता हो तो लेखक को पटकथा उसका सहारा लेकर लिखनी चाहिए। उदाहरण के लिए, अगर आपका दृश्य यह हो कि नायक माँ की मृत्यु के बाद अपने घर पहुँचता है तो आप उसे एक-एक करके ऐसी चीजों पर निगाह डालते दिखा सकते हैं जिनसे उसकी माँ की यादें जुड़ी हुई हों।

संवाद-प्रधान सीन ड्रामा-प्रधान हों

संवाद-प्रधान दृश्यों में आपको छोटे और पैने संवाद रखने चाहिए। कोशिश यह होनी चाहिए कि संवादों से या तो चरित्र-चित्रण हो, या ऐसी कोई सूचना मिले जिससे कहानी आगे बढ़े या दर्शकों के मन में पात्रों के प्रति किसी विशिष्ट भावना का उद्रेक हो या जबरदस्त ड्रामा पैदा हो। याद रखें कि ड्रामा तभी पैदा होता है कि जब पात्र आपस में टकरा रहे हों। ऐसे दृश्य में कोई ड्रामा नहीं हो सकता जिसमें सब हाँ में हाँ मिला रहे हों। ड्रामा मतभेद से पैदा होता है। फर्ज कीजिए, आपके दृश्य में मौजूद सभी लोग एक ही राजनीतिक पार्टी के हों तो भी सीन में जान डालने के लिए उनमें से कुछ को गरम और कुछ को नरम विचारों वाला बना दें। प्रेमी-प्रेमिका का दृश्य हो, दो दोस्तों का दृश्य हो उसमें भी थोड़ी-बहुत नोक-झोंक या तकरार की गुंजाइश रखें। झगड़ा, तकरार, बहस, टकराहट जैसी चीजें ही संवाद-प्रधान दृश्यों को भीतर से गतिमान बनाती हैं और उनका ठहराव तोड़ती हैं। सिनेमा का दूसरा नाम चलचित्र है इसलिए आप जो दृश्य लिखें वे कहानी को तो गति दें ही, स्वयं भी गतिमान हों। आपसी बातचीत के गतिहीन दृश्यों में इसीलिए कोई-न-कोई नाटकीय तत्त्व रखना जरूरी है। 'ड्रामा' पैदा करने की कोशिश में आपको भले ही 'मैलोड्रामा' की हद तक पहुँचना पड़े—'बॉलीवुड' की व्यावसायिक फिल्मों में अक्सर यही करना पड़ता है—लेकिन ड्रामा से परहेज हरगिज न करें।

टेलीविजन धारावाहिकों और टेली-फिल्मों में संवाद-प्रधान दृश्यों की भरमार रहती

है क्योंकि उनमें भव्य एक्शन दिखा सकने की कोई गुंजाइश नहीं होती। यही वजह है कि टेलीविजन के लिए लिखी गई पटकथा के दृश्यों में ड्रामा का सुर थोड़ा और ऊँचा लिया जाता है। आपने गौर किया होगा कि उनमें पात्र बहुत जल्दी ताव खा जाते हैं और चीजें फाड़ने-फोड़ने लगते हैं। दाँत पीसते और पाँव पटकते हैं। झापड़-वापड़ मारते हैं और धक्का-मुक्की और गाली-गलौज करते हैं। इस चक्कर में कभी-कभी टेलीविजन के लेखक सुर इतना ऊँचा कर देते हैं कि उनका मैलोड्रामा भी कॉमेडी-जैसा लगने लगता है। बहरहाल…तोड़-फोड़, गाली-गलौज, धक्का-मुक्की, चीख-चिल्लाहट आदि-आदि सब ड्रामा पैदा करने के आजमूदा हथियार हैं और फिल्म और टेलीविजन के संवाद-प्रधान दृश्यों में लेखक को उनका कुशलता से उपयोग करना चाहिए। आप सीन में ड्रामा का पहले धीरे-धीरे फिर तेजी से ऊपर उठता ग्राफ रखें। गोया बात बढ़ते-बढ़ते सहसा बहुत बढ़ जाए। इसी तरह आप टकराते हुए पात्रों के चरित्र, जीवन-दृष्टि और तो और लड़ने के ढंग तक में अन्तर स्पष्ट दिखाएँ। वह दृश्य बेकार होता है जिसमें शुरू से सब एक तरह से चीख-चिल्ला रहे हों। ऐसा भी दृश्य न लिखें जिसमें एक ही कहे चला जा रहा हो और दूसरा जवाब में न कुछ कह रहा हो, न कर रहा हो। पात्र चुपचाप सुनते हुए भी कुछ करता जाता हो तो दृश्य में तनाव बढ़ता है, कभी-कभी कॉमेडी भी पैदा होती है। हॉलीवुड की एक फिल्म में 'बार' में भयंकर मारपीट के दौरान एक पियक्कड़ के निश्चिंत भाव से पीते चले जाने पर दर्शक हँस पड़ते हैं। संवाद-प्रधान दृश्यों को आंतरिक गति देने का एक आजमूदा नुस्खा यह है कि बातचीत करनेवाले पात्रों को कुछ करता हुआ, चलता-फिरता, उठता-बैठता हुआ दिखाया जाए। यह नहीं कि सभी बैठे-बैठे बात कर रहे हों। सब पात्र बैठे नहीं कि सीन बैठा नहीं।

सिट डाउन सीन न रखें

'सिट डाउन सीन' दृश्य-श्रव्य माध्यम के नजरिए से बहुत खराब समझे जाते हैं—जैसे सब लोग बैठे खाना खा रहे हैं, ताश खेल रहे हैं वगैरह-वगैरह। सबसे भयंकर सिट डाउन सीन तो वह है जिसमें पात्र कुछ भी नहीं कर रहे हैं, खाली बैठे बात कर रहे हैं। मजबूरन सिट डाउन सीन भी कभी-कभी लिखने पड़ते हैं, खासकर टी.वी. के लिए। जो हो, आप उनमें पात्रों को कुछ-न-कुछ करता हुआ जरूर दिखाइए। नायिका कंघी कर रही है, पति टी.वी. देख रहा है। नायिका पूजा कर रही है, नायक अपने लिए 'ड्रिंक' ढाल रहा है, वगैरह। इन छोटी-छोटी चीजों से न केवल दृश्य को भीतरी गति मिलती है बल्कि चरित्र-चित्रण में भी सहायता मिलती है। एक खास अंदाज से सिगरेट का धुआँ छोड़ना, दाँत खोदनेवाली तिल्ली को ओठों में दबाए रखना, ओठों में लिपस्टिक लगाना, 'टाई' की 'नॉट' ठीक करना, नाक में अंगुली डालना, कपड़े उतारकर फेंकना—जैसी साधारण हरकतों का फिल्म और टी.वी. में चरित्र-चित्रण के लिए बड़ी खूबसूरती से उपयोग किया जा सकता है।

जिन दृश्यों द्वारा केवल कोई सूचना ही देनी हो उनमें भी आप पात्रों को कुछ करता

हुआ दिखाकर उनको एक अतिरिक्त आयाम दे सकते हैं। मिसाल के लिए, आपको एक दृश्य सिर्फ इसलिए लेना हो कि नायिका को उसका पति सूचित करता है कि तुम्हारे साथ छुट्टियों में जाने का कार्यक्रम मुझे इसलिए 'कैंसिल' करना होगा कि दफ्तर वाले मुझे उसी दौरान 'टूर' पर जाने को कह रहे हैं। यह सूचना यहाँ देना इसलिए जरूरी है कि आगे कभी पत्नी को पता चले कि पति अपनी प्रेमिका के साथ गया था, टूर पर नहीं। आप सूचना देने के इस सीन को उस समय रख सकते हैं जिस समय नायिका रसोई में अपना और पति का तथा बच्चों का टिफन तैयार करने में और साथ-ही-साथ बच्चों को कपड़े पहनाने में व्यस्त हो। उसे इसका भी तनाव हो कि कहीं उसकी 'चार्टर्ड' बस निकल न जाए। इस माहौल में हमें पति-पत्नी का चरित्र-चित्रण करने का पूरा अवसर मिलेगा। क्या पति कामकाज में कुछ मदद कर रहा है ? नायिका खुशमिजाज है या चिड़चिड़ी ? नायिका और पति के सम्बन्ध कैसे हैं ? ये तमाम बातें आप सूचना प्रदान करनेवाले इस दृश्य में डाल सकते हैं।

एक्सपोजीशन यानी सूचनाप्रद सीन

अगर आप सोचने बैठेंगे तो सभी अच्छी फिल्मों में केवल सूचना देनेवाले ठहरे हुए दृश्यों को गति देने के लिए इस तरह का कोई उपाय अपनाया जाता है। 'ड्रग' का धंधा करनेवालों के विषय में बनी हुई एक फिल्म 'द मैन विद द गोल्डन आर्म' में एक दादा का मसखरा-सा नाटा-सा चमचा फोन बूथ से किसी को धमकी देता हुआ दिखाया जाता है। इस दृश्य में चमचे के नाचते-गाते हुए नम्बर मिलाने और बात करते हुए बराबर थिरकते रहने से चमचे का चरित्र-निरूपण हो सका है, एक ठहरे सीन को गति मिल सकी है और इस तरह नाचते-गाते हुए दिए जाने से उस भयानक धमकी की भयावहता कुल मिलाकर और बढ़ चली है। तो हर दृश्य में अपने पात्रों को आप कुछ-न-कुछ करता हुआ दिखाएँ। नायिका झूल रही है, खलनायक 'बिलियर्ड' खेल रहा है, लड़का पतंग उड़ा रहा है, माँ बिनाई कर रही है आदि।

सूचना-प्रधान दृश्यों के विषय में मोटा नियम यह है कि उन्हें इस तरह लिखा जाए कि दर्शक को यह न लगे कि केवल सूचना देने के लिए लिखा गया है। इस तरह के दृश्य अक्सर फिल्म के शुरू में लेने पड़ते हैं ताकि आगे की कहानी स्पष्ट हो। इन्हें आप इस तरह से लिखें कि मानो आप कुछ दिखाना चाहते हों, सिर्फ बताना नहीं। बताने भर के लिए तो इतना ही काफी हो सकता है कि आप सूत्रधार की आवाज सुना दें। हम जो दिखाने जा रहे हैं वह इस-इस बारे में है। फर्ज कीजिए, आपको यह दृश्य लिखना है कि कुछ चुने हुए सैनिक अफसरों को उनका कमांडर बुलाता है और बताता है कि देश के लिए अमुक-अमुक खतरा पैदा हो गया है लिहाजा आप लोगों को दुश्मन के इलाके में अमुक-अमुक जगह जाकर अमुक-अमुक काम करना है। आप अगर इसमें कमांडर के ब्रीफिंग रूम की ओर जाते हुए अफसरों को बातें करते दिखाएँ और इस बहाने उनका चरित्र-चित्रण करते जाएँ, फिर ब्रीफिंग के दौरान भी कुछ ऐसे सवाल-जवाब

रखें जिनसे चरित्र-चित्रण होता हो और हमें मिशन के बारे में ही नहीं, मिशन पर जाने वालों के बारे में भी सूचनाएँ मिलती हों तो सीन में जान पड़ जाएगी।

बहुआयामी सीन

याद रखिए कि फिल्म का एक नाम चलचित्र भी है। हर दृश्य ऐसा होना चाहिए जिससे कथानक को गति मिलती हो और हर दृश्य स्वयं में गतिमान होना चाहिए। इसीलिए फिल्मों में एक्शन और बिम्ब-प्रधान दृश्यों की बहुलता रखी जाती है। जो संवाद-प्रधान दृश्य आएँ उनमें भी कोई गति डालनी पड़ती है। मैंने यों दृश्यों के कई प्रकार गिनाए हैं लेकिन कोई भी दृश्य खालिस ये या वो नहीं होता। उदाहरण के लिए एक्शन वाले सीनों में भी संवाद होते हैं और सूचनाएँ दी जाती हैं भले ही उनका अनुपात अपेक्षाकृत कम हो। उदाहरण के लिए, युद्ध के दृश्य में कमांडर कोई-न-कोई सूचना देता नजर आ सकता है। दो सैनिकों में ऐसी बात हो सकती है जो कथानक को आगे बढ़ाती हो। जैसे कई फिल्मों में नायक को उसका दोस्त दुश्मन की गोलीबारी के बीच अपनी प्रेमिका या माँ का चित्र दिखाता है और कहता है, अगर मैं मारा जाऊँ तो तुम अमुक शहर में अमुक पते पर मेरी यह निशानी उसे दे देना और उसके तुरंत बाद वह दुश्मन की गोली से मारा जाता है। कहानी आगे तब बढ़ती है जब नायक उसकी निशानी लेकर नायिका के पास पहुँचता है। हर अच्छा लेखक दृश्य को उसके केन्द्रीय मुद्दे के इर्द-गिर्द बुनता है फिर भी उसमें चरित्र-चित्रण की, कहानी को आगे बढ़ाने की, पात्रों के आपसी सम्बन्ध का विकास दिखाने की, मूड और वातावरण पैदा करने की, आगे की कहानी के लिए आवश्यक सूचनाएँ देने की हर गुंजाइश पर नजर रखता है। इस तरह से लिखा हुआ बहुआयामी सीन जब पर्दे पर दिखाया जाता है तब वह दर्शकों के मन पर बहुत ही गहरा प्रभाव छोड़कर जाता है। यह सिनेमा में ही होता है कि देखने वाले रो पड़ते हैं, हँस पड़ते हैं, सिहर उठते हैं, घिना जाते हैं, उनके दिल की धड़कनें बढ़ जाती हैं, उनकी हथेलियों पर पसीना आ जाता है।

फ्लैश बैक फ्लैश फारवर्ड सीन

यह सही है कि फिल्मों में 'फ्लैश बैक' का प्रयोग भी किया जाता है। फ्लैश बैक के दृश्यों में हम पात्रों के अतीत में चले जाते हैं और कोई ऐसी सूचना देते हैं जो वर्तमान स्थिति को स्पष्ट करती हो या कहानी को आगे बढ़ाने में सहायक हो। उदाहरण के लिए, नायक को उसकी माँ बता रही है कि कैसे जब तू छोटा था तब तेरे पिताजी की खलनायक ने हत्या कर दी थी और उसे आत्महत्या का रंग दे दिया था। फ्लैश बैक दिखाना इसलिए जरूरी होता है कि पटकथा का बुनियादी सिद्धांत है, बताओ मत, दिखाओ। तो अगर आप ये बातें खाली नायक को बता दें तो वह उतना प्रभावशाली नहीं होगा जितना उस घटना का फ्लैश बैक। बहरहाल फ्लैश बैक खासी पुरानी और पिटी हुई तरकीब है। पटकथाकार की कोशिश यह होनी चाहिए कि फ्लैश बैक दिखाने

की नौबत ही न आए और अगर फ्लैश बैक रखा भी जाए तो इस तरह से आए कि कहानी के विकास को रोकता हुआ नहीं, आगे बढ़ाता हुआ प्रतीत हो। फ्लैश बैक की तरह फिल्मों में 'फ्लैश फॉरवर्ड' भी कभी-कभी लिया जाता है जिसमें घटनाक्रम एक झटके से बहुत आगे पहुँच जाता है। कुछ कलात्मक और प्रयोगात्मक फिल्मों में फ्लैश बैक और फ्लैश फॉरवर्ड का बहुत खूबसूरत इस्तेमाल किया गया है। यही नहीं 'बैक टु फ्यूचर'-जैसी कुछ व्यावसायिक फिल्मों में भी, जिनका कथानक अतीत में जाकर भविष्य यानी वर्तमान को बदलने के 'वैज्ञानिक प्रयोग' से जुड़ा हुआ था, कथाक्रम को पीछे-आगे, आगे-पीछे ले जाने की इस विधि का प्रयोग किया गया है।

दृश्य-क्रम-निर्णय : काल का वाण

बहरहाल व्यावसायिक सिनेमा में काम करनेवाले हर नए पटकथाकार को यही नेक सलाह दी जाती है कि वह फ्लैश बैक और फ्लैश फॉरवर्ड से बाज आए और अपनी कहानी में काल के वाण को सीधा क्लाइमेक्स की ओर बढ़ने दे। दृश्य का मुख्य उद्देश्य कहानी को आगे बढ़ाना होता है। इसलिए दृश्य उसी क्रम से पटकथा में आने चाहिए जिस क्रम से उनका आना कहानी के स्वाभाविक विकास के लिए आवश्यक हो। कोई भी ऐसा दृश्य सहसा न आ जाए जिसकी उपयुक्त भूमिका न रखी जा चुकी हो। दर्शक को यह न लगे कि वाह, ऐसा कैसे हो गया ? नतीजा पहले बता दें, कारण बाद में दिखाते-बताते रहें ऐसा तो किसी जासूसी कहानी में ही चल सकता है। मैंने कहा कि दृश्य कहानी को आगे बढ़ाने के लिए होते हैं। इसलिए जहाँ तक हो सके आपकी कहानी बराबर आगे ही बढ़ती रहनी चाहिए, कभी आगे, कभी पीछे नहीं जानी चाहिए।

आपको पहले ही सलाह दी जा चुकी है कि पटकथा लिखने से पहले स्टेप आउटलाइन लिखें। उस रूपरेखा में आप अपने लिए दृश्यों का क्रम निर्धारित करते हैं। अपने मुख्य कथानक और उपकथानकों के तमाम दृश्यों की कल्पना कीजिए फिर यह देखिए कि उनमें से कितने ऐसे हैं जो आकर्षक होने के साथ-साथ कथा-निरूपण के लिए अत्यंत आवश्यक भी हैं। आवश्यक सीनों में भी ऐसे कितने हैं जिनमें थोड़ा दोहराव-सा लगता है। जो सीन आकर्षक होते हुए भी अनावश्यक हैं उन्हें अभी ही काट दें और उनके जो भी आकर्षक तत्त्व हैं उन्हें किसी ऐसे सीन में डालने की कोशिश करें जो आवश्यक है मगर आकर्षक नहीं। जहाँ भी आपको दोहराव दिख रहा हो उसे खत्म करने की कोशिश करें। अक्सर आप पाएँगे कि दोहराव वाले दो सीनों की बातों को काट-छाँटकर एक ही सीन में ले लेना सम्भव है। जब आपके पास कथानक और उपकथानकों के ऐसे दृश्यों की सूची तैयार हो जाए जो आवश्यक और आकर्षक भी हों तब उन्हें इस तरह से आपस में गुँथते हुए क्रम में रखें कि कहानी का स्वाभाविक ढंग से विकास हो और वह तीर की तरह आगे बढ़े। ज्यों-ज्यों आप क्लाइमेक्स की ओर बढ़ें त्यों-त्यों उन दृश्यों का अनुपात बढ़ता चला जाए जिनका क्लाइमेक्स से सीधा सम्बन्ध हो। दृश्यों पर सवार आपकी कहानी तीर की तरह बढ़े

और लक्ष्य-भेद करे।

करिश्मा कंट्रास्ट का

मैंने कहा कि मुख्य कथानक और उपकथानक के दृश्यों को आपस में इस तरह गूँथें कि वे एक-दूसरे को आगे बढ़ाने में सहायक हों। उपकथानक के दृश्य से कथानक को बल मिले और कथानक के दृश्य से उपकथानक के दृश्य को। उपकथानक के दृश्य बीच-बीच में आते रहें। यह नहीं कि कभी मुख्य कथानक ही चलता रहे, कभी उपकथानक। कथानक से उपकथानक में और उपकथानक से कथानक में आते-जाते रहने से एक बड़ा लाभ यह भी होता है कि इससे विविधता पैदा होती है और एकरसता टूटती है। एकरसता को तोड़ने का दूसरा आजमूदा नुस्खा है आगे-पीछे आनेवाले दृश्यों में कंट्रास्ट यानी विषमता रखना। लिहाजा दृश्य-क्रम निर्धारित करते समय आपको इस बात का पूरा ध्यान रखना चाहिए कि सर्वथा एक-सी रंगत के दृश्य एक के बाद एक न आते चले जाएँ। दृश्यों में विविधता और एक-दूसरे से विषमता रहे जिससे दर्शक के कहीं भी ऊब जाने की आशंका न रहे।

आप जानते हैं कि हर दृश्य या तो बाहर का होता है या भीतर का। दिन का होता है या रात का। इसलिए विविधता पैदा करने का एक आसान तरीका तो यह है कि भीतर फिल्माए जाने वाले और बाहर फिल्माए जाने वाले, रात का आभास देने वाले और दिन का आभास देने वाले दृश्य बारी-बारी से लिये जाएँ। मिसाल के लिए, आपका प्रसंग यह है कि नायक नायिका को खलनायक की कैद से छुड़ाकर जंगल स्थित पुराने मंदिर में शादी कर लेता है। तो पहला दृश्य रखिए **भीतर/जंगल में मंदिर/रात** और उसमें नायक-नायिका का शादी करना और उनका वहीं छिपे रहने का निर्णय लेना दिखाइए। फिर एक दृश्य लीजिए **बाहर/जंगल का रास्ता/दिन** और दिखाइए कि खलनायक अपने गुर्गों के साथ नायक/नायिका की खोज में निकल पड़ा है। इस तरह **भीतर/रात** वाले दृश्य के बाद **बाहर/दिन** वाला दृश्य आएगा और दो तरह से कंट्रास्ट पैदा होगा।

आप यह भी गौर करेंगे कि इन दोनों में मूड का भी कंट्रास्ट है। एक में रूमानियत है तो दूसरे में हिंसा की आशंका। इनमें वातावरण का भी कंट्रास्ट है। एक मंदिर में हो रहा है दूसरा जंगल में। और हाँ, इनमें एक और कंट्रास्ट है—एक ठहरा हुआ है, दूसरा एक्शन सीन है। तो अपना दृश्य-क्रम निर्धारित करते हुए इस तरह की विषमता पैदा करने की ज्यादा-से-ज्यादा कोशिश कीजिए, इससे फिल्म की गति को बेहतरीन लय मिलती है। आप देखेंगे कि हॉलीवुड की जासूसी फिल्मों में अक्सर एक दृश्य आता है जिसमें एक जासूस अपनी पत्नी या प्रेमिका के साथ हमबिस्तर होकर प्रेमलीला कर रहा होता है कि फोन की घंटी बजती है। फोन में उसे कोई आदेश मिलता है और हम कपड़े पहनते हुए नायक से सीधे हिंसा-स्थल पर 'कट' कर जाते हैं। रूमानियत के बाद हिंसा। बिस्तर पर सोए हुए नायक के बाद खूँखार अपराधी का पीछा करता हुआ नायक। फिर कंट्रास्ट। तो इस कंट्रास्ट को हृदयंगम कर लीजिए। ठहराव से एक्शन में कट कीजिए

और एक्शन से ठहराव में। भीतर से बाहर कट कीजिए, बाहर से भीतर। एक मूड से दूसरे मूड में, एक वातावरण से दूसरे वातावरण में कट करते जाइए।

इंटर-कटिंग से कंट्रास्ट

कंट्रास्ट पैदा करने का एक और जाना-माना तरीका है 'इंटर-कटिंग'। इंटर-कटिंग का मतलब है एक दृश्य के बीच-बीच में दूसरे दृश्य के हिस्से दिखाते जाना। जाहिर है कि ऐसा तभी किया जा सकता है जब दोनों दृश्य एक ही समय में घट रहे हों। सिनेमाई भाषा के विकास में महत्त्वपूर्ण योगदान देनेवाले हॉलीवुड के दिग्दर्शक एडविन एस. पोर्टर ने 1903 में 'द ट्रेन रॉबरी' जैसी अपनी फिल्मों में समानांतर चलनेवाली दो घटनाओं को इंटर-कट करके कथा को जबरदस्त चरमोत्कर्ष पर पहुँचाने की जो विधि निकाली थी उसका आज तक सिनेमा में खूब उपयोग किया जा रहा है। ज़रा याद कीजिए उन तमाम दृश्यों को जिनमें इधर नायिका खलनायक के चंगुल में फँसी होती है उधर नायक उसे बचाने के लिए चल पड़ता है। नायिका को सताते खलनायक वाले दृश्य में नायिका को बचाने के लिए आते नायक का दृश्य बार-बार इंटर-कट होता है। दोनों की अवधि क्रमशः छोटी की जाती रहती है और अन्ततः हमारा नायक ऐन वक्त पर नायिका को बचाने के लिए आन पहुँचता है।

इंटर-कटिंग के कई लाभ हैं। सबसे पहला यह कि इसमें समय की बचत होती है क्योंकि दोनों में से कोई भी दृश्य आपको पूरा का पूरा नहीं दिखाना पड़ता। आप दोनों दृश्यों के छोटे-छोटे हिस्से लेते हैं तथा ये मानकर चलते हैं और दर्शक से मनवा लेते हैं कि जिस बीच आप एक दृश्य का अंश देख रहे थे उस बीच दूसरे दृश्य में घटनाक्रम काफी आगे बढ़ चुका था। इंटर-कटिंग को तेज करते ही चले जाने से दृश्यों को अतिरिक्त गतिशीलता मिलती है। इससे फिल्म का 'टेम्पो' तेज होता है। यही नहीं, इस तरह की इंटर-कटिंग से आपको जबरदस्त कंट्रास्ट पैदा करने का सुअवसर भी मिलता है।

इंटर-कटिंग सिनेमाई भाषा की महत्त्वपूर्ण देन है। टेम्पो बनाने और कंट्रास्ट पैदा करने के लिए इसका समुचित उपयोग करें। फर्ज कीजिए कि आप का उद्देश्य अपनी सुशील नायिका और उसके बदचलन पति का निरूपण करना है तो आप दो समानांतर दृश्य रखिए—एक में नायिका करवा चौथ के व्रत के सिलसिले में पूजा-पाठ कर रही है और दूसरे में उसका पति किसी नाइट क्लब में बैठा हुआ नंगा नाच देख रहा है। अब दोनों को इंटर-कट कीजिए। आपका उद्देश्य यह है कि खलनायक के ढोंग को उजागर करें। अब एक दृश्य लीजिए जिसमें वह बैठा हुआ राष्ट्र की उन्नति के लिए हवन कर रहा है और दूसरा दृश्य लीजिए कि उसी समय उसके आदेश पर उसके गुर्गे उसके विरोधियों की बस्ती को जला रहे हैं। दोनों दृश्यों को इंटर-कट कीजिए। आप पाएँगे कि इंटर-कटिंग से आनेवाला कंट्रास्ट दोनों ही दृश्यों को अधिक गतिशील और अधिक अर्थवान बना देता है। दोनों दृश्यों के अलग-अलग रंग इंटर-कटिंग की वजह से दर्शक के मन में जबरदस्त प्रभाव छोड़ते हैं।

18

सीक्वेंस : एक माला बने दृश्यों की

पटकथा के नजरिए से जितना महत्त्व अलग-अलग दृश्यों का होता है उतना ही, बल्कि उससे भी ज्यादा महत्त्व किसी एक प्रसंग से जुड़ी हुई दृश्यमाला यानी सीक्वेंस का भी होता है। फर्ज कीजिए, आप किसी फिल्म में बैंक के लूटे जाने का प्रसंग रखते हैं। तो इस प्रसंग से जुड़े हुए एक के बाद एक आनेवाले तमाम सीन मिलकर बैंक लूटे जाने का सीक्वेंस बनाएँगे। आप गौर करेंगे कि ज्यादातर यादगार फिल्में इसी तरह के कई-कई सीक्वेंसों को मिलाकर बनी होती हैं। 'शोले' को ही लीजिए। उसमें दृश्य-मालाओं की भरमार है। जैसे उसमें एक सीक्वेंस गब्बर द्वारा ठाकुर के परिवार का सफाया किए जाने के बारे में है तो एक और फ्लैश बैक सीक्वेंस है रेलगाड़ी पर डाकुओं के हमले का जिससे यह स्पष्ट होता है कि ठाकुर गब्बर से बदला लेने के लिए जेल में बंद हमारे दो नायकों को लेने क्यों आया ? इसी तरह फिल्म में जेल के जीवन का सीक्वेंस है, गब्बर के अड्डे का सीक्वेंस है, गाँव में नायक-नायिका के रोमांस का सीक्वेंस है।

इसीलिए कहा जाता है कि अच्छे पटकथा-लेखक को दृश्यों के ही नहीं, दृश्य-मालाओं के हिसाब से भी सोच-विचार करना चाहिए। सीक्वेंस हमेशा किसी महत्त्वपूर्ण प्रसंग, घटना या समारोह को लेकर ही सम्भव है क्योंकि किसी मामूली बात पर तो फिल्म के कई-कई दृश्य बरबाद नहीं किए जा सकते। अब चूँकि सीक्वेंस किसी महत्त्वपूर्ण प्रसंग को लेकर आता है इसीलिए वह अनिवार्यतः फिल्म की हाइलाइट बनने की सम्भावना रखता है। मैं पहले भी कह चुका हूँ कि फिल्मों में हाइलाइट की बड़ी महिमा है। इसलिए आपको ऐसे सीक्वेंस खोजने चाहिए जो फिल्म को हाइलाइट प्रदान कर सकते हों। एक्शन फिल्मों में लूटपाट-डकैती के, दंगा-फसाद के, हत्या के, अपराधी का पीछा किए जाने के, युद्ध के सीक्वेंस देखने को मिलते हैं।

भावनात्मक फिल्मों में भी किसी बड़ी घटना को लेकर अच्छा सीक्वेंस बुना जा सकता है। इस सिलसिले में संस्कारों-समारोहों-दावतों का अक्सर सहारा लिया जाता है। हाल में आई एक ब्रितानी फिल्म का तो नाम ही 'फोर वेडिंग्स एंड अ फ्यूनरल' था। यानी चार शादियाँ और एक अंतिम संस्कार। हमारे यहाँ 'हम आपके हैं कौन' पूरी तरह विवाह से जुड़े हुए सीक्वेंसों को लेकर बनाई गई। उसकी जबरदस्त सफलता के कारण 'दिलवाले दुल्हनियाँ ले जाएँगे' में भी विवाह-सम्बन्धी लम्बी-चौड़ी दृश्यमाला रखी गई। प्रसंगवश इस फिल्म में दूसरे अंक में हीरो-हीरोइन की यूरोप यात्रा का भी एक

नयनाभिराम सीक्वेंस रखा गया है। इसी तरह से अदालत में मुकदमे की सुनवाई, विद्यालय का वार्षिकोत्सव, मेला, खेल-कूद-प्रतियोगिता, पिकनिक, यात्रा, चुनाव अभियान वगैरह से भी अच्छे सीक्वेंस बनते हैं।

जैसा कि मैंने कहा कि किसी एक प्रसंग से जुड़े हुए दृश्यों की माला को सीक्वेंस कहा जाता है। और यह जरूरी नहीं है कि वह प्रसंग अत्यंत नाटकीय और नयनाभिराम हो। वह कोई साधारण-सा प्रसंग भी हो सकता है जैसे यह कि नायक बहुत दिनों के बाद अपने पुश्तैनी नगर और घर में लौटकर आया है। उसकी प्रतीक्षा, उससे भावभीना मिलन, उसका नायिका से परिचय, स्टेशन से उसका घर आना ये तमाम एक दृश्यमाला प्रस्तुत करते हैं। इसी तरह की कई दृश्य-मालाओं से पूरी फिल्म बन जाती है। इसीलिए मैंने कहा कि पटकथा का विचार दृश्य-माला के स्तर पर भी कीजिए। याद रखिए कि हर दृश्यमाला की भी अपनी पटकथा होती है। और उसे लिखते हुए आपको तीन अंकीय ढाँचे का ध्यान रखना चाहिए और एक अंक से दूसरे अंक में जाने के लिए अच्छे कथानक-बिन्दु चुनने चाहिए। गोया आपका सीक्वेंस अपने में भी उसी तरह भरा-पूरा, सम्पूर्ण लगनेवाला और आगे के लिए दिलचस्पी जगानेवाला हो जिस तरह टेलीविजन धारावाहिक का एपिसोड हुआ करता है। सच तो यह है कि फिल्मों के आरंभिक दौर में एक फिल्म कई-कई खंडों में बनाई-दिखाई जाती थी और सीरियल ही कहलाती थी।

इधर हॉलीवुड के लूकास, स्पीलबर्ग जैसे कई प्रसिद्ध दिग्दर्शकों ने आरम्भिक दौर की फिल्मों की तरह 'एपिसोडों' में बँटी पटकथा लिखने और फिल्माने का सिलसिला शुरू किया है। जाहिर है कि उनकी फिल्में अपने में सम्पूर्ण कई लम्बी दृश्य-मालाओं का समूह-भर होती हैं। स्पीलबर्ग की फिल्म 'क्लोज एकाउंटर्स ऑफ द थर्ड काइंड' में तो हर अंक एक पूरा सीक्वेंस है। उड़न-तश्तरियों में दूसरे ग्रहों के मानवों के आने की बात पर विश्वास करनेवालों की भाषा में उन अनजबियों से साक्षात होने के तीन प्रकार हैं। पहला प्रकार केवल उड़न-तश्तरी दिखना। दूसरा प्रकार वह जिसमें उनमें लोगों के होने का कोई ठोस सबूत मिलता है और तीसरा प्रकार वह जिसमें उनमें बैठे लोगों से ही साक्षात हो जाता है। तो फिल्म के तीनों सीक्वेंस इन तीनों प्रकार के साक्षात के बारे में हैं। तीनों ही सीक्वेंसों में तीन अंकीय ढाँचे और दो कथानक-बिन्दुओं के नियम का पूरा पालन किया गया है। इसी तरह राजकपूर की 'मेरा नाम जोकर' के अलग-अलग अंक भी अलग-अलग एपिसोडों की तरह से हैं।

जैसे सीक्वेंस एक ही प्रसंग को पूरे विस्तार और प्रभाव से दिखाने का हथियार है वैसे ही किसी विस्तृत प्रसंग को अत्यंत संक्षेप में दिखाने का उपाय है 'मोन्ताज'। यों तो मोन्ताज का मतलब दृश्य को सम्पादित करके आपस में जोड़ना होता है लेकिन पटकथा के संदर्भ में इसका मतलब है किसी एक प्रसंग की संक्षिप्ततम और अक्सर संवादहीन झाँकियाँ दिखाकर अपना काम चला ले जाना। मिसाल के लिए, आप यह दिखाना चाहते हैं कि बस स्टॉप पर पहली मुलाकात के बाद नायक-नायिका रोजाना ही बस में साथ जाने लगे। उनमें प्रेम पनपा और उन्होंने शादी कर ली। नायक-नायिका

के प्रेम-विवाह का यह प्रसंग आपकी कहानी की दृष्टि से बहुत महत्त्वपूर्ण नहीं हो तो आप नायक-नायिका के बस में जाते हुए, किसी रेस्तराँ में चाय पीते हुए कहीं पार्क में टहलते हुए, एक-दूसरे को घर पहुँचाते हुए, साथ सिनेमा देखते हुए, आदि कई दृश्य लेकर उन्हें एक के बाद एक, एक के ऊपर एक आता हुआ संगीत के साथ दिखाते चले जा सकते हैं। और इस लड़ी का आखिरी दृश्य उनका कोर्ट में विवाह करके बाहर आना दिखा सकते हैं। सम्भव है कि वहाँ पटकथा में नायक का नायिका के खलनायक पिता से पहली बार साबका पड़े।

कई मर्तबा ऐसा भी हो सकता है कि आपको पटकथा में लम्बी अवधि में होनेवाली कोई बात दिखाने की जरूरत पड़ जाए। उदाहरण के लिए यह कि नायिका रूठकर चली जाती है तथा नायक को सारे दिन घर और बच्चा सँभालना पड़ जाता है। ज़ाहिर है, आप सारा दिन गुजरता हुआ नहीं दिखा सकते। इसलिए अनाड़ी नायक के घरेलू काम में और बच्चे को चुप कराने में परेशान होने की कुछ संक्षिप्त झाँकियों को समय परिवर्तन का आभास देते हुए—भले ही कमरे में लगी घड़ी से—आप एक मोन्ताज बनाकर काम चला सकते हैं। सच तो यह है कि समय का बीतना दिखाने के लिए हमारी फिल्मों में मोन्ताज का अक्सर प्रभावशाली प्रयोग किया जाता है। 'ममता' में नायिका के गायन और नृत्य के साथ ऋतु-परिवर्तन होता हुआ दिखाकर नायिका के जवान से अधेड़ हो जाना चित्रित कर दिया गया है। बॉलीवुड की कई फिल्मों में एक गीत के दौरान नायक-नायिका के प्यार में पड़ जाने का पूरा प्रसंग निपटा लिया जाता है। यह भी मोन्ताज का नमूना है।

19

सोप ऑपेरा, हॉर्स ऑपेरा, वगैरह-वगैरह

टी.वी. के लिए लिखने में और फिल्मों के लिए लिखने में क्या अन्तर है, इसके संकेत मैं बीच-बीच में आपको बराबर देता रहा हूँ। बहरहाल यह देखते हुए कि आज भारत में टी.वी. का महत्त्व फिल्मों से कुछ कम नहीं है और नए लेखकों के लिए टी.वी. में ही काम पाने की सम्भावनाएँ अधिक नजर आने लगी हैं, मैं टी.वी. लेखन के बारे में एक अलग परिच्छेद लिख देना जरूरी समझता हूँ भले ही ऐसा करने में दोहराव का खतरा हो। टी.वी. में लेखकों की सबसे ज्यादा माँग हफ्ते में पाँच कभी-कभी दो या तीन ही दिन आने वाले पारिवारिक धारावाहिकों के सिलसिले में होती है जिन्हें सोप ऑपेरा कहा जाता है।

इस अजीबोगरीब नाम से कई लोग चक्कर में पड़ते हैं कि साबुन का नाटक से क्या लेना-देना ! तमाम अन्य आधुनिक चीजों की तरह यह नाम भी अमेरिका की देन है। वहाँ के व्यावसायिक रेडियो ने दिन में घर में अकेली बैठी बोर होती गृहणियों को ध्यान में रखते हुए दोपहर के समय स्त्री-केंद्रित पारिवारिक किस्म के धारावाहिक प्रसारित करने शुरू किए जो शनिवार और इतवार की छुट्टी को छोड़ बाकी पाँचों दिन प्रस्तुत किए जाते थे। इन धारावाहिकों का प्रायोजन किया कपड़े धोने का झागदार साबुन बनाने वाली प्रॉक्टर एंड गैम्बल कम्पनी ने। तो विशेषण 'सोप' प्रायोजक की वजह से चस्पाँ कर दिया गया। गा-गाकर प्रस्तुत किया जाने वाला पश्चिमी ऑपेरा हमारी नौटंकी की तरह ही मैलोड्रामा और शोर-शराबे से भरा हुआ होता है। यही आलम इन पारिवारिक धारावाहिकों में भी रहता है। इसीलिए साहित्यिक किस्म के लोगों ने व्यंग्य-भरे स्वर में इस विधा को सोप ऑपेरा का नाम दिया। उन्होंने इस ओर भी ध्यान दिलाया कि कपड़े धोने वाले साबुन की तरह इसमें भी मार-मार के झाग उठाया जाता है। हँसी उड़ाने वालों का दिया गया यह नाम ही इस विधा का सर्वस्वीकृत नाम बन चला और जब टी.वी. के शुरुआती दौर में रेडियो में लोकप्रिय धारावाहिक इस नए माध्यम से प्रसारित किए जाने लगे तो वही नाम चलता रहा और अमेरिका की देखा-देखी सारी दुनिया में इसे अपना लिया गया। इसीके वजन पर अमेरिका की पश्चिमी सीमाओं का विस्तार करने वाले घुड़सवार बाँकों की गाथा पर आधारित धारावाहिक हॉर्स ऑपेरा कहलाए जाने लगे।

टी.वी. धारावाहिक अस्पतालों, पुलिस थानों, अदालतों और स्कूल-कॉलेजों के

इर्द-गिर्द भी लिखे जाते हैं। जिन्हें आप चाहें तो डॉक ऑपेरा, कॉप्स ऑपेरा, कोर्ट ऑपेरा और कैम्पस ऑपेरा कह सकते हैं। गौरतलब बात यह है कि टी.वी. धारावाहिक ऑपेरा जरूर होना चाहिए यानी उसमें नौटंकी वाली अतिनाटकीयता और चीख-चिल्लाहट मौजूद रहनी चाहिए। इसकी वजह यह है कि टी.वी. के माध्यम में दर्शकों का ध्यान खींचे रखना निहायत जरूरी होता है वरना वे चैनल बदल देते हैं। याद रखिए कि टी.वी. में सिनेमा की तरह दर्शक किसी बंद अँधेरे हॉल में नहीं बैठा होता कि चाहे भी तो पर्दे से निगाह न हटा सके। रंगमंच की तरह अभिनेता उसके सामने सशरीर भी नहीं खड़े हुए होते हैं कि वह अन्तरंगता में बँधकर उन्हें देखता रहे। टी.वी. किसी रोशन कमरे में घर के कामों के बीच और घर के लोगों के साथ देखा जाता है और सो भी एक निहायत छोटे से पर्दे पर। अगर कहीं एक ही चैनल हो, जैसा कि शुरू में हमारे देश में था, तो वहाँ भी टी.वी. कार्यक्रम में ड्रामेबाजी कम होने या सभी पात्रों के मौन हो जाने की स्थिति में लोगबाग घरेलू बातचीत या घरेलू काम शुरू कर देते हैं। जहाँ अनेक चैनल उपलब्ध हों वहाँ तो ऐसी स्थिति में चैनल का बदल दिया जाना अनिवार्य है।

मजमेबाजी का माध्यम

सच पूछा जाए तो टी.वी. ऐसा माध्यम है जिसमें डुगडुगी बजाते रहकर मजमा जुटाए रखना जरूरी है। नाटकों की बात छोड़िए, टी.वी. के साधारण कार्यक्रमों के लिए भी ऐसे ही लोग उपयुक्त समझे जाते हैं जो बड़े ताबड़तोड़ ढंग से लच्छेदार बातें करते ही चले जाते हों। किसी भी नीरस, उबाऊ या कम बोलने वाले आदमी को अमेरिका में टी.वी. कार्यक्रम के लिए आमंत्रित नहीं किया जाता। हमारे यहाँ भी प्राइवेट चैनलें मजमा जमाए रह सकने वाले लोगों को ही प्रश्रय देने लगी हैं। यह तो सरकारी दूरदर्शन की बलिहारी है कि उसमें एक से एक घनघोर रूप से बोर लोग तक कार्यक्रम संचालित करने या उनमें भाग लेने के लिए बुलाए जाते रहते हैं। खैर, तो टी.वी. के लिए लिखे गए धारावाहिक में आवश्यक हो जाता है कि आप नाटकीयता में कहीं कोई कमी न आने दें। कमी हुई नहीं कि मजमा उखड़ जाएगा, रेटिंग गिर जाएगी, स्पोंसर भाग जाएँगे।

टी.वी. के लेखक के रूप में आपको नाटकीयता के सप्तक पर एक सुर ऊपर का लेकर चलना चाहिए। याद रखिए टी.वी. में फिल्मों की तरह व्यावसायिक और कलात्मक वाला कोई विभाजन नहीं है। जहाँ टी.वी. सरकारी है या उसका घोषित उद्देश्य जनहित है, मुनाफा कमाना नहीं, वहाँ भी ऐसे ही कार्यक्रमों की माँग की जाती है जो दर्शकों को बाँधे रखें यानी साफ-सुथरे और शिक्षाप्रद होने के साथ-साथ वे दिलचस्प और मनोरंजक भी हों। उबाऊ या केवल बौद्धिक दिग्गजों की समझ में आ सकने वाले कार्यक्रम टी.वी. की दृष्टि से सर्वथा अनुपयुक्त माने गए हैं।

मैंने आपसे कहा कि एक सुर ऊपर का लेकर लिखिए टी.वी. के लिए। अफसोस कि कई लोग एक सुर ऊपर लेने का मतलब यह समझते हैं कि तार सप्तक से शुरू होइए और वहीं रहिए। दूसरे शब्दों में, गाइए मत गला फाड़कर चिल्लाइए। इसके चलते

ड्रामेबाजी के नाम पर हमें ऐसे धारावाहिक देखने को मिलते हैं जिनके हर दृश्य में हर कोई दूसरे से लड़ता है, उस पर चीखता-चिल्लाता है और कभी-कभी हाथ भी छोड़ बैठता है। हिंगलिश के इस दौर में लोगबाग हर दृश्य को 'यू बास्टर्ड !' अथवा 'यू बिच !' से शुरू करके किसी को किसी से झापड़ रसीद करवाके समाप्त करना आवश्यक समझने लगे हैं। इसी तरह कॉमेडी-प्रधान धारावाहिकों में ऐसा मानकर चला जा रहा है कि हर संवाद और हर स्थिति हास्य-व्यंग्य से भरी पड़ी होती है। इसलिए साधारण से साधारण बात भी कुछ इस तरह पेश की जाती है, मानो हँसी का खजाना लुटाया जा रहा हो। दर्शक शायद फिर भी न हँसे, इस डर से निर्माता रिकार्ड की हुई हँसी पहले से ही भर देने लगे हैं।

एक सुर ऊपर का साधें

आप एक सुर ऊपर का साधने के चक्कर में नाटक-लेखन के इस बुनियादी सिद्धांत को न भुला बैठें कि किसी भी चीज का गहरा प्रभाव 'कंट्रास्ट' अर्थात् वैषम्य की मदद से ही डाला जा सकता है। किसी दृश्य में अगर एक पात्र चीख-चिल्ला रहा हो और दूसरा जवाब में बहुत सब्र से नपी-तुली बात कर रहा हो तो दोनों के चरित्र दर्शक के सामने उभरकर आते हैं और तब भयंकर नाटकीयता पैदा होती है जब नपी-तुली बात करने वाला आवाज जरा-सी उठा के कुछ ऐसा कह देता है जिसका दूसरे से जवाब देते नहीं बनता। इसी तरह कॉमेडी का बहुत पुराना सिद्धांत है कि ऐसे दो लोगों की जोड़ी रखी जाए जिनमें एक भोलू और दूसरा चालू हो या अगर दोनों ही चालू हों तो भी उनमें से एक भोलू होने का अभिनय कर रहा हो।

याद रखिए कि टी.वी. धारावाहिक के लिए ड्रामाबाजी बहुत जरूरी है और ड्रामा तभी पैदा होता है जब दो विषम चरित्रों वाले पात्र आमने-सामने हों। जैसा कि मैं पहले बता चुका हूँ, पटकथा को तीन अंकीय ढाँचे में ढालने के लिए पात्रों की टकराहट जरूरी होती है। ये टकराहट तब पैदा होती है जब उनके स्वभाव, उनकी मंजिलें और उनके विचार अलग-अलग हों। टी.वी. के सीमित पर्दे और सीमित बजट, दोनों को देखते हुए यह सम्भव नहीं हो पाता कि मुख्य टकराहट किसी बड़े एक्शन या एडवेंचर से पैदा कराई जाए। जैसे यह कि पात्रों को किसी दुश्मन से बड़े भारी युद्ध में जुटा हुआ दिखाया जाए अथवा प्राकृतिक बाधाओं या भूकम्प जैसी विपदाओं से जूझता हुआ दिखाया जाए। इसलिए आपको चरित्रगत टकराहट का ही मुख्य रूप से सहारा लेना होता है। फिर यह भी न भूलिए कि जहाँ फिल्म हद से हद तीन या सवा तीन घंटे की होती है वहाँ टी.वी. धारावाहिक सैकड़ों एपिसोड़ों तक चलता रहता है। आधे घंटे का भी एक एपिसोड मानें तो आपको कम से कम पचास घंटे की फिल्म लिखने की बात सोचनी होती है ! इस तरह जहाँ फिल्म में चरित्र-चित्रण के लिए कोई खास गुंजाइश नहीं रहती वहाँ टी.वी. धारावाहिक में विस्तृत चरित्र-चित्रण के बगैर काम चल ही नहीं सकता।

टी.वी. धारावाहिक लिखने वालों के लिए मेरी नेक सलाह ये है कि कहानी यानी

घटनाओं के बारे में सोचने से पहले अपने पात्रों के चरित्र बहुत विस्तार से निरूपित कर लें। देखिए घटनाओं का तो ऐसा है कि टी.वी. के पर्दे पर आपको मुख्य रूप से वही घटनाएँ लेनी होंगी जो इन चरित्रों की आपसी टकराहट से पैदा हो सकती हैं। कहने का मतलब यह है कि जहाँ आपने चरित्र निरूपित किए आपको फौरन मालूम हो जाएगा कि इनमें कहाँ-कहाँ और कैसी बातों को लेकर टकराहट हो सकती है और उन टकराहटों से कथानक को आगे बढ़ाने वाली क्या घटनाएँ उपज सकती हैं ?

चरित्रों का चार्ट बनाएँ

सबसे पहले आपको तीन खाने बनाने चाहिए। एक के ऊपर लिखिए अच्छे पात्र, दूसरे के ऊपर लिखिए औसत पात्र और तीसरे के ऊपर लिखिए बुरे पात्र। फिर भूमिकाओं के बारे में सोचिए जैसे माँ, बाप, बेटा, बेटी, समधी, समधन, पड़ोसी, पड़ोसन, बॉस, सेक्रेटरी, वगैरह-वगैरह। अब इन भूमिकाओं में आने वाले हर सम्भावित पात्र को इन तीनों खानों में कहीं रखिए। बँटवारा करते समय दो बातों का खयाल रखिए। पहली यह कि विविधता जरूरी है। इसलिए तीनों तरह के पात्र होने चाहिए। दूसरी बात यह है कि औसत पात्रों का अनुपात थोड़ा कम रखिए क्योंकि औसत किस्म के पात्रों की टकराहट भी औसत किस्म की होती है। उसमें से भी जबरदस्त नाटकीयता पैदा कर सकना औसत लेखक के बस का नहीं होता।

इस तरह जब आप विभिन्न भूमिकाओं में आने वाले पात्रों को तीन खानों में बाँट रहे हों तब इस बात का भी खयाल रखें कि एक सी भूमिका में आने वाले सभी पात्र एक-जैसे न हों। धारावाहिक में आने वाले सभी परिवारों में बाप भले किस्म के दिखाए जाएँगे तो भी नीरसता आ जाएगी। एक परिवार में भला बाप है तो दूसरे में बुरा या औसत रखिए। धारावाहिक के परिवारों में भाई-बहिनों के चरित्र निर्मित करते समय तो इस तरह की विविधता का और भी ज्यादा खयाल रखें। एक बहिन गम्भीर है तो दूसरी हँसोड़ है। एक भाई आलसी है तो दूसरा मेहनती है। एक कंजूस है तो दूसरा दरियादिल है, वगैरह-वगैरह। पति-पत्नी भी एक दूसरे से थोड़े भिन्न होने चाहिए और अगर उनमें झगड़ा ही दिखाना है तो बिल्कुल ही भिन्न होने चाहिए।

भले, बुरे और औसत के खाने में पात्रों को बाँट लेने के बाद आपको उनके आगे वैसे विशेषण लगाने चाहिए जैसे कि पिछले पैरे में मैंने भाई-बहनों का जिक्र करते हुए लगाए थे। कंजूस, आलसी, दरियादिल, मेहनती, सदय, निर्दय, वगैरह-वगैरह। ऐसा करने से भले और बुरे के स्टीरियोटाइप को विशिष्टता मिल पाती है। बाप वैसे तो अच्छा है मगर आलसी है इसलिए कुछ कर-धर नहीं पाता परिवार के लिए। यही नहीं, उससे आपको आगे के लिए नाटकीय मोड़ भी सूझते हैं। उदाहरण के लिए आप अच्छी माँ के स्टीरियोटाइप में यह जोड़ देते हैं कि वह बहुत धार्मिक है। इससे आगे के लिए यह सम्भावना खुलती है कि वह किसी साधु-महात्मा के प्रभाव में आ जाती है। यह अच्छा रहता है कि आप अपने हर भले और बुरे पात्र के गुणों-अवगुणों की एक सूची-सी बना

लें। ऐसा करने पर आप पाएँगे कि भले पात्र में भी कोई ऐसी कमजोरी है जिससे आगे नाटक पैदा किया जा सकता है और बुरे पात्र में भी कोई अच्छाई है जो आगे उसके हृदय-परिवर्तन में सहायक हो सकती है।

लल्लू लल्लू लगे, लाजोजी लाजोजी

फिर जैसा कि चरित्र-चित्रण वाले परिच्छेद में सुझाव दिया जा चुका है, हर पात्र की कद-काठी, बोली-ठोली, शिक्षा-दीक्षा, हुनर-विद्या, स्वभाव, शौक और आदतों तथा मनोवृत्तियों के बारे में भी पूरा ब्यौरा सोच लें। इस तरह हर पात्र के बारे में एक-एक ब्यौरा तय कर लेने के बाद आप उसे विस्तार से लिख डालिए ताकि अभिनेताओं और अभिनेत्रियों के चयन में सुविधा हो। टी.वी. धारावाहिकों में तो और भी अधिक जरूरी हो जाता है कि हर भूमिका के लिए ऐसा व्यक्ति चुना जाए जो सर्वथा उसके अनुरूप लगे। अमेरिका में तो कहा जाता है कि सोप ऑपेरा के लिए कास्टिंग इस तरह की जानी चाहिए कि दर्शकों को यह लगे ही नहीं कि परदे पर कोई अभिनेता या अभिनेत्री है। वे उसे कोई वास्तविक व्यक्ति मानें और उस रूप में उससे तादात्म्य स्थापित करें। इसीलिए वहाँ फिल्म और रंगमंच के कुशल अभिनेता टी.वी. धारावाहिकों में काम करने से यह सोचकर कतराते हैं कि बाद में हम और किसी भूमिका में स्वीकार्य ही नहीं होंगे। न्यूयॉर्क की स्टेज पर शेक्सपीयर के नाटकों के कुशल अभिनेता के रूप में उभरते जिस नौजवान ने टी.वी. धारावाहिक 'स्टार ट्रैक' में मुड़े हुए कानों वाले पृथ्वीतर मानव मिस्टर स्पौक की भूमिका स्वीकार कर ली वह जिंदगी भर रोता रहा कि लोग मुझे मिस्टर स्पौक ही मानते हैं।

हमारे यहाँ भी स्थिति कुल मिलाकर यही रही है। अनिता कंवर और राजेश पुरी को मुझसे शिकायत है कि मैंने उन पर क्रमशः लाजो जी और लल्लू का ठप्पा हमेशा के लिए लगवा दिया। भले ही हमारे निर्माताओं ने अमेरिका से कुछ भी सीख न लेकर टी.वी. धारावाहिकों में भी स्टार सिस्टम लागू कर दिया है और एक ही अभिनेता या अभिनेत्री कई-कई चैनलों पर अलग-अलग धारावाहिकों में अलग-अलग-सी भूमिकाएँ करते हुए पाए जाते हैं तथापि आप पात्र के बारे में अपनी परिकल्पना निर्माता को ब्यौरेवार लिखकर दें और आग्रहपूर्वक कहें कि इसके लिए विशिष्ट प्रकार का अभिनेता या अभिनेत्री ही लिया जाए तो बेहतर। जब अभिनेता-अभिनेत्री भूमिका के अनुरूप नहीं होते हैं तो दर्शक का उनसे कोई तादात्म्य स्थापित नहीं हो पाता और वह धारावाहिक को देखना छोड़ देता है। विफलता की सारी जिम्मेदारी लेखक पर डाल दी जाती है। पूरा ब्यौरा देने का एक और फायदा यह भी है कि उससे दिग्दर्शक को तथा भूमिका करने वाले अभिनेता और अभिनेत्री को बहुत सहायता मिलती है। आजकल अभिनेता-अभिनेत्रियों और दिग्दर्शकों की एक पूरी ऐसी शहरी और अंग्रेजीदाँ पीढ़ी आ गई है जिसको अपने देश के रीति-रिवाज, भाषा, लोकव्यवहार आदि की कोई जानकारी नहीं है। आपका दिया हुआ ब्यौरा ही ऐसे लोगों का मार्गदर्शन कर सकता है।

पात्रों के आपसी सम्बन्ध और अपनी-अपनी कहानी

टी.वी. धारावाहिक एक नहीं अनेक नायकों-नायिकाओं वाला नाटक होता है इसलिए यह आवश्यक है कि आप दो काम और करें। पहला यह कि हर पात्र का अपने सम्पर्क में आने वाले दूसरे पात्रों से क्या और कितना सम्बंध है, वह उनके बारे में क्या सोचता है, उनसे क्या चाहता है, उनसे क्यों प्यार या नफरत करता है, उनकी इससे पहले की आपसी कहानी क्या रही है—यह सारा ब्यौरा भी लिख डालें। दूसरा काम यह करें कि हर पात्र की आगे की अलग-अलग कहानी का भी अत्यंत संक्षेप में जिक्र कर दें। जैसेकि यह 'बड़की अपने साधारण रूप-रंग, पारिवारिक निर्धनता और आत्मसम्मान के कारण अपने को देखने आने वाले लोगों के द्वारा नापसन्द की जाती रहती है और उसके मन में स्त्री के लिए सर्वथा अपमानजनक इस व्यवस्था के प्रति विद्रोह जाग उठता है। वह अपने पाँवों पर खड़े होने का फैसला करती है और स्त्री-उद्धार करनेवाली एक महिला के सम्पर्क में आती है। फिर उसे प्रेमी के रूप में एक आधुनिक विचारों वाला डॉक्टर मिलता है। अफसोस कि बाद में पता चलता है कि उसके अभिभावक वही सज्जन हैं जो बड़की को आवश्यकता से अधिक स्वाभिमानी मानकर नापसन्द कर चुके थे और जिनसे बड़की ने भी तीखे स्वर में बात की थी। प्रेमी डॉक्टर आधुनिक विचारों वाला होने के बावजूद यह आग्रह करता है कि इस सिलसिले में बड़की उसके अभिभावक से माफी माँगे। बड़की का स्वाभिमान इसकी इजाजत नहीं देता और वह उससे सम्बंध तोड़ देती है।

पटकथा लेखन में हर पात्र की अपनी कथा के ऐसे सार-संक्षेप को चरित्र-विकास का ग्राफ कहा जाता है। इस तरह का ग्राफ सामने होने पर अभिनेता-अभिनेत्री टी.वी. धारावाहिकों में काम शुरू करते समय यह जानकारी पा जाते हैं कि आगे क्या-क्या होने वाला है और उसको ध्यान में रखते हुए वह शुरू से ही सही सुर पकड़े रहते हैं। फिल्मों में अगर अभिनेता-अभिनेत्री को इस तरह के ग्राफ पहले से मिले हुए हों तो पूरी पटकथा न पढ़ी होने पर भी वे अलग-अलग लोकेशनों पर आगे-पीछे के सीनों की बगैर किसी क्रम के शूटिंग करते समय यह समझ पाते हैं कि चरित्र-विकास के हिसाब से इस समय हम कहाँ पर होंगे ?

चरित्र-चित्रण पर मैं इतना जोर इसलिए दे रहा हूँ क्योंकि चीख-चिल्लाहट और शोर-शराबे वाले और जरूरत से ज्यादा नाटकीय घटनाओं से लबालब भरे हुए एपिसोड लिखने वालों की गलतफहमी के बावजूद टी.वी. धारावाहिकों के सम्बंध में स्थिति यही है कि अगर दर्शकों को पात्र और उनकी परिस्थिति दिलचस्प लगती हो तो भले ही कोई विशेष घटना न घटे वे एपिसोड को मंत्रमुग्ध होकर देखते रहते हैं। 'हम लोग' जो अपने जमाने में बहुत लोकप्रिय हुआ, कई बार ऐसे एपिसोड प्रस्तुत करता था जिनमें केवल साधारण-सी पारिवारिक बातचीत ही होती थी। फिर भी दर्शक चाव से इसलिए देखते थे कि उन्हें वे पात्र पसन्द थे और उन पात्रों का आपस में बातचीत करना और टकराना उन्हें मनोरंजक लगता था। आप शंका कर सकते हैं कि अगर पात्र हर एपिसोड में

लगभग उसी तरह की हरकतें या बातें करें तो दर्शक ऊब जाएगा। लेकिन हकीकत यह है कि टी.वी. धारावाहिकों के दर्शक अपने प्रिय पात्रों को वही-वही कहते हुए सुनना चाहते हैं और करते हुए देखना चाहते हैं। 'हम लोग' के किसी एपिसोड में अगर दादाजी बच्चों की चुस्ती-फुर्ती की परीक्षा नहीं लेते थे या उनमें से किसी को इनाम नहीं देते थे तो दर्शक अपने पत्रों में शिकायत करते थे।

पात्रों की आपसी केमेस्ट्री

मुम्बई के कुछ निर्माता कहते हैं कि 'हम लोग' के जमाने में वह सब चल गया अब नहीं चलता। लेकिन बेहद लोकप्रिय धारावाहिक 'सास' उन्हें झूठा साबित कर रहा है जिसमें सौ एपिसोड हो जाने के बाद भी परिस्थिति में कोई बड़ा अन्तर नहीं हुआ है। हर एपिसोड घरेलू किस्म की बातचीत से भरा रहता है और कई एपिसोडों में कहानी जरा भी आगे नहीं बढ़ती या पहले देखी जा चुकी टकराहटों का ही दोहराव करती रहती है। कहने को कहा जाता है कि टी.वी. धारावाहिक के लिए उपन्यास की कहानी और नाटक की नाटकीयता दरकार है। इसलिए लेखक को उपन्यास की विधा और नाटक की विधा दोनों में माहिरी हासिल करनी चाहिए। लेकिन इसके साथ ही आपको यह भी याद रखना चाहिए कि हर उपन्यास का कोई न कोई अन्त जरूर होता है जबकि टी.वी. धारावाहिक अनंतकाल तक चलेंगे यानी अन्तहीन होंगे ऐसा मानते हुए लेखन-कार्य कराया जाता है। अगर आप कहानी को उपन्यास की तरह किसी निश्चित अन्त की ओर आगे बढ़ा रहे हों और हर दृश्य को, हर एपिसोड को फिल्मी कथा-निरूपण वाली तीर की गति से आगे बढ़ा रहे हों, तो सौ-पचास एपिसोडों में ही सारी बात खत्म हो जाएगी। इसी तरह नाटक की नाटकीयता हद-से-हद तीन अंकों में सिमट जाने वाली होती है जबकि यहाँ अनंत एपिसोडों वाला मामला है हर एपिसोड में तीन अंक हैं!

इसीलिए कहा गया है कि टेलीविजन धारावाहिकों के लिए पहली और आखिरी जरूरत ऐसे पात्रों की संरचना करने की है जिनकी पर्सनल केमेस्ट्री (आपसी रसायनशास्त्र) दर्शकों को बाँधे रखती हो। उनके मन में किसी न किसी रस की उत्पत्ति करती हो। और हाँ, जाहिर है कि आपको इतने और ऐसे पात्र गढ़ने चाहिए कि धारावाहिक नौ के नौ रस दर्शकों के मन में पैदा कर सके। साथ ही आपके पात्र अलग-अलग पीढ़ियों और जीवन-दर्शनों के प्रतिनिधि हों ताकि भावनात्मक टकराहट के साथ-साथ विचारों के स्तर पर टकराहट चलती रहे। टी.वी. धारावाहिक दुहराव की कोई परवाह किए बगैर पात्रों की आपसी टकराहट के सहारे ही शैतान की आँतों की तरह लम्बे खिंचते चले जाते हैं। इसी पर व्यंग्य करते हुए किसी अमेरिकी टिप्पणीकार ने टी.वी. धारावाहिक के लिए एक आदर्श कथा मुलाहिजा हो सुनाई थी।

प्यार-तकरार का चक्करदार कथानक

"दो दोस्त होते हैं क और ख। स्वभाव में बिल्कुल विपरीत। एक शर्मीला, दूसरा दबंग।

एक अन्तर्मुखी, दूसरा बहिर्मुखी। इसी तरह दो सहेलियाँ भी होती हैं च और छ। वे भी स्वभाव में सर्वथा विपरीत। च लाजवंती, छ सैक्सी वगैरह-वगैरह। चारों एक ही दफ्तर में नौकरी करते हैं। पहले समान स्वभाव के कारण क और च एक दूसरे के नजदीक आते हैं और ख और छ। बाद में उन्हें अपनी समानता उबाऊ लगने लगती है, इसलिए 'विपरीत एक-दूसरे को आकर्षित करते हैं।' इस सिद्धांत को चरितार्थ करते हुए क की छ से जोड़ी बन जाती है और ख की च से। इस सिलसिले में दोनों सहेलियों को बहुत संकोच होता है। लेकिन जब छ, च को सच-सच बताती है तो च भी स्वीकार कर लेती है कि मैं अब तेरे प्रेमी से फँस गई हूँ। अन्ततः ये दो बेमेल जोड़ियाँ विवाह-बंधन में बँध जाती हैं। ये लोग पड़ोस में घर ले लेते हैं।

"अफसोस कि विपरीत स्वभाव के कारण कुछ ही दिनों में दोनों जोड़ियों में आपसी तनाव बढ़ने लगता है। प्रेम विवाह किया है इसलिए अब रोना रोएँ तो किसके आगे ? क बहुत डरते-डरते च से उसकी सहेली की शिकायत करता है और छ तो निःसंकोच ख से उसके दोस्त की शिकायत करती है। इधर क, च के कंधे पर सिर रखकर रोता है उधर ख, छ के कंधे पर। समान स्वभाव वाली जोड़ियाँ इस नतीजे पर पहुँचती हैं कि हमने आपस में शादी न करके बहुत गलती की। अब पेश होता है तलाक लेने का कठिन सवाल ! लेकिन जब सब पर बात जाहिर हो जाती है तो राजी-खुशी तलाक भी ले लेते हैं। अब क की च से और ख की छ से शादी हो जाती है। छ के बच्चा हो जाता है और वह उसमें इतनी डूबी रहने लगती है कि ख की दैहिक आवश्यकताओं की ओर ध्यान ही नहीं देती। च माँ बनने को तरसती है लेकिन क उसे माँ बना नहीं पाता। जब ख 'माताजी' की ओर से मुँह फेर कर अन्य स्त्रियों पर निगाह डालना शुरू करता है तब उसे पड़ोसन च भी नजर आती है। फिर से दोनों जोड़ियों में तनाव शुरू होता है। तनाव से तलाक, तलाक से पुनर्विवाह तक बात आगे बढ़ती है।"

टिप्पणीकार ने व्यंग्य करने के लिए अतिशयोक्ति का सहारा भले ही लिया हो लेकिन यह सच्चाई है कि टी.वी. धारावाहिकों के लिए प्यार और तकरार की अपने ही में लपेटा खाती चलती चक्करदार कहानी तैयार करनी पड़ती है। इसमें एक लाभ तो यह रहता है कि अगर दर्शक किसी वजह से बीच के कई एपिसोड न देख पाएँ तो भी उन्हें कथासूत्र पकड़ने में दिक्कत नहीं होती। भारतीय टेलीविजन में पिछले एपिसोड की कहानी शुरू में दोहराने का रिवाज चल पड़ा है। लेकिन विदेशों में ऐसा करने की जरूरत नहीं समझी जाती। लेखकों से यह उम्मीद की जाती है कि वे इस तरह लिखेंगे कि पिछला एक क्या पिछले दस एपिसोड भी दर्शक ने न देखें हों तो भी बात समझ में आ जाए। ऐसा तभी हो सकता है जब हर एपिसोड में पिछली कई बातें आप संवादों में या पात्रों की टकराहटों में दोहराएँ।

एक परिवार—दखलंदाज दर्शकों के लिए

समाजशास्त्री कहते हैं कि दर्शक आमतौर से सभी टी.वी. धारावाहिकों को और खासतौर

से सोप ऑपेरा को महज इसीलिए देखते हैं कि उन्हें किसी परिवार या समुदाय के जीवन में जमकर ताक-झाँक करने की और टाँग अड़ाने की अनुमति मिल रही होती है। अमेरिका में लोकप्रिय धारावाहिकों के प्रसारण के समय दर्शकों की प्रतिक्रिया जानते रहने के लिए कई-कई टेलीफोन लाइनें खुली रखी जाती हैं। दर्शकों की टिप्पणियों को जो पात्रों को लगभग वास्तविक मानते हुए की जाती हैं, यथा 'इस मेरी को जरा समझा दीजिए कि जॉन पर भरोसा करेगी तो बड़ी मार खाएगी।' फौरन मुख्य लेखक तक पहुँचाया जाता है और वह उनके अनुसार आगे के एपिसोडों में आवश्यक परिवर्तन कराता है और विभिन्न पात्रों की भूमिकाओं को बढ़ाता और घटाता है।

समाजशास्त्री इस ओर भी ध्यान दिलाते हैं कि टी.वी. धारावाहिकों की लोकप्रियता बढ़ी ही उस दौर में है जिसमें बड़े परिवार खत्म हो चुके हैं। पास-पड़ोस और समुदाय खत्म हो चुका है। आपके लिए पड़ोसी तक अजनबी है और आप उसके घर में ताक-झाँक नहीं कर सकते। इसीलिए धारावाहिक में आने वाला परिवार या समुदाय आपकी दखलंदाज आत्मा के लिए बहुत जरूरी हो जाता है। आप पात्रों की जिंदगी में उसी तरह दिलचस्पी लेते हैं जिस तरह कभी अपने आस-पड़ोसियों और कुनबे के लोगों की जिंदगी में लिया करते थे। मेरे अपने लिखे हुए धारावाहिकों में केवल 'हम लोग' ही ऐसा था जिसके लिए पाठकों के पत्र प्रस्तुतकर्ता अशोक कुमार के नाम आया करते थे। उन पात्रों को पढ़कर यह प्रमाणित होता था कि भारतीय दर्शक के लिए भी धारावाहिक के पात्र काल्पनिक नहीं, वास्तविक होते हैं। करैक्टर ग्राफ के अनुसार बड़की को अन्त में डॉक्टर अश्विनी कुमार से शादी नहीं करनी थी लेकिन दर्शक बड़की को समझाने के लिए जोरदार आग्रह ही नहीं करते रहे बल्कि एक बार उन्होंने यमुना पुल पर अभिनेत्री सीमा भार्गव को घेर लिया कि इतना अच्छा लड़का मिल रहा है, तुमसे प्रेम भी करता है उससे शादी क्यों नहीं कर लेतीं ? उसके बुजुर्ग से माफी माँगने में तुम्हारा क्या बिगड़ा जा रहा है ? लिहाजा मुझे बड़की और अश्विनी की शादी करानी पड़ी जिस पर अनेक दर्शकों ने दूरदर्शन के पते पर बधाई के तार भेजे।

कई कहानियाँ साथ-साथ

टी.वी. धारावाहिक के लेखन में एक बड़ी दिक्कत इस वजह से आती है कि कई पात्रों की कई कहानियाँ साथ-साथ चलानी पड़ती हैं। फर्ज कीजिए आपने किसी ऐसे परिवार को केन्द्र में रखा है जिसमें पाँच भाई-बहन हैं। आपको दर्शक को बताते रहना है कि उनकी आपस में कैसी चल रही है और उनकी उन पर क्या बीत रही है। ऐसी समान्तर कहानियों का निर्वाह करने का आजमूदा तरीका यह है कि एक एपिसोड में हो सकते तो कुल एक ही या हद से हद दो केन्द्रीय पात्रों की कथा को प्रमुखता दें। शेष को पीछे धकेल दें। जैसे एक एपिसोड में बड़ी बहन और उसके बॉस की कहानी को आगे बढ़ाएँ बाकी भाई-बहनों को सहायक भूमिकाओं में रखें। दूसरे में सबसे छोटे भाई की इंजीनियरी कालेज में दाखिला पाने की कोशिश को प्रमुखता दे दें। तीसरे में मँझली बहन

के घर छोड़ देने की कहानी उठाएँ...आदि-आदि। गोया कभी इस पात्र को प्रमुखता दें, कभी उसको। यही नहीं एक ही दौर में कई-कई पात्रों की कहानियों को निर्णायक मोड़ों पर न ले आएँ। एक समय में दो-एक कहानियों का ही तेजी से विकास करें बाकी को सुस्त ढंग से बढ़ने दें। दूसरा आजमूदा तरीका यह है कि आप हर एपिसोड में कई एक जोड़े के दृश्य से दूसरे जोड़े के दृश्य में कट करते चले जाएँ और फिर-फिर उन्हीं दृश्यों में लौटते रहें। इससे कोई भी दृश्य आदि से अन्त तक नहीं दिखाना पड़ेगा और समय की बचत होगी। फर्ज कीजिए कि आप एक ही एपिसोड में बड़की, मँझली और छुटकी बहनों के प्रेम-प्रसंग आगे बढ़ाना चाहते हों तो पहले बड़की और प्रेमी की बातचीत की शुरुआत दिखाइए, कट करके मँझली और प्रेमी की बातचीत दिखाइए, फिर छुटकी और प्रेमी पर चले जाइए। वापस बड़की और प्रेमी पर पहुँचिए जिनका किस्सा इस अन्तराल में और आगे बढ़ चुका है। फिर मँझली पर जाइए जिसकी अपने प्रेमी से बात आगे बढ़ चुकी है, फिर छुटकी पर...आदि-आदि।

मिलेंगे ब्रेक के बाद

फिल्म की पटकथा के संदर्भ में तीन अंकीय ढाँचे की बात की जा चुकी है। धारावाहिक के एपिसोड की पटकथा लिखते समय भी आपको उस ढाँचे का खयाल रखना होगा। यानी हर एपिसोड का एक आदि हो, एक मध्य हो, एक अन्त हो। इसके साथ ही आपको इस बात का भी ध्यान रखना होगा कि जहाँ सिनेमा में केवल एक इंटरवल होता है और उसकी वजह से आपको मध्यांतर-बिन्दु के रूप में कोई ऐसा दिलचस्प कथामोड़ सोचना होता है जो इंटरवल के बाद के घटनाक्रम के लिए उत्सुकता जगाए वहाँ टी. वी. धारावाहिक में विज्ञापनों के लिए जाने वाले कॉमर्शियल ब्रेक के कारण कई-कई बार व्यवधान पड़ता है। यह व्यवधान कई नजरियों से लेखक के लिए बहुत सुविधाजनक भी है। जैसे इसलिए कि वह आपको घटना-स्थल बदल देने की या समय के लिहाज से आगे बढ़ जाने की सुविधा प्रदान करता है। ब्रेक से पहले हमारे पात्र भारतीय हिल-स्टेशन में गर्मी की छुट्टी मना रहे थे और ब्रेक के बाद देखा कि वे गिरती हुई बर्फ के बीच न्यूयार्क में एक बस पकड़ने के लिए लपक रहे हैं। जैसे यह कि आप हैं तो उसी जगह लेकिन ब्रेक के दौरान कुछ समय बीत चुका है। जहाँ यह सुविधा है वहाँ एक बड़ी परेशानी यह है कि हर ब्रेक से पहले आपको कुछ न कुछ ऐसा करना ही होता है जिससे दर्शक ब्रेक के बाद भी देखते रहने को उत्सुक हो। दूसरे शब्दों में आपको कई छोटे-मोटे मध्यांतर-बिन्दु सोचने पड़ जाते हैं।

भारत में एक अतिरिक्त दिक्कत यह है कि ब्रेक कितनी-कितनी देर बाद लिए जाएँगे—इसके बारे में न कोई मानक परिपाटी है और न लेखक को सूचित ही किया जाता है। बाद में सम्पादन के समय कॉमर्शियल ब्रेकों की आवश्यकता के अनुसार दृश्यों में काट-छाँट करके ब्रेक डाल दिए जाते हैं जिससे कभी-कभी बड़ा अनर्थ होता है। वैसे उम्मीद की जानी चाहिए कि यहाँ भी अमेरिका में चली आई यह परिपाटी अपना ली

जाएगी कि कॉमर्शियल ब्रेक हर 6 मिनट बाद लिया जाए। इसका औचित्य यह बताया जाता है कि मनोवैज्ञानिकों के अनुसार औसत इंसान टेलीविजन के पर्दे पर 6 मिनट से ज्यादा एकाग्र नहीं रह पाता। इसीलिए टेलीविजन के लेखकों को सलाह दी जाती है कि एपिसोड की अपनी पटकथा को छह-छह मिनट के खानों में तोड़ें हर खंड को तीन अंकीय ढाँचा दें। हर खंड के अन्त में कोई ऐसी बात रखें जो दूसरे खंड के घटनाक्रम की ओर ले जाने वाली हो या उसके प्रति कुतूहल जताने वाली हो।

हुक : अगले एपिसोड के लिए उत्कंठा

हर ब्रेक से पहले दर्शक में उत्सुकता जगाने से भी बड़ी समस्या है हर एपिसोड के अन्त में उसकी उत्सुकता जगाने की ताकि वह अगला एपिसोड देखने को बाध्य हो। एपिसोड या प्रकरण का अन्त एक ऐसा मध्यांतर है जो आठ-दस मिनट का नहीं रोजाना आने वाले धारावाहिक में 24 घंटे का और हफ्तावार धारावाहिक में एक हफ्ते का होता है। इतने लम्बे अन्तराल के बावजूद उत्सुकता जगाए रखना एक विकट चुनौती है। एपिसोड के अन्त में डाले गए दिलचस्प नाटकीय मोड़ को 'हुक' यानी काँटा कहा जाता है। इसी काँटे से दर्शक फँसता है। हफ्ते में 5 दिन प्रसारित किए जाने वाले धारावाहिक में शुक्रवार के प्रकरण के 'हुक' की बड़ी महिमा होती है क्योंकि शनिवार-रविवार उसका प्रसारण नहीं होता। अमेरिका में जहाँ लोकप्रिय धारावाहिक वर्षों तक चलते रहते हैं साल में एक बार उससे सम्बद्ध सभी लोगों को कुछ हफ्तों की छुट्टी दी जाती है। इस सामूहिक छुट्टी के ठीक पहले एपिसोड का 'हुक' और भी ज्यादा महत्त्वपूर्ण माना जाता है। लोकप्रिय धारावाहिक 'डैलेस' में छुट्टियों से ठीक पहले किए गए एक एपिसोड का हुक बहुत मशहूर हुआ है। वह हुक यह था कि आखिरी प्रकरण के आखिरी शॉट में खलनायक को गोली लगती दिखाई गई लेकिन गोली चलाने वाला नहीं। सारी छुट्टी-भर देश-विदेश में अटकल का यही विषय रहा कि उसके सताए हुए किस पात्र ने गोली चलाई होगी ? यह भी कि गोली खाने के बाद वह जिंदा रहा होगा कि मर गया होगा ?

तो आप ब्रेक से पहले और एपिसोड के अन्त में 'हुक' डालने का हमेशा ध्यान रखें। ऐसा भी मत समझिए कि 'हुक' हमेशा बहुत धमाकेदार ही होना चाहिए। टी.वी. संवाद-प्रधान माध्यम है, घटना-प्रधान नहीं। उसके ठहरे-ठहरे से वातावरण में छोटी-मोटी बात भी 'महत्त्वपूर्ण घटना' का दर्जा रखती है। जैसे यह कि साधारण-सी घरेलू बातचीत चल रही होती है कि दरवाजे पर दस्तक होती है, या फोन की घंटी बजती है या कोई बेहोश हो जाता है, या किसी को किताब पलटते हुए उसमें दबा कोई पत्र या चित्र मिल जाता है। आपने गौर किया होगा कि इसी तरह की बातें टी.वी. धारावाहिकों में अक्सर 'हुक' की तरह इस्तेमाल की जाती रही हैं। पति-पत्नी बात कर रहे होते हैं जिनसे उनके बीच बढ़ती बेरुखी उजागर हो रही थी कि दरवाजे पर दस्तक होती है, पत्नी दरवाजा खोलती है, उसके चेहरे पर घबराहट का भाव आता है और वह कहती है 'तुम' !

एपिसोड खत्म। इसी दृश्य को फिर से लें—इस बार टेलीफोन की घंटी बजती है, पत्नी उठाती है। उसका चेहरा फक्क पड़ जाता है। फिर वह रूँआसे स्वर में चीखती है 'नहीं' और सुबकते हुए फोन रख देती है। पति उसकी ओर देखता है और हम शॉट फ्रीज कर देते हैं। अब यह है कि पति भी जानने को मरा जा रहा है कि क्यों रो रही है और हम भी !

आखिर में जमाएँ 'जमा हुआ क्षण'

प्रसंगवश आखिरी शॉट को इस तरह से हुक पर फ्रीज कर देना टी.वी. धारावाहिकों का एक आजमदा नुस्खा है। तो आपने देखा कि बहुत बड़ी घटना को हुक के रूप में लेना जरूरी नहीं है। अभी हाल में मैं 'साँस' का एक प्रकरण देख रहा था जिसमें कुछ भी विशेष घटित नहीं हो रहा था और ऐसा लगता था कि इसमें हुक के लिए कुछ भी नहीं होगा। फिर मैंने सोचा कि इसमें अब बस एक यही हुक हो सकता है कि नायिका के पंचगनी चले गए जिस मित्र का तमाम एपिसोड में कहीं न कहीं जिक्र होता रहा है वह नमूदार हो जाए। नीना गुप्ता और उनके लेखक बृज कत्याल ने इस मामले में मुझे निराश नहीं किया। इस हुक के बाद कुतूहल का विषय यह है कि क्या अब नायिका इस नायक नम्बर दो को केवल अच्छा मानने से आगे बढ़ेगी कि नहीं ?

कई बार हुक के रूप में पात्र का कोई संकल्प या पात्र को मिली कोई धमकी ही बखूबी काम दे जाते हैं। जैसे यह कि नायक-नायिका में नायक द्वारा अपनी किसी पूर्व परिचिता को पेईंग गैस्ट बना लिए जाने के कारण बहुत तल्खी पैदा हो जाती है और नायिका कहती है कि तुम्हें उसे यहाँ से निकालना ही होगा। नायक इसके लिए राजी नहीं होता और नायिका की तमाम आशंकाओं को बेबुनियाद ठहराता है। नायिका एक गहरा साँस लेती है और अटैची उठाते हुए कहती है, "ठीक है तो मैं ही यह घर छोड़ दूँगी।" हम शॉट फ्रीज कर देते हैं। इसी तरह किसी एपिसोड के अन्त में यह दिखाते हैं कि नायिका को, जो खलनायक के खिलाफ अदालत में गवाही देने के लिए घर से निकली होती है, मुहल्ले का कोई बच्चा एक पत्र थमा जाता है कि एक आदमी ने इसे आप तक पहुँचाने के लिए मुझे पाँच रुपए दिए हैं। नायिका पत्र खोलती है और उसके साथ-साथ हम भी पढ़ते हैं कि नायिका का भाई बबलू खलनायक की गिरफ्त में है, गवाही देगी तो उसे खत्म कर दिया जाएगा। हम शॉट फ्रीज कर देते हैं। एपिसोड को जमाने का, अगले एपिसोड के लिए उत्सुकता जगाने का आजमूदा नुस्खा यही है कि आप एक्शन किसी नाटकीय क्षण पर फ्रीज कर दें।

टी.वी. धारावाहिक—स्त्रीवादी विमर्श

आपको शायद यह विचित्र लग रहा होगा कि मैं जो भी उदाहरण दे रहा हूँ उसमें नायिका ही केन्द्र में है लेकिन अगर आप टी.वी. धारावाहिकों को गौर से देखते रहें तो पाएँगे कि उनमें आमतौर से स्त्री-पात्र ही केन्द्र में रहते हैं। उस विधा मे तो खासकर से जिसे

सोप ऑपेरा कहा जाता है। इसका कारण यह है कि सोप ऑपेरा दिन में घर में अकेली बैठी औरतों के लिए शुरू किए गए थे और आज भी स्त्रियाँ ही उन्हें ज्यादा चाव से देखती हैं। परम्परा स्त्री को ही पारिवारिक जीवन की धुरी बनाती आई है और स्त्रियों को घरेलू जीवन में विशेष दिलचस्पी रखने के संस्कार दिए जाते रहे हैं। यहाँ एक दिलचस्प तथ्य की ओर आपका ध्यान दिला दूँ कि अमेरिका में सोप ऑपेरा लेखन में प्रसिद्धी पाने वालों में महिलाओं का अनुपात पुरुषों से कहीं ज्यादा है और जो पुरुष इस क्षेत्र में चमके भी हैं उन्हें अक्सर अपनी पत्नी का या किसी मित्र-लेखिका का सहयोग मिला है। कुछ विद्वानों का कहना यह है कि सोप ऑपेरा एक स्त्रीवादी विधा है, न केवल इसलिए कि वह स्त्रियों को केन्द्र में रखती है, और स्त्रियों की समस्याओं को रेखांकित करती है बल्कि इसलिए भी कि उसकी कथानिरूपण शैली स्त्रियों की जीवन-दृष्टि को प्रतिबिम्बित करती है।

जहाँ फिल्मी कथानक पुरुषवादी जीवनदृष्टि के अनुसार नायक को काल के बाण पर सवार कराके रास्ते की समस्त बाधाओं को बींधता हुआ लक्ष्य तक पहुँचने के लिए छोड़ देता है और ऐसा जताता है कि लक्ष्य प्राप्ति के बाद 'द एंड' के अतिरिक्त और कुछ नहीं होता, वहाँ भावुक समझी जाने वाली लेकिन पुरुषों की अपेक्षा जीवन को अधिक निकट से जानने-परखने वाली स्त्रियों के नजरिए से देखे गए सोप में कहीं किसी 'द एंड' की गुंजाइश नहीं रहती। बड़ी-से-बड़ी सिद्धि या त्रासदी के बाद भी जीवन अपने रोजमर्रापन के साथ आगे बढ़ता रहता है। इसी तरह स्त्रीवादी जीवन-दृष्टि के अनुसार समय किसी तीर की तरह एक ही दिशा में नहीं बढ़ता रहता। वह तो लपेटे खाते हुए चलता है। कहानी आगे-पीछे आती-जाती रहती है। इसीलिए सोप ऑपेरा में न केवल फ्लैशबैक रखे जाते हैं बल्कि हर बात में उससे जुड़ी हुई तमाम पिछली बातों को अनिवार्य रूप से उठाया जाता है। इस सिलसिले में पात्र अक्सर एक-दूसरे को अपनी आपबीती सुनाते हुए या अपने आगे के सपनों के बारे में बताते हुए नजर आते हैं जबकि ऐसा करना फिल्मी पटकथा में सारे प्रवाह को रोक देने वाला, इसलिए अवांछित ठहराया जाता है।

इसी प्रकार आप देखेंगे कि सोप ऑपेरा में ही नहीं, सभी टी.वी. धारावाहिकों में एक्शन से कहीं ज्यादा डायलॉग होता है। इसीलिए कहा जाता है कि टी.वी. धारावाहिक लिखने वाले को रंगमंच के नाटककार की बात में से बात पैदा करने वाले, मनस्थिति और परिस्थिति उजागर करने वाले, चुभते हुए चुस्त और सटीक संवाद लिखने का खूब अभ्यास करना चाहिए। टी.वी. धारावाहिकों में पात्रों की आपसी बातचीत का अनुपात एक्शन से बहुत ज्यादा होना भी उन लोगों के अनुसार उसके स्त्रीवादी होने का एक और लक्षण है जिन्हें औरतें बातूनी नजर आती रही हैं। लेकिन यह कहना ज्यादा उचित होगा कि टी.वी. धारावाहिक का बातूनी होना उसके जीवन के अधिक निकट होने का ही सबूत है क्योंकि वास्तविक जीवन में मर्दों समेत सभी लोग मुख्य रूप से आपस में बातें ही करते रहते हैं।

अवास्तविक किंतु वास्तविक

इसी के साथ हम निहायत दिलचस्प नुक्ते पर पहुँचते हैं कि अपनी तमाम अतिनाटकीयता के बावजूद टी.वी. धारावाहिक शुरू से ही फिल्मों के मुकाबले में वास्तविकता और रोजमर्रापन के अधिक निकट रहा है। यही नहीं, टी.वी. के पारिवारिक धारावाहिकों में ऐसी समस्याएँ उठाने का साहस किया जाता रहा है जिन्हें छूते हुए व्यावसायिक फिल्में आज भी घबराती हैं। इसी तरह जहाँ यह सच है कि स्त्रियों के लिए लिखे जाने वाले 'मिल्स एंड बून्स'-नुमा उपन्यास की तरह टी.वी. धारावाहिकों में भी रोमांस की भरमार रहती है और आदर्श धारावाहिक वही समझे जाते हैं जिनमें एक से अधिक नायिकाओं के रोमांस साथ-साथ चल रहे हों, वहाँ यह भी दृष्टव्य है कि धारावाहिकों में रोमांस इस अर्थ में वास्तविकता के अधिक निकट होता है कि उसमें सभी कुछ अच्छा ही अच्छा नहीं होता जाता।

कहने का मतलब यह है कि टी.वी. धारावाहिक के लेखक को एक साथ यथार्थवादी और अतिनाटकीयतावादी दोनों होना पड़ता है। इसके लिए जरूरी है कि आप अपने पात्र इस तरह के बनाएँ कि वे आपके दर्शकों को सर्वथा जाने-पहचाने से लगें। आप उनका परिवेश, उनका रहन-सहन, उनकी बातचीत भी ऐसी दिखाएँ कि दर्शकों को लगे कि हम नाटक नहीं सच्चाई देख रहे हैं। लेकिन इसके साथ ही आप ऐसी अतिनाटकीय घटनाओं की भी एक सूची अपने पास हमेशा तैयार रखें जो वास्तविक जीवन में घटती तो हैं लेकिन बस कभी-कभी। जैसे यह कि किसी को कैंसर हो जाता है, जैसे यह कि किसी की याददाश्त चली जाती है, जैसे यह कि किसी के चेहरे पर तेजाब फेंक दिया जाता है, जैसे यह कि किसी की लॉटरी खुल जाती है, जैसे यह कि किसी को वसीयत में बहुत धन मिल जाता है, जैसे यह कि अविवाहित लड़की गर्भवती हो जाती है। प्रसंगवश किसी अमेरिकी समीक्षक ने एक बार टिप्पणी की थी कि सोप ऑपेरा देखकर तो ऐसा लगता है कि तीन चौथाई बच्चे कुँवारी माँ की औलाद होते हैं ! प्रसंगवश ही यह संस्मरण भी कि मुझसे स्वर्गीय मनमोहन देसाई ने, जो मेलो-ड्रामा के उस्ताद थे, एक बार कहा कि कहानी को अतिनाटकीय मोड़ देने के लगभग सभी नुस्खे आपने 'हमलोग' और 'बुनियाद' में आजमा लिये हैं।

तो आपको करना यह है कि पात्रों और परिवेश के रोजमर्रापन में अतिनाटकीय कथा-मोड़ों और संयोगों को डालते जाना है। रोजमर्रा की जिंदगी में ड्रामा ठूँस दें। कथानक में दिलचस्पी बनाए रखने के लिए किसी अतिनाटकीय चमत्कारी घटना का सहारा लेते रहना है। उससे कहानी को जो मोड़ मिले उसके सहारे पंद्रह-बीस एपिसोड खींच डालने हैं। फर्ज कीजिए आपके पात्र की लॉटरी खुल गई है तो उसको लेकर उसके परिवार के रोजमर्रा के ड्रामे में क्या-क्या होता रहा इसे एपिसोड दर एपिसोड दिखाते जाइए। कथानक में दिलचस्पी बनाए रखने के लिए सहसा किसी के अतीत से जुड़ा हुआ पात्र ले आना भी एक अच्छा नुस्खा है। इसके सहारे भी कई एपिसोड खिंच सकते

हैं। कोई बिल्कुल नया पात्र आकर भी कहानी को दिलचस्प मोड़ दे सकता है। जैसे यह कि निम्न मध्यमवर्गीय परिवार की चार बेटियों में से सबसे बड़ी को काफी धक्के खाने के बाद जिस कम्पनी में नौकरी मिलती है, विलायत में पढ़ाई पूरी करके लौटा हुआ उसके मालिक का बेटा उस पर मुग्ध हो जाता है।

स्वर्गीय बासु भट्टाचार्य ने एक मर्तबा अपने खास अंदाज में एक एन.आर.आई. अमेरिकी विशेषज्ञ से कहा था कि 'हमें सोप ऑपेरा आप लोगों से सीखने का कोई जरूरत नहीं है हम लोग के यहाँ नवरस का थ्यौरी बहुत पुराना है और हमारा पुराण का कहानी सोप ऑपेरा ही है।' बासुदा के इस कथन में दम है। टी.वी. धारावाहिक के कथानक में नौ के नौ रस आने चाहिए, हर रंगत का पात्र मिलना चाहिए और पौराणिक कथानकों की तरह उनमें भी सामान्य और अतिनाटकीय का मिश्रण रहना चाहिए। भारतीय टी.वी. पर 'रामायण' और 'महाभारत' दोनों का जबरदस्त तरीके से हिट होना बासुदा के कथन की पुष्टि करता है और सभी पटकथाकारों को प्रेरित करता है कि मिथक पुराण अवश्य पढ़ें।

20

डॉक्यूमेंटरी, डॉक्यूड्रामा और डबिंग

अब तक हम कथामूलक चित्रों और धारावाहिकों की बात करते रहे हैं। लेकिन दृश्य-श्रव्य माध्यम के लिए ऐसी चीजें भी लिखवाई जाती हैं जो वास्तविक तथ्यों पर आधारित हों। इनकी भी दो श्रेणियाँ हैं, पहली वृत्तचित्र और दूसरी डॉक्यूड्रामा। वृत्तचित्र का अंग्रेजी नाम है डाक्यूमेंट्री और आप गौर करेंगे कि इन दोनों ही श्रेणियों में 'डाक्यू' मौजूद है, अन्तर केवल इतना है कि दूसरी श्रेणी में ड्रामा शब्द जुड़ा हुआ है। इसी से जाहिर है कि जहाँ दोनों ही विधाएँ असलियत को दर्ज करने वाला डाक्यूमेंट यानी दस्तावेज बनना चाहती हैं वहाँ दूसरी विधा उसे ड्रामाई अंदाज से प्रस्तुत करना चाहती है। या यों कहें कि वह किसी ऐसी वास्तविक घटना के बारे में होती है जिसमें नाटक के तत्त्व मौजूद हों।

पहले वृत्तचित्रों की बात करें। फिल्म का माध्यम ईजाद होने के साथ ही लोगों के मन में कैमरे से महत्त्वपूर्ण घटनाएँ दर्ज करके रख लेने की ललक जागी। इसमें दो फायदे थे। पहला यह कि फिल्म पर दर्ज की जा चुकी घटना के प्रिंट दूसरे शहरों और देशों में भेजकर वहाँ के लोगों को भी उनका दर्शक बनाया जा सकता था। याद रखिए कि यह टेलीविजन से पहले के जमाने की बात है। आज की तरह नहीं कि एक जगह होने वाली घटना का कहीं से भी 'दूर-दर्शन' किया जा सकता है ! दूसरा फायदा यह था कि इस तरह फिल्म पर दर्ज हो चुकी घटना आगामी पीढ़ियों को भी दिखाई जा सकती थी। इस तरह फिल्म अखबार का काम कर सकती थी और ऐतिहासिक दस्तावेज का भी। वह 'न्यूज रील' भी हो सकती थी और डाक्यूमेंट्री भी।

शुरू से ही कुछ लोगों ने फिल्म का उपयोग किसी समस्या या विषय पर प्रकाश डालने, किसी खास वर्ग या युग का जीवन दर्शाने, किसी खास राजनीतिक या सामाजिक मत के पक्ष में प्रचार करने या किसी क्षेत्र की झाँकियाँ दिखाने के लिए भी किया। जाहिर है कि इस तरह की सभी फिल्में डॉक्यूमेंटरी ही कहलाईं। वृत्तचित्र में बाकायदा पहले से लिखी हुई पटकथा उस स्थिति में तो हो ही नहीं सकती जब वह किसी आगामी घटना को लेकर बनने वाली हो या उसमें किसी आगामी यात्रा में दर्ज किए जाने वाले दृश्य लिए जाने हों। अगर वृत्तचित्र किसी जानी-मानी समस्या पर, पाठ्य-पुस्तक में पढ़ाए जाने वाले विषयों पर, किसी ऐतिहासिक स्थल पर, किसी वर्ग के जीवन पर हो तो भी यह सवाल तो हमेशा लेखक के मन में बना ही रहेगा कि जिस तरह के दृश्य, बिम्ब

या घटनाएँ, मैं सोच रहा हूँ क्या वैसे वास्तव में अंकित हो पाएँगे ?

शोध पहले, लेखन बाद में

लिहाजा वृत्तचित्र के क्षेत्र में लेखक शुरू में दिग्दर्शक को सम्बद्ध विषय पर किताबों, अखबारों वगैरह से ज्यादा से ज्यादा जानकारी लाकर देता है। वह यह भी पता करता है कि इस विषय पर पहले से फिल्म पर दर्ज सामग्री अगर उपलब्ध है तो कहाँ है और उसमें क्या है ? दूसरे शब्दों में लेखक शोधकर्ता की भूमिका अदा करता है। इसके अलावा वह विषय-निरूपण का कोई तरीका सोचकर उसके अनुसार मोटा-मोटी ढंग से एक रूपरेखा बना देता है कि ये-ये बातें इस क्रम से डाक्यूमेंट्री में आनी चाहिए। इसे हम यों भी कह सकते हैं कि लेखक पटकथा की जगह सम्बद्ध विषय पर एक रोचक-सा लेख तैयार कर देता है और यह बताता चलता है कि उसके किस पैरा के साथ किस तरह के दृश्य आएँगे ? मिसाल के तौर पर मैं आपके लिए अपनी लिखी एक डाक्यूमेंट्री 'विरासत के दूत' की पटकथा का एक छोटा-सा आरम्भिक अंश उद्धृत कर रहा हूँ।

वीडियो	ऑडियो
1. एक आदमकद आईना रखा है। जो भी पास से गुजरता है उसमें एक बार अपने को देख जरूर लेता है।	आईना इंसान की बड़ी भारी कमजोरी है। कहीं आईना दिखता है तो वह झट उसमें अपने को देखने लगता है।
2. दूसरा या तीसरा देखने वाला खुद सूत्रधार है। वह अपनी बात कहकर आईने के आगे से हट जाता है।	और जब देखता है तब उसके मुँह से बेसाख्ता यही फूटता है कि— (गाकर) तुम-सा नहीं देखा।
3. सूत्रधार किसी पोर्ट्रेट गैलरी में टहलता है।	इसे आप खुशफहमी का नमूना न मानें। विज्ञान की नजर में हर इंसान का अपने को अलग और अनूठा समझना कतई गलत नहीं है। बल्कि विज्ञान तो यह कहता है कि इस दुनिया में जिंदगी का हर नमूना अपने ढंग का अकेला है। हू-ब-हू उसके-जैसा न पहले कोई हुआ और न बाद में होगा।
4. अँगूठा लगाकर पैसा लेता कोई मजदूर।	अँगूठा-छाप इंसान को भी अनूठा मानने में आपको एतराज हो सकता है लेकिन एतराज़ करने से पहले जरा यह सोचिए कि अँगूठे की छाप ली ही इसलिए जाती है कि किन्हीं दो इंसानों की अँगुलियों और अँगूठों की छाप एक-जैसी नहीं हो सकती। दस्तखत फर्जी हो सकते हैं, अँगूठा निशान नहीं।

जैसा कि मैंने कहा, यह जरूरी नहीं कि डाक्यूमेंट्री की पटकथा में आप जिस तरह के शॉट रखने को कहें उस तरह के शॉट दिग्दर्शक को उपलब्ध हो ही जाएँ। अब जैसे इस छोटे-से अंश की शूटिंग में ही यह समस्या पेश आई कि कोई पोर्ट्रेट गैलरी यानी लोगों के बड़े-बड़े फोटोग्राफों या तैल-चित्रों का संग्रहालय नहीं मिल पाया। इसलिए दिग्दर्शक ने भीड़ का शॉट ले लिया। खैर पटकथा लिखी गई हो या न लिखी गई हो, डाक्यूमेंट्री के क्षेत्र में लेखक का असली काम तब शुरू होता है जब दिग्दर्शक अपनी खींची हुई या कहीं और से जुटाई हुई 'स्टॉक फुटेज' को सम्पादक के साथ बैठकर काट-छाँट और जोड़ लेता है। उसे देखकर लेखक अपनी 'कमेंट्री' तैयार करता है यानी उन शॉटों के अनुसार अपना आलेख तैयार करता है या पहले से लिखे आलेख में आवश्यक परिवर्तन कर देता है।

कमेंट्री लेखन : सवाल 'सिंक' का

यह जरूरी है कि आपकी कमेंट्री दिखाए जा रहे शॉट से मैच करे। ऐसा न हो कि शॉट दिख रहा हो लाला अमरनाथ का और बात चल रही हो विजय मर्चेंट की। इसे धंधे की भाषा में कहते हैं कि वीडियो और ऑडियो 'इन सिंक' होने चाहिए। इसका मतलब यह है कि लाला अमरनाथ वाली बात वहीं खत्म हो जानी चाहिए जहाँ लाला अमरनाथ से सम्बद्ध शॉट खत्म हुए थे। विजय मर्चेंट का शॉट आते ही विजय मर्चेंट की बात छिड़ जानी चाहिए। अगर आप मूल कमेंट्री लिख रहे होते हैं तो इस बात की थोड़ी गुंजाइश रहती है कि अगर अतिरिक्त फुटेज उपलब्ध हों तो 'सिंक' में आपसे हुई गड़बड़ियों को छिपाने के लिए सम्पादक जरूरत के मुताबिक लेंग्थ कहीं घटा और कहीं बढ़ा दे। जैसे इस प्रसंग में लाला अमरनाथ के कुछ और शॉट डाल दें। लेकिन हिंदी लेखक से ज्यादातर अंग्रेजी कमेंट्री के हिसाब से एडिट की जा चुकी डाक्यूमेंट्री के लिए हिंदी-आलेख तैयार करने को कहा जाता है। इसलिए आपको बिल्कुल शॉट की लेंग्थ के हिसाब से कमेंट्री लिखने का अभ्यास करना चाहिए। इस बात का भी खयाल रखना चाहिए कि किसी भी प्रसंग के साथ आपका आलेख इतना बड़ा न हो कि उसमें थोड़ा-सा नेपथ्य संगीत या उस स्थल की स्वाभाविक ध्वनियाँ या लोगों की बातचीत उभार सकने की गुंजाइश ही न बने। यहाँ से वहाँ तक बस बक-बक-बक-बक ही न सुनाई देती रहे।

कमेंट्री लिखने वाले को 'डोप शीट' दी जाती है जो बताती है कि शॉट किस क्रम से आए हैं और किस शॉट की लेंग्थ क्या है ? सारी शोध सामग्री उसे दी जाती है। और अगर पहले कोई आलेख तैयार किया गया हो तो वह भी। इसलिए आप शॉट की लेंग्थ देखकर उसके हिसाब से बिल्कुल नपी-तुली कमेंट्री लिखें। एक मोटा अंदाजा यह है कि 30 मीटर लेंग्थ बराबर होती है एक मिनट स्क्रीन टाइम। आप उससे भी कुछ कम लिखें ताकि कोरी बक-बक ही न लगे। अच्छा कमेंट्री लेखक वह माना जाता है जिसका आलेख पूरी तरह से 'सिंक' में हो और साथ ही उसके वाक्यों में या वाक्यांशों में बिल्कुल वही लय हो जो शॉटों के सम्पादन में रखी गई है। इसका मतलब यह है

कि जहाँ शॉट बदल रहा हो वहीं आपका वाक्य या वाक्यांश भी बदल रहा हो। जैसे यह :

	वीडियो	ऑडियो
1.	हिमालय की किसी चौकी पर सिपाही	भारत की उत्तरी सीमा का प्रहरी है—
2.	जूम आउट टू हिमालय का एक्स्ट्रीम लाँग शॉट	हिमालय— (संगीत)
3.	झटके से जूम-इन कर-करके हिमालय के क्रमशः पास आते शॉट—पहला,	गर्वोन्नत
4.	दूसरा	अडिग,
5.	तीसरा	और अजेय।

पटकथा को इस तरह वीडियो (दृश्य) और ऑडियो (श्रव्य) में विभाजित करके लिखने का रिवाज पुरानी टी.वी. चैनलों में धारावाहिक लिखते समय भी अपनाया जाता रहा था। एक ओर यह लिख दिया कि क्या दिख रहा है और दूसरी ओर लिख दिया कि क्या सुनाई दे रहा है—संवाद, ध्वनि, संगीत। कमेंट्री का अनुवाद करते समय सही 'सिंक' लेने के लिए आपको अक्सर उल्टे-उल्टे से वाक्य लिखने पड़ सकते हैं। अब जैसे अंग्रेजी कमेंट्री यह है—'द भाखड़ा डैम वॉज डेडिकेटेड टु द नेशन बाई द प्राइम मिनिस्टर जवाहरलाल नेहरू।' इसके अनुसार पहले भाखड़ा डैम का एक लाँग शॉट आ रहा है और उसके बाद उसका उद्घाटन करते हुए नेहरू जी का। तो आपको हिंदी कमेंट्री में उल्टा वाक्य ही लिखना होगा : भाखड़ा बाँध को राष्ट्र के नाम समर्पित किया प्रधानमंत्री जवाहरलाल नेहरू ने।

डॉक्यूड्रामा : सच्चा नाटक

डॉक्यूड्रामा जैसा कि नाम से ही जाहिर है वास्तविक घटनाओं पर आधारित लेकिन नाटकीय ढंग से निरूपित फिल्म या टी.वी. कार्यक्रम होता है। किसी ऐतिहासिक नाटक की तरह इसमें वास्तविक हस्तियों की भूमिकाएँ अभिनेता-अभिनेत्रियाँ प्रस्तुत कर रहे होते हैं। जहाँ ऐतिहासिक नाटक सदियों पुरानी घटनाओं को लेकर लिखे जाते रहे हैं वहाँ डॉक्यूड्रामा में ज्यादातर समसामयिक या निकट अतीत की घटनाओं को नाटक का आधार बनाया जाता है। बाल की खाल निकालने के लिए यह भी कहा जा सकता है कि जहाँ ऐतिहासिक नाटकों में लेखक अपनी कल्पना का भी थोड़ा-बहुत उपयोग करने के लिए स्वतंत्र होता है वहाँ डॉक्यूड्रामा में घटनाओं को जस का तस दिखाना होता है। लेकिन यह महज एक आदर्श है, व्यवहार में तो आज का मीडिया ठोस समाचारों को भी थोड़ा नमक-मिर्च लगाकर परोसता है और सूचना तथा मनोरंजन का भेद समाप्त

करते हुए 'इन्फोटेनमेंट' का आग्रह करता है। वह चाहता है कि सूचना भी मनोरंजनप्रद हो। इसलिए डॉक्यूड्रामा में अगर वास्तविक घटनाओं को अधिक रोचक या सनसनीखेज बनाने की कोशिश की जाती हो तो कोई आश्चर्य नहीं।

आग्रह ड्रामा पर है इसलिए आप वास्तविक घटना के नाटकीय तत्त्वों को रेखांकित करें। सम्बद्ध चरित्रों के बारे में ज्यादा से ज्यादा जानकारी हासिल करें ताकि उनके बीच घटित हुए दृश्यों को आप अपनी कल्पना में अच्छी तरह निरूपित कर सकें और उन्हें उनके अपने-अपने चरित्रों के अनुसार यादगार संवाद दे सकें और उनकी उत्तरोत्तर बढ़ती टकराहट को जोरदार ढंग से दिखा सकें। दुर्भाग्य से हमारे यहाँ अभी डॉक्यूड्रामा का अधिक प्रचलन नहीं हुआ है। लेकिन विदेशों में डॉक्यूड्रामा की विधा का व्यावसायिक और गैरव्यावसायिक, दोनों तरह के क्षेत्रों में काफी उपयोग किया जाता है। व्यावसायिक टी.वी. में वहाँ हाल की सनसनीखेज या चौंकाने वाली घटनाओं पर आधारित फिल्में झटपट बनाकर दिखा डालते हैं। जैसे कुछ वर्ष पहले अमेरिका में एक बच्चा अदालत की शरण में गया कि मेरे माँ-बाप बहुत ही खराब हैं, आप मुझे इनसे तलाक दिलवा दीजिए और अदालत ने उसके पक्ष में फैसला दिया। इस घटना को लेकर तुरंत डॉक्यूड्रामा शैली में फिल्म बना दी गई। गैरव्यावसायिक टी.वी., डॉक्यूड्रामा शैली का उपयोग लोगों के ज्ञानवर्धन के लिए करता है। उसके माध्यम से वह आधुनिक दौर के महापुरुषों के जीवन पर, महान आंदोलनों पर और महत्त्वपूर्ण घटनाओं पर प्रकाश डाल रहा है। मैं समझता हूँ कि आगामी वर्षों में हमारे टी.वी. पर भी 'डॉक्यूड्रामा' का प्रचलन बढ़ेगा क्योंकि हमारे जनमानस में सत्यकथा के लिए जबरदस्त आकर्षण है। 'इण्डियाज मोस्ट वांटेड' की सफलता इसी का सबूत है।

डबिंग : लिप लिप हुर्रे !

फिल्म और टेलीविजन की दुनिया में लेखकों को इधर डबिंग का काम भी बड़े पैमाने पर मिलने लगा है। डबिंग का मतलब है किसी एक भाषा में बन चुकी फिल्म को दुबारा शूट किए बगैर किसी अन्य भाषा की फिल्म बना डालना। फर्ज कीजिए अंग्रेजी की फिल्म है और आपको उसे हिंदी में डब करने को कहा जाता है। अब आपके लिए चुनौती यह है कि हर अंग्रेजी संवाद की जगह कोई ऐसा हिंदी संवाद लिख दें जो उतने ही समय में बोला जा सकता हो, और उसे इस तरह लिखें कि जब उसे अंग्रेजी बोलने वाले पात्र के मुँह में डाल दिया जाए तो उसके होंठों का खुलना-बंद होना उच्चरित शब्दों से मेल खाए और उसकी भाव-भंगिमा भी उनके अनुरूप रहे।

पहली चुनौती यह है कि आपका हिंदी संवाद उतनी ही अवधि का हो जितनी अवधि का मूल भाषा का संवाद हो। अगर अवधि ज्यादा हो गई तो पर्दे पर पात्र बोलना बंद कर चुका होगा मगर उसका संवाद अभी चल ही रहा होगा ! अगर अवधि कम हुई तो संवाद खत्म हो चुका होगा मगर पात्र के होंठ अभी हिल ही रहे होंगे। हर भाषा

की अपनी अलग प्रकृति होती है और यह देखा गया है कि एक भाषा से दूसरी भाषा में अनुवाद करने के क्रम में शब्द-संख्या घट या बढ़ जाती है। इसलिए मूल संवाद के जितने ही शब्द अनुवाद में रखें और गिनती करते समय बड़े-बड़े शब्दों और छोटे-छोटे शब्दों को बराबर का न मान बैठें। मिसाल के लिए अगर आप हिंदी शब्द 'के' को भी एक ही गिनेंगे और अंग्रेजी शब्द 'इंटरनेशनल' को भी एक ही गिनेंगे तो गड़बड़ होगी। आपको देखना होगा कि मूल संवाद में बड़े और छोटे शब्दों का अनुपात कितना है और कुछ वैसा ही अनुपात आपको अपने अनुवाद में भी रखना होगा।

शब्द-संख्या और बड़े-छोटे शब्दों का अनुपात एक-जैसा कर देने पर भी कभी-कभी बात नहीं बनती। सो इसलिए कि अलग-अलग भाषाएँ एक ही रफ्तार से नहीं बोली जातीं। जैसे तमिल फिल्म को हिंदी में डब करते समय अक्सर यह लगता है कि तमिल में एक्टर बहुत तेजी से बोल रहे हैं। इसलिए आपको अनुवाद में कुल इतने शब्द रखने होंगे कि डबिंग में अपनी वाणी प्रदान करने वाला/वाली अनुवाद की भाषा की स्वाभाविक गति में संवाद निश्चित अवधि में पूरा कर सके। आपके किए अनुवाद की अवधि मूल में बोले गए संवाद की अवधि जितनी है कि नहीं, यह मालूम करने के लिए आपको मूल फिल्म को चलाकर उसके साथ-साथ अनुवाद किया गया संवाद बोलकर देखना होगा। इस तरह 'मैच' अर्थात् मिलान करने से पता चल जाता है कि कितना जोड़ना या काटना होगा ?

प, फ, ब, भ, म : फुललिप

डबिंग में दूसरी और कहीं बड़ी चुनौती यह है कि मूल फिल्म में अनुवाद किए गए संवाद भर दिए जाने पर भी पात्रों के होंठों का खुलना और बंद होना बिल्कुल सही लगे। दूसरे शब्दों में यह कि दर्शक को पात्रों के संवाद अनुवाद की भाषा में बोले हुए ही लगें। धंधे की भाषा में इसे 'लिप सिंक' कराना कहते हैं। लिप सिंक कराने का राज समझने के लिए पहले यह समझना जरूरी है कि बोलते समय इंसान के होंठ कब खुलते हैं और कब बंद होते हैं। जहाँ तक होंठ बंद होने का सवाल है ऐसा तभी होता है जब इंसान अपनी बात पूरी कर चुका होता है या दो बातों के बीच में थोड़ा विराम लेना चाहता है।

जहाँ तक होंठ खुलने का सवाल है वे एक तो तभी खुलते हैं जब इंसान अपनी बात शुरू करता है। डबिंग के नजरिए से हर बात के शुरू में इस तरह खुलने वाले होंठ का, जिसे 'ओपनिंग लिप' कहा जाता है, बड़ा महत्त्व है। सो क्यों है वह बाद में देखेंगे। एक बार बात शुरू कर देने के बाद होंठ किसी वाक्य के बीच में तब-तब ही बंद होकर खुलते हैं जब-जब ओष्ठ्य यानी होंठों से बोला जाने वाला अक्षर आता है। होंठ से बोले अक्षर हैं—प, फ, ब, भ और म। इन्हें कहते हैं फुललिप। जहाँ भी मूल संवाद में ऐसी ध्वनि आती हो आप रेखांकित कर लें और अनुवाद इस तरह से करें कि जहाँ-जहाँ मूल में इस तरह की ध्वनि हो वहाँ-वहाँ अनुवाद में भी हो। यहाँ मैं आपका ध्यान दिला दूँ

कि इन सभी अक्षरों को बोलते हुए होंठ एक ही ढंग से खुलता और बंद होता है। लिहाजा आपको सिर्फ इतना ही देखना है कि मूल में जहाँ ओष्ठ्य है वहाँ अनुवाद में भी ओष्ठ्य हो। यह नहीं कि अंग्रेजी में 'पी' है तो हिंदी में 'प' ही आए या अंग्रेजी में 'एम' है तो हिंदी में 'म' ही आए। अंग्रेजी के 'पी' को आप हिंदी में प,फ,ब,भ,म, कुछ भी बना सकते हैं।

मूल में जहाँ भी पात्र ने प,फ,ब,भ,म उच्चारने के लिए होंठ बंद करके खोले हों वहाँ-वहाँ अनुवाद में भी प,फ,ब,भ,म में से कोई अक्षर रखना 'लिप कवर' करना कहलाया जाता है। केवल यही ध्वनियाँ हैं, जिन्हें उच्चारने के लिए होंठ बंद होकर खुलते हैं। इसलिए डबिंग की बात दर्शक की पकड़ में तभी आ सकती है जब आप लिप कवर करने में चूक गए हों। बाकी सारी ध्वनियाँ ऐसी हैं कि उन्हें बोलते समय होंठ खुले ही रहते हैं। उनमें भिन्नता आती है जीभ के मुँह के भीतर अलग-अलग जगहों पर लगने से। क्लोज़अप तक में दर्शक पात्र के मुँह के भीतर नहीं झाँक रहा होता है। और झाँक भी रहा हो तो वह कोई ध्वनि-विशेषज्ञ नहीं होता कि जीभ तो 'ट' वर्ग बता रही है और पात्र के मुँह से 'स' निकल रहा है। खुले मुँह में आप चाहे जो भी डाल दें, दर्शक को कुछ पता नहीं चलता लेकिन जहाँ मूल में लिप है वहाँ अनुवाद में लिप न हो तो साधारण दर्शक को भी अटपटा लगता है।

लिप कवर करने के गुर

जितना जरूरी यह है कि जहाँ मूल में होंठ से बोला जाने वाला अक्षर हो वहीं अनुवाद में भी हो, उतना ही जरूरी यह भी है कि अनुवाद में होंठ से बोला जाने वाला कोई अतिरिक्त अक्षर न आ जाए। उस दशा में भी दर्शक को पता चल जाता है कि खुले होंठों से प,फ,ब,भ,म बुलवाने की गलती की गई है। यह 'लिप कवर' करने का काम भयंकर सिरदर्दी का काम हैं। हिंदी-जैसी भाषाओं में आम प्रयोग में आने वाले शब्दों में ओष्ठ्य ध्वनियों की भरमार रहती है। इस पिछले वाक्य में ही छह ऐसे अक्षर आ गए हैं। आप गौर करेंगे कि हमारे लगभग सभी सर्वनामों में होंठ का उपयोग होता है—मैं, आप, तुम, हम। दूसरी और तमिल के किसी भी सर्वनाम में ऐसी ध्वनि नहीं आती। तमिल में वैसे भी ओष्ठ्य ध्वनियाँ अपेक्षाकृत कम आती हैं, इसलिए हिंदी से तमिल में और तमिल से हिंदी में डबिंग बहुत ही मुश्किल काम बन जाता है।

इस मुश्किल को हल करने के लिए तीन चीजों की सहायता ली जाती है। इनमें से पहली चीज है ओपनिंग लिप यानी बात शुरू करने के लिए खुलता होंठ। आप स्वयं बोलकर देख लें कि आपके वाक्य में आने वाली पहली ध्वनि प,फ,ब,भ,म हो या कुछ और हो, होंठ एक ही तरह से खुलता है। इसलिए अगर आपको अनुवाद के लिए आवश्यक ओष्ठ्य अक्षर को और कहीं रखने की जगह नजर नहीं आ रही हो तो उसके बिल्कुल शुरू में डाल देने का नुस्खा आजमाएँ। दूसरी काम की चीज वह है जिसे 'हाफलिप' कहा जाता है। 'हाफलिप' ऐसी ध्वनि है जिसे बोलने के लिए होंठ भले ही

पूरा बंद करके न खोलना पड़ता हो, तकरीबन बंद जरूर किया जाता है। ये ध्वनियाँ हैं—व, ओ, औ, उ, ऊ, अगर और कोई भी गुंजाइश न बन रही हो तो फुललिप पर हाफलिप और हाफलिप पर फुललिप डाल देने का नुस्खा आजमाएँ।

तीसरी और सबसे बड़ी सहायता इस बात से मिलती है कि पात्र संवाद बोलते समय कभी-कभी कैमरे के सामने होता नहीं है, कभी होता भी है तो बात करते-करते मुँह फेर लेता है, या किसी चीज से उसके होंठ ढक जाते हैं। जहाँ भी ऐसा हो रहा हो वहाँ आप लिपसाउंड रख सकते हैं या मूल की लिप-साउंड से लिप-साउंड मिलाने की चिंता छोड़ सकते हैं। याद रखिए कि लिप पकड़े जाने की सबसे ज्यादा आशंका तब होती है जब पात्र क्लोज़अप में बोल रहा होता है क्योंकि तब दर्शक को पात्र के बंद होकर खुलते होंठ साफ नजर आ रहे होते हैं। शॉट जितनी दूरी से लिया हुआ होगा, दर्शक का ध्यान पात्र के बोलते हुए होंठों पर उतना ही कम जाएगा। इसलिए आप लिप-सिंक की सबसे ज्यादा चिंता क्जोज़अप में करें और सबसे कम चिंता लाँग शॉट में। मूल पटकथा में संवादों के साथ-साथ हर जगह पहले यह लिख लें कि शॉट कितनी दूरी का है और यह भी कि संवाद के दौरान कहाँ-कहाँ पात्र कैमरे की ओर देख रहा है और कहाँ-कहाँ नहीं ?

कुछ उदाहरण

बात को अधिक स्पष्ट करने के लिए मैं अब आपको डबिंग के लिए 'लिपसिंक' लिखे गए संवादों के कुछ उदाहरण देना चाहूँगा। ये सारे डायलॉग क्लोज शॉट वाले प्रसंगों में आए थे जिनमें लिप पर लिप बैठाये बगैर काम चल ही नहीं सकता। हाँ इन्हें लिखते समय ओपनिंग लिप का लाभ जरूर लिया गया है। लिपसिंक संवाद लिखते समय शब्दशः अनुवाद तो असम्भव होता है लेकिन कोशिश यही करनी होती है कि मूल संवाद का भावार्थ लिपसिंक संवाद में जरूर आ जाए। फुललिप के नीचे दो और हर हाफलिप के नीचे एक रेखा खींची गई है। आप गौर करेंगे कि सारे फुललिप सिंक किए गए हैं और हाफलिप सिंक हो सके हैं, तो किये गये हैं नहीं तो छोड़ दिए गए हैं।

तमिल : अब्बास मीदि कार गळै डाइवर्ट पुण्णु।
हिन्दी अनु. : अब्बास अन्य कारों को डाइवर्ट करो।
लिपसिंक : अब्बास बाकी कारें दूसरे रास्ते भेजो।

तेलगु : वाडु नाक् प्राणालाता कावलि। कासेपु प्राणालातो कावलि। बयट कापला पेट्टु
हिन्दी अनु. : वो मुझे जिन्दा चाहिए। थोड़ी देर तक जिन्दा चाहिए। बाहर पहरा रखो।
लिपसिंक : मुझे तो कुछ पूछताछ करनी है उससे अभी जिन्दा रखो बाहर पहरा बैठा दो।

अंग्रेजी : वैल आई एम नॉट फाइटिंग फॉर एनीथिंग एनीमोर।

हिन्दी अनु. : खैर अब मैं किसी भी चीज के लिए संघर्ष नहीं करता।
लिपसिंक : वो क्या है अब किसी बात के लिए मैं लड़ता नहीं जनाब।

21

कला और फार्मूला उर्फ अच्छी फिल्में, बुरी फिल्में

तीन अंकीय ढाँचे के बारे में विस्तार से चर्चा हो चुकी है लेकिन अच्छी-बुरी फिल्मों पर बात करने से पहले एक बार फिर से उसकी बुनियादी बातें दोहरा लें। पहली यह कि ड्रामा इसलिए होता है कि पात्र आपस में टकराते हैं और उनके सामने कोई समस्या होती है। पटकथा का पहला अंक पात्रों और समस्या का परिचय देने के लिए होता है। इस अंक का अन्त वहाँ होता है जहाँ हमारा मुख्य पात्र समस्या से जूझने का फैसला कर लेता है। समस्या के भी अक्सर दो आयाम होते हैं। एक बाहरी, दूसरा भीतरी। बाहरी समस्या का स्वरूप सामाजिक होता है और भीतरी समस्या का स्वरूप व्यक्तिगत होता है।

तो हम पहले ही अंक में एक समस्या, एक तनाव स्थापित कर देते हैं। दूसरा अंक, जो मुख्य पात्र के जूझने के निर्णय के साथ शुरू होता है, मूल समस्या को उलझाता जाता है और उसका समाधान और-और कठिन बनाता चला जाता है। दूसरा अंक सबसे लम्बा होता है और होते-होते एक ऐसे मुकाम पर पहुँचता है कि हमें लगता है, हमारा मुख्य पात्र बेचारा अब खुद ही लम्बा लेट जाएगा क्योंकि समाधान की कोई सूरत नजर नहीं आती। वह घोरतम निराशा का एक मिथकीय क्षण होता है जिसमें से हमारा मुख्य पात्र तीसरे अंक में भीतरी और बाहरी चमत्कारों के प्रताप से उबरकर दिखा देता है और समस्या का समाधान कर देता है। मौत के मुँह में जाकर नवजीवन प्राप्त करने के कारण ही हम उसे नायक या नायिका का दर्जा देते हैं।

अगर दूसरा अंक मुख्य पात्र के समस्या से जूझने के निर्णय के साथ शुरू होता है तो तीसरा अंक घोरतम निराशा के बावजूद हार न मानने के निर्णय के साथ। इस छोटे-से तीसरे अंक में मुख्य पात्र अपनी समस्या के बाहरी और भीतरी, दोनों पहलुओं पर विजय प्राप्त करता है और हमारे मन में उम्मीद जगाता है कि आइंदा वह सुख से रहेगा। हम कामना करते हैं कि जैसे इसके दिन फिरे वैसे ही हमारे भी फिरें। ज्यादातर फिल्म की पटकथाएँ इसी सुखांत पर समाप्त होती हैं। लेकिन कभी-कभी तीसरे अंक के अंत में ऐसा भी दिखाया जाता है कि नायक बाहरी समस्या का समाधान तो कर पाया किन्तु इस क्रम में वह स्वयं शहीद हो गया। उसकी यह शहादत हमारी नजरों में उसे और ऊँचा उठा देती है और उसके मिशन के प्रति हमारी हमदर्दी और भी बढ़ा देती है। अपवादस्वरूप कहीं-कहीं ऐसा अन्त भी दिखाया जाता है जिसमें मुख्य पात्र

लड़ते हुए मारा जाता है मगर बाहरी समस्या ज्यों-की-त्यों बनी रहती है। उस दशा में बाहरी समस्या पैदा करनेवालों के प्रति दर्शक के मन में भयंकर आक्रोश पैदा होता है।

तो यह है तीन अंकीय नाटक का वह नुस्खा जो बाबा अरस्तू के जमाने से चला आ रहा है। तमाम् सफल फिल्मों की पटकथाएँ इसी नुस्खे पर लिखी गईं। अब आप जानिए कि नुस्खे को ही अंग्रेजी में 'फार्मूला' कहा जाता है और 'फार्मूला' एक ऐसा शब्द है जिसे सुनते ही इंटलेक्चुअलाना नाकें-भौंहें फौरन सिकुड़ जाती हैं। प्रतिभाशाली लेखक को फार्मूलाबद्ध लेखन अपमानजनक प्रतीत हो सकता है। वह उसे बनावटी और अयथार्थ लग सकता है। अब ऐसा है कि जहाँ तक तीन अंकीय ढाँचे का सवाल है वह बनावटी भी है और अयथार्थ भी। आम जिंदगी में घटनाक्रम इस तरह दो छोटे और एक बड़े अंक में बँटकर साफ-सुथरे ढंग से नहीं चलता। यही नहीं, उसमें न तनाव उत्तरोत्तर बढ़ता जाता है और न चरमोत्कर्ष पर पहुँचकर एक झटके के साथ बिल्कुल नीचे आ जाता है। खैर, जहाँ यह सच है, वहाँ यह भी सच है कि जिस समय आम जिंदगी में कुछ नाटकीय घट रहा होता है उस समय आपको उत्तरोत्तर बढ़ते हुए तनाव की और घटनाक्रम के समस्या, संघर्ष और समाधान वाले तीन अंकों में बँट जाने की अनुभूति होती है। उस समय न भी हो तो जिस समय आप उसका किस्सा सुनाने बैठते हैं तब तो निश्चय ही होती है।

फार्मूला तोड़ने का फार्मूला

इसलिए हम कह सकते हैं कि तीन अंकीय ढाँचा बनावटी होते हुए भी जीवन में घटित होनेवाली नाटकीय धटनाओं की बुनावट के काफी नजदीक है। वैसे भी 'आदि, मध्य और अन्त' वाला तीन अंकीय विभाजन मानवीय मानस में बिल्कुल रचा-बसा हुआ है। तो आपकी इंटलेक्चुअलता, मौलिकता और कलात्मकता को फार्मूले से कोई परेशानी नहीं होनी चाहिए। आम जिंदगी में घटनाएँ बेतरतीब ढंग से घटती हैं। तनाव का ग्राफ काफी लम्बी-लम्बी अवधियों तक न चढ़ता है, न उतरता है। बेतरतीब और तनावरहित घटना से कोई नाटक नहीं पैदा किया जा सकता। इसी तरह जो कथानक-रूढ़ियाँ मिथक-पुराण के जमाने से चली आ रही हैं उन्हें फार्मूला मानकर उनसे परहेज करना भी व्यर्थ है। इन रूढ़ियों से ही नाटकीयता पैदा होती है और होती रहेगी।

तो फिर आपकी मौलिकता का क्या हो ? इस सिलसिले में आपको याद दिलाना चाहूँगा कि मैंने स्टीरियोटाइप पात्रों का जिक्र करते हुए कहा था कि आप अपने अनुभव, अपनी प्रतिभा और अपनी कल्पना से उन्हें भी एक नई रंगत दे सकते हैं और उन अति-परिचित पात्रों को भी कुछ अनूठा बना सकते हैं। ठीक इसी तरह आप फार्मूले के भीतर रहते हुए भी फार्मूले के बासीपन से उबर सकते हैं। उसका अपने ही ढंग से उपयोग करके उसमें एक नई ताजगी डाल सकते हैं। याद रखिए कि व्यावसायिक सिनेमा और टेलीविजन में फार्मूला लेखन से बच सकना असम्भव है। यह भी मत भूलिए कि फार्मूला को तोड़कर जो मौलिक सृजन किया जाता है वह भी बाद में आनेवालों के लिए

एक फार्मूला ही बन जाता है। फार्मूला को तोड़ना खुद एक फार्मूला है।

तो फार्मूले से परहेज मत कीजिए। उसे सीखिए, हृदयंगम कीजिए। बस इतना ही है कि उस पर यांत्रिक ढंग से मत चलिए। हालाँकि यांत्रिक ढंग से चलते हुए भी अनेक सफल व्यावसायिक फिल्मों की पटकथाएँ लिखी गई हैं लेकिन न उन फिल्मों को अच्छा कहा जा सकता है, न उनकी पटकथाओं को। अगर आप नुस्खे को नुस्खा-भर मानकर अपनी कल्पना को पूरी छूट देते हुए लिखेंगे तो अच्छी चीज बनेगी लेकिन अगर आप नुस्खे को कैद समझते हुए बार-बार अपनी कल्पना पर अंकुश लगाएँगे और इस नाप-तौल में ही लगे रहेंगे कि पहला अंक बड़ा तो नहीं हो गया, दूसरा अंक छोटा तो नहीं हो गया, प्लॉट पॉइंटों के बीच फासला ठीक रहा कि नहीं, तो आपका लेखन यांत्रिक हो जाएगा।

बहरहाल यांत्रिकता के भय से फार्मूले से ही परहेज न करने लगिए। उदाहरण के लिए, हमारे यहाँ एक फार्मूला है फिल्मों में गीत भी रखने का। इसलिए पटकथा-लेखक से कहा जाता है कि अपने कथानक में गीतों के लिए गुंजाइश बनाए। इसे कहा जाता है 'सांग सिचुएशन' निकालना। लेखक से ऐसे संवाद की माँग की जाती है जो गीत के लिए 'लीड इन' दे सकें। इस फार्मूले से कोई बचाव तो नहीं है लेकिन अच्छा पटकथाकार न सिर्फ गानों के लिए स्वाभाविक सिचुएशन और 'लीड इन' के लिए स्वाभाविक संवाद, यथा—'अच्छा तो हम चलते हैं' निकालने की कोशिश करता है बल्कि कुछ ऐसा भी सुझाता है जिससे वह गाना कथा-प्रवाह में रुकावट बनने की बजाय कहानी को आगे बढ़ाने में सहायक हो। आप राजकपूर और गुरुदत्त की फिल्मों में कथानक को आगे बढ़ाने के लिए गीतों का बेहतरीन उपयोग होता देख सकते हैं।

गीतों-भरी कहानी

बालीवुड में गीत का इस्तेमाल फिल्म को जबरदस्त हाईलाइट्स प्रदान करने के लिए किया जाता है। उसे किसी यादगार लोकेशन पर और यादगार ढंग से फिल्माने की कोशिश की जाती है। उसके माध्यम से सम्बद्ध पात्रों के मनोभाव उजागर किए जाते हैं। पुराने दिग्दर्शकों को सम्बद्ध पात्र का स्वयं गा उठना अजीब लगता था लिहाजा वे अक्सर ऐसा दृश्य लेते थे जिसमें कोई माझी, कोई बंजारा, कोई फकीर कुछ ऐसा गा उठता है जिससे पात्र के मनोभाव रेखांकित होते हों। 'दुनिया न माने' के निर्णायक क्षण में बाहर सड़क पर कोई गा उठता है, ''दिल साफ तेरा है कि नहीं तू पूछ नबी से, फिर जो कुछ करना हो तुझे कर ले खुशी से''। इस तरह ''एक फूल दो माली' में निःसंतान बलराज साहनी की वेदना तब उजागर होती है जब सड़क पर भिखारी गाता है, ''औलाद वालों फूलों फलो''। इन दोनों ही उदाहरणों में आप देखेंगे कि फार्मूलों का उपयोग कलात्मक ढंग से किया गया है। इसी तरह का एक फार्मूला है डूएट, यानी दो गाने का इस्तेमाल नायक-नायिका के आपसी संवाद के रूप में करना। याद कीजिए उन तमाम फिल्मों को जिनमें कव्वाली की हाइलाइट के बहाने नायक-नायिका में टकराहट होती

दिखाई गई। गीतों का इस्तेमाल पारिवारिकता और सामूहिकता को रेखांकित करने के लिए भी होता आया है। 'आनंद मठ' में वन्देमातरम् और सूरज बड़जात्या की फिल्मों में पारिवारिक गीतों के कुशल उपयोगों की ओर आपका ध्यान दिलाना चाहता हूँ। हालीवुड में तो फिल्मों को गीतों-भरी कहानी का रूप देते हुए 'म्यूजिकल्स' बनाने का बड़ा पुराना रिवाज रहा है।

फिल्मों के इस नौटंकी-पक्ष की कुछ विस्तार से चर्चा मैं इसलिए कर रहा हूँ कि इससे अधिक अवास्तविक और कलात्मकता-विरोधी बात कुछ हो ही नहीं सकती कि फिल्म में गाने ठूँसने की कैद रखी जाए। लेकिन इसके बावजूद अच्छे पटकथाकार और दिग्दर्शक गीतों को फिल्मों में सहजता के साथ समा ले जाने का करिश्मा कर दिखाते हैं। अगर आप कैद को चुनौती के रूप में लेंगे तो अपने दिमाग पर कुछ ज्यादा जोर डालकर यादगार काम कर दिखाएँगे। इस संदर्भ में हॉलीवुड के अद्वितीय समझे जाने वाले म्यूजिकल 'सिंगिंग इन द रेन' के लिखे जाने का किस्सा हर पटकथाकार के लिए बहुत प्रेरणाप्रद है। हुआ यह कि उस जमाने के निर्माता के पास बहुत से गीतों का कॉपीराइट था। उसने वे गीत एक तरुण लेखक-जोड़ी को सौंप दिए कि इनके इर्द-गिर्द पटकथा लिख दो। बताइए भला इससे बड़ी कैद क्या हो सकती थी ?

लेखक-जोड़ी ने यह फैसला किया कि हम पटकथा 'शो बिज' की पृष्ठभूमि में लिखें ताकि इतने ज्यादा गीत होना स्वाभाविक लगे। निर्माता ने जो गीत उन्हें दिए थे वे सब-के-सब इस सदी के तीसरे दशक के गीत थे। इसी दशक के अंतिम वर्षों में मूक फिल्मों का स्थान गाती-बोलती फिल्मों ने लिया था। तो लेखक-जोड़ी ने फैसला किया कि हम भी उसी दौर के हॉलीवुड की पटकथा लिखें और हीरो किसी ऐसे व्यक्ति को बनाएँ जो मूक फिल्मों में छाया रहा था लेकिन अब थोड़ा चिंतित है। इसमें उन्होंने इस हीरो को मूक फिल्मों का रोमांटिक नायक बनाया लेकिन साथ ही यह भी दिखाया कि फिल्मी हीरो बनने से पहले वह लोकमंच पर नाचने-गानेवाला भाँड था। इस मुख्य पात्र को उन्होंने दो नायिकाएँ दीं। एक वह जो मूक फिल्मों में उसकी प्रेमिका बनती है और दूसरी वह जिसे वह वास्तविक जीवन में प्रेमिका बनाना चाहता है लेकिन जो उसे नकचढ़ा और खोखला समझती है। उन्होंने पहली नायिका को खराब आवाज वाली दिखाया और दूसरी नायिका को बहुत अच्छी आवाज वाली गायिका बताया। लेखक-जोड़ी ने अपनी पटकथा में हॉलीवुड के उस दौर के तमाम किस्से-कहानियों और तौर-तरीकों का भरपूर फायदा उठाया और उनकी पैरोडी-सी की।

फिल्म की शुरुआत ही उन्होंने उस जमाने के प्रीमियर और स्टार इंटरव्यू दिखाते हुए की। नई रिलीज हुई फिल्म के स्टार्स के रूप में नायक और पहली नायिका के इंटरव्यू किए जा रहे हैं। पटकथा को नाटकीय मोड़ पर लाने के लिए उन्होंने दूसरे अंक में ऐसा दिखाया कि नायक-नायिका को लेकर अब जो मूक फिल्म बन रही होती है, बोलती फिल्मों के आ जाने से उसके भविष्य पर प्रश्न-चिह्न लग जाता है और उसे बोलती-गाती फिल्म बनाने का फैसला किया जाता है। इन दोनों फिल्मों के सिलसिले में पटकथा में

उस युग की शूटिंग वगैरह की झाँकियाँ प्रस्तुत करने के मौके मिले और हाँ, वास्तविक जीवन की प्रेमिका को हीरो की फिल्मों की नायिका बनाने का मौका भी। प्रसंगवश इस यादगार फिल्म में लेखक-जोड़ी ने तीन अंकीय ढाँचे को अपनाया तो जरूर मगर कहानी के हर अंक में कहानी का केन्द्र बदल देने का जोखिम भी उठाया जो उत्तरोत्तर बढ़ते तनाव के सिद्धांत के अनुसार कतई गलत था। बहरहाल उन्होंने अपने हर अंक को ही अपने में पूरा और तीन अंक्रीय ढाँचे में ढला बनाकर एक छोटी-सी फिल्म में कई-कई फिल्मों का स्वाद दर्शक को चखा दिया।

एक फिल्म में कई कहानियाँ डाल देने के बावजूद लेखक-जोड़ी ने फिल्म की लम्बाई न बढ़ने देने के लिए पटकथा-लेखन के एक और बुनियादी नियम का पालन किया। वह यह कि अगर आपको किसी प्रसंग में कई अच्छे दृश्य सूझ रहे हों तो यह कोशिश कीजिए कि किसी एक दृश्य में ही उनके सभी आकर्षक तत्त्व समेट लें। जहाँ भी आपको लगता हो कि ऐसा भी कर सकता हूँ, वैसा भी कर सकता हूँ, वहाँ एक ही दृश्य में ऐसा और वैसा दोनों कर दिखाइए। आपकी प्रतिभा की परीक्षा इसी में है कि एक ही छोटे-से दृश्य से आप कितनी बातें सम्प्रेषित कर सकते हैं—कुछ शब्दों में और कुछ बिम्बों में, कुछ क्रिया-प्रतिक्रिया में। प्रसंगवश इस फिल्म में लेखक-जोड़ी ने एक जगह कई-कई गीतों का एक ही गीत बना लेने का भी कमाल दिखाया था।

'हाइ नून' : फार्मूला में भी कला

हमारे यहाँ भी 'आशिकी'-जैसी कुछ फिल्में पहले से रिकॉर्ड किए हुए गीतों के इर्द-गिर्द पटकथा लिखवाकर शूट की गईं। कहने का मतलब यह है कि फार्मूले का पालन करते हुए भी रचनात्मक हुआ जा सकता है। फार्मूले का शत-प्रतिशत पालन करने वाली लेकिन बेहद कलात्मक फिल्म है 'हाइ नून' जिसकी पटकथा कार्ल फोरमैन ने उस दौर में लिखी थी जब सीनेटर मैकार्थी ने हॉलीवुड में घुसे कम्युनिस्टों के खिलाफ मुहिम छेड़ रखी थी और कोई उनकी मदद नहीं कर रहा था। यहाँ तक कि खुद उनके कई साथी सीनेट में उनके खिलाफ गवाही देकर उन्हें तबाह कर रहे थे।

बाबा अरस्तू के नाट्यशास्त्र का एक सिद्धांत 'यूनिट ऑफ टाइम एंड प्लेस' का है, जिसका अब सभी नाटकों और कथानकों में उल्लंघन किया जाता है। इस सिद्धांत के अनुसार एक ही समय और एक ही जगह का घटनाक्रम दिखाया जाना चाहिए। फोरमैन ने इसका तक पालन किया। 'हाइ नून' का मतलब होता है दिन के बारह बजे। और इस फिल्म का सारा घटनाक्रम एक छोटे-से कस्बे में दिन में 12 बजे के आस-पास घटित होता है। शुरू में हम देखते हैं कि तीन खलनायक आपस में मंत्रणा करते हैं और कस्बे की ओर बढ़ते हैं। यह प्रसंग क्रेडिट टाइटिलों के पीछे आता है। इसके बाद शुरू होता है पहला अंक। जिसकी स्टेप आउटलाइन इस तरह है—

1. हमारा नायक विल, जो एक छोटे-से कस्बे का शैरिफ है, अहिंसा धर्म पर चलने वाली क्वेकर बिरादरी की एमी से चंद दोस्तों की मौजूदगी में शादी करता है।

इन दोस्तों में उसकी भूतपूर्व प्रेमिका हेलन और हेलन का वर्तमान प्रेमी नायब शैरिफ हार्वी भी शामिल है। बातचीत से हमें पता चलता है कि एमी के आग्रह पर विल शैरिफ का पद छोड़ने का फैसला कर चुका है।

2. तीनों खलनायक स्टेशन मास्टर से पूछते हैं कि दोपहर वाली गाड़ी कब आएगी ? तभी स्टेशन मास्टर को एक तार मिलता है और वह चिंतित होकर कस्बे की ओर दौड़ पड़ता है।

3. विल शैरिफ का बिल्ला उतारते हुए जिंदगी के बाकी दिन अपनी पत्नी के साथ शांतिमय ढंग से बिताने की बात करता है कि स्टेशन मास्टर खबर लाता है कि जिस नृशंस हत्यारे फ्रेंक मिलर को विल ने सजा दिलाई थी और जिसने जेल जाते समय एक दिन विल के प्राण लेने की कसम खाई थी, रिहा हो गया है और 12 बजे वाली गाड़ी से लौट रहा है। उसके तीन बन्दूकधारी स्टेशन पर उसका इंतजार कर रहे हैं। सभी लोग विल को यह सलाह देते हैं कि फौरन कस्बा छोड़कर कहीं और चला जाए और वहीं बस जाए। एमी भी यही राय देती है। विल अनमने भाव से राजी होता है। हेलन और हार्वी विल और एमी को कस्बे से विदा देते हैं और वे दोनों घोड़ों पर सवार होकर कस्बे से बाहर निकल जाते हैं।

5. कस्बे से बाहर आने पर विल अपना घोड़ा रोकता है और एमी से कहता है—नहीं, मैं इस तरह कायरों की तरह भाग नहीं सकता।

मुख्य पात्र के इस प्रकार समस्या से जूझने का फैसला कर लेने के साथ ही पहला अंक समाप्त हो जाता है। चंद दृश्यों में सारे मुख्य पात्र दर्शक के आगे ले आए गए हैं—एक मुख्य खलनायक मिलर को छोड़कर—लेकिन उसकी उपस्थिति का अहसास हमें संवादों के माध्यम से कराया जा चुका है। वह और उसके साथी हमारे मुख्य पात्र के लिए बाहरी समस्या प्रस्तुत कर चुके हैं। पत्नी एमी का अहिंसावादी धर्म मुख्य पात्र की भीतरी समस्या बन चुका है। ध्यान दें कि शादी का दृश्य दिखाकर उन तमाम दोस्तों से भी हमारी मुलाकात करा दी गई है जिन्हें हम आगे दूसरे अंक में देखते हैं। यही नहीं, तीन सवाल दर्शक के मन में उठा दिए गए हैं। विल के फिर शैरिफ यानी मुख्य पुलिस अधिकारी वाली भूमिका अपना लेने पर एमी की क्या प्रतिक्रिया होगी ? वह खूँखार खलनायक आखिर कैसा होगा ? और हमारा नायक उस पर विजय पा सकेगा कि नहीं ?

अब शुरू होता है दूसरा अंक। उसकी स्टेप आउटलाइन इस प्रकार है—विल और एमी में जबरदस्त बहस होती है। एमी नहीं चाहती कि विल अपनी जान खतरे में डाले और खून-खराबा करे। वह उसे याद दिलाती है कि तुमने यह वचन देकर मुझसे शादी की थी कि आइंदा बन्दूक को हाथ भी नहीं लगाओगे। विल कहता है कि मिलर मेरे प्राण लेने पर तुला हुआ है इसलिए मैं जहाँ भी जाऊँ वह ढूँढ़ता हुआ आ ही जाएगा। यहाँ रहूँगा तो कस्बे में अपने दोस्तों की मदद से मिलर से लोहा ले सकूँगा। एमी कहती

है कि तुम्हें यहीं रहने की जिद हो तो रहो, मैं तो 12 बजे वाली गाड़ी से कहीं निकल जाऊँगी। एमी के जाते ही यह सवाल पेश होता है कि क्या विल के दोस्त उसकी मदद करेंगे ? अब देखें आगे।

1. विल मदद के लिए सबसे पहले कस्बे के जज के पास जाता है। सजा देनेवाले जज को मिलर के वापस लौटने की बात सुनकर कँपकँपी छूट जाती है और वह कस्बा छोड़ने की तैयारी करने लगता है। वह विल से कहता है, तुम यहाँ रुकोगे तो खुदकुशी करोगे।
2. विल का डिप्टी हार्वी और कभी विल की प्रेमिका रह चुकी और अब हार्वी की प्रेमिका बन चुकी हेलन, जो कस्बे के स्टोर की मालकिन है, विल की वापसी के बारे में बात करते हैं तथा हार्वी को एक अच्छा सौदा सूझता है।
3. जब विल हार्वी से मदद माँगता है तब हार्वी कहता है, पहले तुम मुझे कस्बे का मार्शल नियुक्त करो। विल को हार्वी की शर्त संदिग्ध लगती है। हार्वी गुस्सा होकर चला जाता है।
4. हेलन अपनी दुकान में काम करनेवाले सैम को समझाती है कि विल की मदद करना परले दर्जे की मूढ़ता होगी। मिलर से तो मैं खुद खतरा महसूस करने लगी हूँ।
5. एक दोस्त हर्ब विल की सहायता के लिए राजी हो जाता है।
6. विल एमी को मनाने जाने की कोशिश करता है, एमी नहीं मानती।
7. कस्बे के जिस 'बार' में दादा किस्म के लोग जमा होते हैं उसमें पहुँचकर विल सहायता की अपील करता है। शराबी दादा लोग उसकी खिल्ली उड़ाते हैं और मिलर के पक्ष में बोलते हैं।
8. विल अपने गुरु भूतपूर्व शैरिफ से मिलता है। वह कहता है कि इस काम में तुम्हारी मदद करना मुझ बूढ़े के बस का नहीं है।
9. नशे में धुत्त एक शराबी विल की सहायता के लिए आगे आता है। विल उसे सधन्यवाद लौटा देता है।
10. हेलन अपनी दुकान बेचकर कस्बा छोड़ने की तैयारी करती है।
11. अब विल अपने दोस्त फुलर के पास पहुँचता है लेकिन वह अपनी पत्नी के सुहाग की रक्षा के लिए कहीं छिप जाता है।
12. हार्वी और हेलन का झगड़ा हो जाता है, वे सम्बंध तोड़ लेते हैं।
13. विल कस्बे के चर्च में घुसता है जहाँ कस्बे के शरीफ लोग जमा हैं। वह मदद के लिए अपील करता है। लेकिन पादरी इतना भयभीत है कि इस अपील पर खुदा की मुहर लगाने को तैयार नहीं। वहाँ मौजूद विल का एक दोस्त लोगों से कहता है कि मिलर और विल की लड़ाई से हम लोगों का सारा बिजनेस चौपट हो जाएगा इसलिए हमें मिलकर विल से प्रार्थना करनी चाहिए कि खुदा के लिए इस कस्बे को फौरन छोड़ दे। विल कस्बे के अस्तबल में जाता है जहाँ

हार्वी से तू-तू मैं-मैं और हाथापाई हो जाती है। हार्वी विल का मिशन असम्भव बनाने पर तुला हुआ है।

14. विल को बिल्कुल अकेला पड़ गया देख अब हर्ब भी मदद करने से मुकर जाता है।
15. एक किशोर विल की मदद के लिए आगे आता है। विल उसे घर भेज देता है। और,
16. अपनी वसीयत लिख डालता है। तभी नेपथ्य में 12 वाली गाड़ी की सीटी सुनाई देती है।

इसके साथ ही दूसरा अंक समाप्त होता है। आप देखेंगे कि इसमें कई छोटे-छोटे दृश्य लेकर हमारे नायक के अकेले पड़ते जाने के भाव को, दर्शक के मन में पैदा हुए तनाव को उत्तरोत्तर बढ़ाया जाता रहा है। दूसरे अंक के शुरू में दर्शक के मन में जो सवाल उठाया गया था कि दोस्त विल की मदद करेंगे कि नहीं, उसका जवाब दे दिया गया है। हार्वी-हेलन-विल का जो उपकथानक है उसे भी निपटा दिया गया है और घोरतम निराशा के मिथकीय क्षण में पहुँच चुके नायक को अपनी वसीयत लिखते हुए दिखा दिया गया है। यही नहीं, एमी-हेलन, जज और पादरी, हर्ब और हार्वी-जैसे मित्रों को हमारे नायक की मदद के लिए न तैयार होता हुआ दिखाकर प्रतीकात्मक ढंग से यह दर्शाया गया है कि प्रेम, धर्म, मैत्री, न्याय और व्यवस्था सब-के-सब नायक को संकट की घड़ी में दगा दे जाते हैं। यह भी कि इस संसार में सयाना होना कायर होने का पर्याय है। ध्यान दें कि मदद के लिए जो लोग आगे आते भी हैं उनमें से एक नशे में धुत्त है और दूसरा किशोर है। एक को खतरे का होश नहीं है, दूसरे को खतरे की समझ नहीं है। इस प्रकार लेखक फोरमैन ने मैकार्थी युग की मनःस्थिति और परिस्थिति का चित्रण कर डाला है।

अब आता है तीसरा अंक। विल अपनी बन्दूक उठाकर निकल पड़ता है। कहानी चरमोत्कर्ष और समाधान की ओर बढ़ निकलती है।

1. विल खलनायक मिलर और उसके तीनों साथियों से निर्णायक लड़ाई लड़ने आ पहुँचता है। भागता-दौड़ता-छिपता उन पर गोलियाँ चलाता है और उनमें से एक को मार देता है। एमी और हेलन, जो स्टेशन में गाड़ी पकड़ने के लिए खड़ी हैं, गोली चलने की आवाज सुनती हैं। हेलन गाड़ी पर चढ़ जाती है लेकिन एमी कस्बे की ओर दौड़ पड़ती है।
2. विल एक बखार में जा घुसता है। वहाँ उसकी दूसरे हत्यारे से लड़ाई होती है, वह हत्यारे को मार देता है लेकिन बखार को आग लगा दी जाती है। वह एक घोड़े पर चढ़कर बखार से बाहर आ जाता है। मिलर और एक अन्य हत्यारा उसका पीछा करते हैं। विल एक मकान में छिप जाता है और वहाँ से गोलियाँ चलाता है।
3. एमी आ पहुँचती है और जीवन में पहली बार बन्दूक उठाते हुए उस हत्यारे

को मार देती है जो विल को निशाना बनानेवाला था। लेकिन इस क्रम में वह मिलर द्वारा पकड़ ली जाती है।

4. मिलर एमी को मार देने की धमकी देता है। वह कहता है, एमी को छोड़ दो, जो करना हो मुझसे करो। एमी अपने को छुड़ाकर भाग जाती है और विल अंतिम लड़ाई में मिलर को मार देता है।
5. मिलर और उसके साथियों के मारे जाने का समाचार मिलने पर कस्बे के सभी लोग विल और एमी का अभिनंदन करने आते हैं। जवाब में विल अपना शेरिफ का बिल्ला उतारकर फेंक देता है और घोड़े पर सवार होकर एमी के साथ कस्बा छोड़ देता है—द एंड।

फार्मूला में भी कविता

बाबा अरस्तू के ठेठ फार्मूले पर लिखी गई इस आदर्श पटकथा में लेखक कार्ल फोरमैन ने बिम्बों का भी बेहतरीन उपयोग किया है। घड़ी के शॉट का इस फिल्म में बार-बार उपयोग किया जाता है। स्लो मोशन का उपयोग करके घड़ी की सुइयाँ मानो 12 बजे की तरफ घिसटती हुई दिखाई जाती हैं। शेरिफ के बिल्ले का भी प्रतीकात्मक उपयोग किया गया है। उसे दुबारा पहनकर नायक कस्बे की रक्षा के लिए वचनबद्ध होता है। और अन्त में उसे धूल में फेंककर अभिनंदन करते हुए कस्बे को बताता है कि अब मैं तुम्हें किस लायक समझता हूँ। एमी के हाथ में आई बन्दूक इस बात का प्रतीक बन जाती है कि मानवीय प्यार हर सिद्धांत से बड़ा है। जिस समय जज कस्बा छोड़ने के लिए अपने दफ्तर में रखा राष्ट्रीय झंडा और न्याय की तुला अपने झोले में डालता है, दर्शक को लगता है अमेरिकी न्याय ने अपनी दुकान बढ़ा ली है और जंगल राज कायम हो चुका है।

'हाइ नून' मानवता पर विश्वास की केन्द्रीय समस्या उठाती है और उसका यह समाधान मिलता है कि न सिर्फ नायक इंसान पर अपना विश्वास खो चुका है, बल्कि लेखक भी और उससे साधारणीकरण करता दर्शक भी।

लेखक ने हार्वी-हेलन-विल-एमी के चतुष्कोण से बने उपकथानकों को भी मिलर और विल की लड़ाई के मुख्य कथानक के बीच-बीच इस तरह फिट किया है कि उसकी एकरसता भंग होती है और मुख्य कथानक आगे बढ़ता है। हेलन विल की तरह एक दुनियादार औरत है और बन्दूक चलाना जानती है। लेकिन वह उसके एमी से विवाह कर लेने के कारण उसकी मदद नहीं करती। लेकिन साथ ही वह अपने मन में विल की जगह लालची हार्वी को नहीं दे पाती। एमी विल से इसलिए शादी करती है कि वह हिंसा छोड़ देगा लेकिन अन्ततः वह स्वयं अपने पति की रक्षा के लिए बन्दूक उठाती है। प्रसंगवश, इस फिल्म के जबरदस्त हिट हो जाने के बावजूद कार्ल फोरमैन को हॉलीवुड से भागकर यूरोप में शरण लेनी पड़ी और कई साल तक उन्हें काम नहीं मिल पाया।

'हाइ नून' की पूरी स्टेप-आउटलाइन देकर मैंने आपको यह दिखाने की कोशिश की है कि किस तरह फार्मूले का शत-प्रतिशत पालन करते हुए भी, व्यावसायिकता के तकाजे को निभाते हुए भी स्तरीय पटकथा लिखी जा सकती है। व्यावसायिक और कलात्मक दोनों हुआ जा सकता है। तो नियमों की कैद से छटपटाइए नहीं, नियमों को अपनी कल्पना को आकार देने में अपने सहायक-भर मानिए। यह भी याद रखिए कि नियम तोड़ने के लिए ही बनते हैं। 'नई लहर' वाले कलात्मक दिग्दर्शकों ने प्लॉट (कथानक) से ज्यादा जोर थीम (कथा-विषय) पर देना शुरू किया है। कुछ ने चित्रकला के निकट पहुँचने की कोशिश में संवाद नगण्य करके बिम्बों पर बहुत ज्यादा जोर डाला है तो कुछ ने साहित्य के निकट पहुँचने की कोशिश में संवाद, स्वगत भाषण, वाइस ओवर नैरेशन (पीछे से किसी की आवाज में कथा-निरूपण) आदि उपायों का सहारा लेना शुरू किया है। दूसरे शब्दों में यह कि उन्होंने नियम तोड़े हैं।

'नई लहर' की पटकथाएँ

उनकी देखा-देखी व्यावसायिक फिल्मों के लेखकों-दिग्दर्शकों ने भी नियम तोड़ने शुरू किए हैं। हॉलीवुड की कई सफल व्यावसायिक फिल्में ऐसी भी हैं जिनकी शैली पर यूरोप की नई लहर की फिल्मों का गहरा असर नजर आता है। उदाहरण के लिए, 'फार्गो' नामक हॉलीवुड की फिल्म को लें, जिसे कोएन बंधुओं ने लिखा और प्रोड्यूस-डायरेक्ट किया। इसके पहले अंक में—

1. कारों की दुकान चलानेवाला तंगहाल जैरी यह सोचता है कि अपनी पत्नी का अपहरण कराके अपने अमीर ससुर से पैसे ऐंठे। और वह—
2. फार्गो नामक कस्बे में जाकर जैरी कार्ल और गेयर नामक दो गुंडों से मिलता है और उनसे कहता है कि आप मेरी पत्नी का अपहरण कर लें और इतने-इतने डॉलरों की फिरौती मुझसे माँगें। मैं दूँगा। गुंडे हैरान होते हैं।
3. जैरी अपने घर में अपनी पत्नी, अपने बेटे और अपने ससुर वेड के साथ भोजन करता है जहाँ हमें पता चलता है कि वेड पैसे वाला है और जैरी को धंधा करने के लिए पैसा उसी से मिलता है। यह भी कि जैरी उससे और पैसे लेना चाहता है।
4. कार्ल और गेयर जैरी की पत्नी का अपहरण करने के लिए जैरी के शहर की ओर बढ़ते हैं।
5. जैरी अपनी कार की दुकान में एक ग्राहक को ठगता है। हमें पता चलता है कि उसे पैसे की जरूरत है, वह पैसे के लिए कुछ भी कर सकता है।
6. कार्ल और गेयर रास्ते में एक कोठे पर जाते हैं। कॉमेडी और सेक्स का माहौल पैदा किया जाता है।
7. जैरी को पता चलता है कि उसके ससुर ने उसे बिजनेस करने के लिए कुछ और पैसा दे देने की बात मान ली है। उसे सुखद आश्चर्य होता है—

8. वह कार्ल और गेयर से सम्पर्क करने की कोशिश करता है ताकि पत्नी का अपहरण रुकवा सके। लेकिन वे उसे नहीं मिलते।
9. जैरी के कर्जदार उसे परेशान करते हैं और हमें पता चलता है कि जैरी आकंठ कर्ज में डूबा हुआ है।
10. जैरी की पत्नी का अपहरण कर लिया जाता है।

गौर कीजिए कि इसमें पहले ही दृश्य में जैरी की समस्या प्रस्तुत कर दी गई है कि उसे पैसे चाहिए। इस सिलसिले में वह अपनी पत्नी का अपहरण करवाने को तैयार है। उसके बाद अपहरण तक के जितने भी सीन हैं उनका कथा-विकास की दृष्टि से कोई महत्त्व नहीं है। वे केवल चरित्र-चित्रण में सहायक होते हैं। हमें बताते हैं कि जैरी मध्यमवर्गीय मगर सिद्धांतहीन व्यक्ति है, उसका ससुर अमीर और अभिजात है और गुंडे कार्ल और गेयर खासे लट्ठमार शोंदू किस्म के इंसान हैं। यही नहीं, इन दृश्यों से बर्फ से ढके रहनेवाले विरल आबादी और नितांत सरल बाशिंदों वाले मिनेसोटा राज्य का भी चित्रण होता है जिसमें शूटिंग की गई। इस सारे अंक से दर्शक के मन में कॉमेडी का प्रभाव छूटता है। जैरी, कार्ल, गेयर तीनों ही कॉमिक खलनायक हैं। इस समूचे अंक में हमें किसी नायक-नायिका के दर्शन नहीं होते और इस प्रकार एक और नियम की अवहेलना हो जाती है।

अपहरण के साथ यह सवाल उठ जाता है कि अब क्या होगा ? इसके जवाब में साथ ही दूसरा अंक शुरू हो जाता है।

अपहरण करके लौटते कार्ल और गेयर को कार में गश्त लगानेवाला एक पुलिसमैन रोक लेता है। गेयर उसे मार देता है, फिर उन दो लोगों को भी जिन्होंने उसे पुलिसमैन को मारते देखा था। यह हादसा जिस गाँव में होता है उसकी मुख्य पुलिस अधिकारी गर्भवती मार्ज इस हत्याकांड की जाँच के लिए बुलाई जाती है। वह हत्यारों का पीछा करते हुए जैरी के शहर में पहुँचती है। जैरी उसके चंगुल से बाल-बाल बच जाता है। मार्ज को अपने हाईस्कूल का एक सहपाठी माइक मिल जाता है जो उसे अपनी दुखभरी गाथा सुनाकर उसका प्यार फिर से प्राप्त करना चाहता है। मार्ज को पता चलता है कि माइक झूठ बोल रहा था। मार्ज को इस घटना से जबरदस्त सदमा पहुँचता है। उसके लिए यह तिहरी हत्या से भी ज्यादा अनैतिक है क्योंकि उससे तो उसके विश्वास की ही हत्या हो गई है।

इसी के साथ तीसरा अंक शुरू होता है जिसमें बेहद देरी से फिल्म में लाई गई नायिका हत्यारों को चाहे जैसे भी ढूँढ़ निकालने का संकल्प करती है। जैरी का ससुर फिरौती की रकम खुद ही जाकर देने का फैसला करता है। वह हथियारबंद होकर जाता है और गोलीबारी में कार्ल उसे मार देता है लेकिन स्वयं भी घायल होता है। गेयर, जो इस बीच जैरी की पत्नी को मार चुका होता है, अब कार्ल को भी मार देता है। मार्ज गेयर को आखिर पकड़ ही लेती है। उधर जैरी भी पकड़ा जाता है। मार्ज फिर गर्भवती पत्नी की भूमिका में लौट जाती है।—द एंड।

आप देखेंगे कि इस पटकथा में दूसरे अंक की घटनाओं को ताबड़तोड़ चरमोत्कर्ष की ओर ले जाने के नुस्खे की पूरी तरह अवहेलना की गई है। इसके अलग-अलग दृश्यों में एक तरफ अपहरणकर्ता मूर्खता और हिंसा करते रहते हैं और जैरी भी अपनी पत्नी का अपहरण हो जाने के बाद एक साथ पत्नी की सुरक्षा और फिरौती रकम ससुर से वसूलने की चिंता में डूबकर मूर्खताएँ करता है। दूसरी तरफ पुलिस अफसर मार्ज लगभग उन्हीं लोगों के-से अंदाज में, उन्हीं की-सी भाषा बोलते हुए जासूसी का काम बड़े ठस और ठोस अंदाज में करती रहती है। समानांतर चलनेवाली ये दो कथाएँ उस बिन्दु पर आकर मिलती हैं जहाँ मार्ज जैरी के पास जा पहुँचती है। वह मारे डर के भाग जाता है। गोया हीरोइन फिल्म में पूरे आधे घंटे बाद आती भी है तो उसका खलनायकों से सीधा सामना नहीं होता। लेखक-दिग्दर्शक जोड़ी उसके चरित्र-चित्रण में ही लगी रहती है। यह बात अलग है कि वह इतना अच्छा है कि मार्ज की भूमिका करनेवाली को ऑस्कर पुरस्कार मिला। दूसरे अंक के अन्त में उन्होंने न तो नायिका और खलनायकों को आमने-सामने होता दिखाया है और न कोई ऐसी घटना ली है जो कथानक को तीसरे अंक में ले जाती है। इस अंक का अंतिम दृश्य पत्नी के कैंसर से मर जाने का झूठा किस्सा सुनानेवाले पुराने स्कूली सहपाठी और मित्र माइक के साथ है, जिसका कहानी से कोई लेना-देना नहीं है। इस दृश्य का एकमात्र उद्देश्य सरल लोगों के राज्य मिनेसोटा के निवासियों की प्रतिनिधि नायिका के सहज विश्वास पर आधारित संसार को भंग कर देना है।

आप देखेंगे कि तीसरे अंक में भले ही खलनायक पकड़े और मारे जाते हैं और नायिका विजयी होकर घर लौटती है, लेकिन नायिका और खलनायक की कोई सीधी टक्कर नहीं होती। इस तरह यहाँ भी नियम का उल्लंघन होता है। एक और नियम का उल्लंघन करते हुए यह फिल्म कॉमेडी और हिंसा को मिला देती है। एक्शन प्रसंगों में भी कॉमेडी पैदा होती है क्योंकि नायक-नायिका सभी मिनेसोटावासियों की तरह अव्यावहारिकता की हद तक भोले हैं और उनकी सारी बातचीत कुछ पिटे हुए फिकरों तक सीमित रहती है। राज्य के बाहर से मँगाए गए दो अपहरणकर्ताओं में से कार्ल बहुत अच्छी तरह से अपने भावों को अभिव्यक्त कर सकता है और वही समझदार भी है। गेयर तो बिल्कुल शब्दहीन है, इसलिए उसकी जगह उसकी बन्दूक ही बोलती रहती है।

तो 'फार्गो' में नियमों का उल्लंघन किया गया है फिर भी वह एक सफल व्यावसायिक फिल्म है। सच तो यह है कि हॉलीवुड में कई ऐसी यादगार फिल्में बनती रहती हैं जिनमें तीन अंकीय ढाँचे के नुस्खे का उल्लंघन किया गया है। मिसाल के लिए 'पल्प फिक्शन' में तीन अलग-अलग कहानियों को परस्पर गूँथ दिया गया है और कालक्रम में मुख्य कहानी आगे-पीछे जाती रहती है। सभी सीन बहुत लम्बे-लम्बे हैं और उनमें गुंडे किस्म के लोग कॉमेडियन वाले अंदाज में एक-दूसरे से बोलते रहते हैं और कभी-कभी अपनी बातचीत का उपसंहार करने के लिए अपनी बन्दूक को भी बोलने देते हैं। तीनों कहानियाँ निहायत घटिया किस्म के हत्यारों के बारे में हैं लेकिन

लेखक-दिग्दर्शक का उद्देश्य बड़े बुनियादी किस्म के नैतिक सवाल उठाना है। इसी तरह 'प्रीजीस ऑनर' में पहले अंक में स्थापित मुख्य पात्र को सारे दूसरे अंक में महज कठपुतली बनाकर एक बुनियादी नियम का उल्लंघन किया गया है लेकिन इसके बावजूद यह फिल्म हिट हुई। दूसरे अंक में घटनाक्रम काफी तेज रखा गया है लेकिन लोगों को नायक के कठपुतली बन जाने का आभास ही नहीं हुआ। इसी तरह हिट फिल्म 'टेंडर मर्सीज' में कथानक में कोई भी पेंचोखम नहीं रखे गए और पात्रों को आपस में बोलता हुआ भी बहुत कम दिखाया गया। यही नहीं, इसमें घटनाएँ भी उसी बेतरतीब ढंग से घटित होती दिखाई गईं जैसे जिंदगी में घटती हैं और एक के बाद एक आनेवाले दृश्य में आपस में कोई सीधा सम्बंध नहीं रखा गया। हॉलीवुड में बनी हुई इस व्यावसायिक फिल्म की पटकथा फ्रांस की नई लहर के दिग्दर्शकों की फिल्मों की याद दिलाती है जिनमें चरित्र-चित्रण और कथानक का उतना महत्त्व नहीं होता जितना कथा-विषय और मूड का।

अफसोस कि हमारा अपना बालीवुड कहीं ज्यादा फार्मूलाग्रस्त है। उसके लिए तो अभी हॉलीवुड की व्यावसायिक फिल्मों की पटकथाएँ तक कुछ ज्यादा ही कलात्मक हैं। लेकिन उम्मीद करनी चाहिए कि अब इक्कीसवीं सदी में स्थिति बदलेगी। न भी बदले तो व्यावसायिक फार्मूले के भीतर रहते हुए आप सार्थक पटकथा लिख ही सकते हैं।

22

सिनेमा की भाषा–शॉट बोलेंगे !

लेखक की हैसियत से आप पटकथा उसी भाषा में लिख रहे होंगे जिसमें आम साहित्य लिखा जाता है। लेकिन जैसा कि मैंने शुरू में कहा, पटकथा किसी पाठक के पढ़ने के लिए या दर्शकों के सामने रंगमंच पर अभिनीत किए जाने के लिए नहीं लिखी जाती, वह पर्दे पर दिखाए जाने के लिए लिखी जाती है। और, पर्दे पर उसे दिखवाता है दिग्दर्शक, जो उसे कैमरा और ध्वनि-लेखन यंत्रों की मदद से फिल्म पर उतारता है। पर्दे पर दर्शक वही देखता है जो सेट या लोकेशन पर दिग्दर्शक ने कैमरे की आँख से देखकर फिल्माया हो। तो शूटिंग के दौरान कैमरा गोया दर्शक के स्थान पर होता है। दिग्दर्शक उसे पात्रों और चीजों से चाहे जितना दूर या पास रख सकता है या ला-ले जा सकता है। इस क्रम में उसे कई तरह के 'शॉट' मिलते हैं। बाद में वह इन शॉटों का सम्पादन करके इन्हें आपस में अपनी आवश्यकतानुसार जुड़वा सकता है। कैमरा आगे-पीछे ले जाकर शॉट लेने और बाद में उनका सम्पादन करवाने की अपनी एक अलग भाषा है, एक अलग व्याकरण है।

इसलिए पटकथा को फिल्माने से पहले उसे 'शूटिंग स्क्रिप्ट' का रूप देना पड़ता है जिसमें बताया जाता है कि सीन का घटनाक्रम और कथोपकथन कितने और किस तरह के शॉटों में तोड़कर फिल्माया जाएगा यानी सीन का 'शॉट डिवीजन' क्या रहेगा? कहने का मतलब यह है कि पटकथा लिखने के लिए साहित्य की भाषा की जानकारी ही पर्याप्त नहीं, सिनेमा की भाषा भी आनी चाहिए। तो चलिए एक सरसरी नजर उस पर भी डाल लें।

सबसे पहले आप यह जानना चाहेंगे कि शॉट किसे कहते हैं ? कैमरे में फिल्म एक बार चलाने के बाद जब तक रोक नहीं ली जाती तब तक अंकित हुई सारी छवि एक शॉट कहलाती है। दिग्दर्शक फिल्मांकन के समय 'रोल कैमरा' यानी कैमरा चलाओ कहता है और अपने हिसाब से शॉट संतोषप्रद ढंग से पूरा हो जाने पर 'कट एंड प्रिंट इट' कहता है। इस दौरान अंकित छवि शॉट हैं। जैसा मैंने कहा, कैमरा पात्रों और वस्तुओं से दूर या पास रखा जा सकता है। कैमरे को उठाकर एक जगह से दूसरी जगह रखने ले जाया जाएगा तो जाहिर है शॉट बदल जाएगा।

शॉट बदल जाएगा मगर जरूरी नहीं है कि दृश्य बदल जाएगा। एक ही दृश्य में कई-कई शॉट हो सकते हैं और अक्सर होते भी हैं। दूसरी तरफ एक ही शॉट एक ही

दृश्य से दूसरे और तीसरे में जा सकता है। ऐसा उस हालत में होता है जब कैमरा पात्रों के पीछे-पीछे यहाँ से निकलकर वहाँ और वहाँ से निकलकर वहाँ जाता रहे। जैसे यह कि हीरोइन अपने पति से लड़कर बैडरूम से निकल पड़ी और कैमरा उसके पीछे हो लिया, बैठक को पार करते हुए वह घर से बाहर पहुँची जहाँ उसे अपना प्रेमी आता हुआ मिला जिसने उससे कहा कि मेरे साथ चलो। वह उसकी गाड़ी में बैठ गई, कैमरा भी सवार हो गया और उनकी बातचीत दर्ज करता रहा। प्रेमी ने कहा कि तुम चिंता मत करो मैं कल ही अपने वकील से बात करूँगा। कट टू—वकील का दफ्तर। इसमें कट से पहले चार दृश्य बदले हैं लेकिन कैमरा चलता रहा है। इसलिए यह पूरा प्रसंग एक शॉट है।

शॉट-संहिता : मनोवैज्ञानिक दूरियाँ-नजदीकियाँ

अगर कैमरा इतनी दूरी पर रखा गया हो कि वह सभी प्रमुख पात्र और सारा घटना-स्थल अंकित कर पा रहा हो तो हमें 'लाँग शॉट' मिलता है। पटकथा की भाषा में इसे 'एल. एस.' लिख दिया जाता है। 'लाँग शॉट' दर्शक को घटना-स्थल से परिचित करवाने का काम करता है। उदाहरण के लिए, आपका दृश्य यह है कि प्लेटफार्म पर गाड़ी आती है, नायक नायिका की अगवानी करता है। 'लाँग शॉट' में दर्शकों को पता चल सकेगा नायक प्लेटफार्म पर है और गाड़ी आ रही है। इसी तरह 'लाँग शॉट' दर्शक को यह बताने का काम भी करता है कि घटना-स्थल में कौन कहाँ है और कहाँ क्या है ? फर्ज कीजिए, अदालत में मुकदमे की सुनवाई हो रही है, तो 'लाँग शॉट' से आपको पता चल सकेगा कि जज कहाँ बैठा है ? मुजरिम नायक का कटघरा कहाँ है ? वकील नायिका किस दरवाजे के पास खड़ी हुई महत्त्वपूर्ण सुराग लानेवाले का इंतजार कर रही है ? सरकारी वकील और खलनायक कहाँ खड़े हुए हैं ? दर्शकों में खलनायक को मारने के इरादे से आया हुआ नायक का गुस्सैल भाई कहाँ बैठा हुआ है ? आदि-आदि। 'लाँग शॉट' में कैमरा तटस्थ होता है, सबको समान दूरी से दिखा रहा होता है। इसीलिए 'लाँग शॉट' दर्शक के मन नें भी तटस्थ भाव पैदा करता है, वह उससे जरूरी जानकारी-भर ले रहा होता है।

कभी-कभी कैमरे को बहुत ही दूरी पर रखकर फिल्मांकन किया जाता है। इसे 'एक्स्ट्रीम लाँग शॉट' कहा जाता है। उदाहरण के लिए, आप दिखा सकते हैं कि यहाँ से वहाँ तक हिमाच्छादित चोटियाँ फैली हुई हैं। या सुदूर सागर में सूरज डूब रहा है और एक अकेला जहाज चला जा रहा है। आप दिखा सकते हैं कि युद्धस्थल पर दोनों विशाल सेनाएँ आमने-सामने डटी हुई हैं। इस तरह के 'एक्स्ट्रीम लाँग शॉट' दर्शक के मन में काव्यात्मक या महाकाव्यात्मक किस्म का प्रभाव छोड़ते हैं। इसीलिए एक ज़माने में फिल्म शुरू करते हुए या समाप्त करते हुए इसका अनिवार्य रूप से प्रयोग करने का रिवाज था। प्रसंगवश 'एक्स्ट्रीम लाँग शॉट' टेलीविजन की दृष्टि से व्यर्थ है क्योंकि छोटे पर्दे पर चीजों का आकार इतना छोटा हो जाता है कि कुछ नजर ही नहीं आता। इसी वजह

से ‘लाँग शॉट’ भी टी.वी. के लिए विशेष उपयोगी नहीं माना जाता।

टी.वी. के दृश्यों में आमतौर से पात्रों की बातचीत ही फिल्माई जाती है। इसके लिए इतना ही पर्याप्त होता है कि एक बार कैमरा इतनी दूरी पर रखकर ‘शॉट’ ले लिया जाय कि वे सब-के-सब उसमें पूरे-के-पूरे नजर आ जाएँ। पता चल जाय कि उनमें से कौन कहाँ है ? इस तरह के शॉट को टी.वी. की भाषा में ‘कवर शॉट’ या ‘मास्टर शॉट’ कहा जाता है। यह ‘शॉट’ लगभग उतनी ही दूरी से लिया गया होता है जितनी दूरी से फिल्म का ‘मिड शॉट’ जिसे ‘एम.एस.’ लिखा जाता है। ‘मिड शॉट’ ‘लाँग शॉट’ के मुकाबले में सम्बद्ध पात्रों को आपको अधिक नजदीकी से दिखाता है इसलिए उनसे आपकी ‘मनोवैज्ञानिक’ नजदीकी भी बढ़ जाती है। आप उतना तटस्थ होकर नहीं देख रहे होते जितना कि ‘लाँग शॉट’ में। अब आपका ध्यान सारे दृश्य पर बँटा न होकर सम्बद्ध पात्रों पर केंद्रित हो जाता है। प्लेटफार्म वाला ही उदाहरण लें। अगर उसमें हम ‘लाँग शॉट’ के बाद ‘मिड शॉट’ में नायक का नायिका की अगवानी के लिए आगे बढ़ना दिखाते हैं तो दर्शक का ध्यान नायक-नायिका के मिलन पर केंद्रित हो जाता है और उसके मन में भी कुतूहल होता है कि नायिका कैसी होगी और नायक से कैसे पेश आएगी ? अदालत वाले दृश्य में आप वकील नायिका के सहायक का पहुँचना और हाथ के इशारे से कहना कि सुराग नहीं मिला, दर्शक को ‘मिड शॉट’ में दिखाएँगे तो उसका ध्यान अदालती ड्रामा के इस हिस्से पर एकाग्र होगा और नायिका की तरह वह भी निराश होगा।

क्लोज शॉट और क्लोज अप

‘लाँग शॉट’ में आप दृश्य का परिवेश देख रहे होते हैं। वह किसी खास चीज पर ध्यान नहीं दिलाता होता बल्कि एक मूड, एक वातावरण का निर्माण करता होता है। ‘मिड शॉट’ कहानी को आगे बढ़ाने के लिए घटनाक्रम के किसी खास हिस्से पर आपका ध्यान एकाग्र करता है। इस एकाग्रता को बढ़ाने के लिए, कोई सूक्ष्म व्यापार दिखाने के लिए, पात्रों की भाव-भंगिमा प्रदर्शित करने के लिए कैमरा और भी नजदीक ले जाया जा सकता है। बारी आती है ‘क्लोज शॉट’ की जिसे ‘सी.एस.’ लिखा जाता है। इसमें कैमरा किसी पात्र या वस्तु के इतना नजदीक रख दिया जाता है कि पर्दे पर केवल वही नजर आता/आती है। क्लोज शॉट में पात्र के शरीर का लगभग एक तिहाई हिस्सा ही अंकित हो पाता है। ज्यादातर पात्रों का कंधे से लेकर सिर तक का एक तिहाई हिस्सा फिल्माया जाता है।

फिल्म में पात्र के चेहरे का क्लोज शॉट वहाँ दिखाया जाता है जहाँ पात्र की भाव-भंगिमा, उसके संवाद या उसकी प्रतिक्रिया पर ध्यान केंद्रित करना आवश्यक हो। अगर हम किसी और की कही बात पर सुननेवाले पात्र की भाव-भंगिमा व्यक्त करने के लिए उसका क्लोज शॉट लेते हैं तो वह ‘रिएक्शन शॉट’ कहलाता है। प्रसंगवश पटकथा लिखते समय आपको बराबर इस बात का ध्यान रखना चाहिए कि एक पात्र

द्वारा की अथवा कही गई बात पर दूसरे पात्र की प्रतिक्रिया दर्शाना बहुत जरूरी होता है। लिहाजा आप इस ओर ध्यान दिलाने के लिए बीच-बीच में लिखते रहें कि अलाँ की बात पर फलाँ रिएक्ट करता/करती है।

हम कैमरे को पात्र के और भी नजदीक ला सकते हैं। इतना कि उसका सिर्फ चेहरा-ही-चेहरा दिखे। यह क्लोज अप की स्थिति है जिसे पटकथा में 'सी.यू.' लिखा जाता है। सामान्य जीवन में इतनी नजदीकी से किसी का चेहरा आप किसी अत्यंत आत्मीय अन्तरंग क्षण में ही देखते हैं इसलिए क्लोज अप में दर्शक की पात्र से मनोवैज्ञानिक नजदीकी और भी बढ़ जाती है। उसे पात्र के नाक-नक्श का एक-एक ब्यौरा साफ नजर आने लगता है। पात्र के चेहरे पर आए मनोभावों को वह इतने नजदीक से पढ़ सकता है कि स्वयं भी उस रस में भीग जाता है। कैमरे की नजदीकी और भी बढ़ाई जा सकती है। इतनी कि वह पात्र के चेहरे का कुल एक हिस्सा दिखाए। उदाहरण के लिए ओंठ-ही-ओंठ या आँखें-ही-आँखें। यह 'एक्स्ट्रीम क्लोज अप' की स्थिति है। सामान्य जीवन में हम चीजों को 'एक्स्ट्रीम क्लोज' में देखने के आदी नहीं होते इसलिए 'एक्स्ट्रीम क्लोज अप' दर्शक के मन में असामान्यता का प्रभाव छोड़ता है। उसे लगता है कि मैं कुछ अजीबो-गरीब देख रहा हूँ।

जहाँ 'लाँग शॉट' अच्छी तरह समझाता है कि आप क्या देख रहे हैं वहीं एक्स्ट्रीम क्लोज अप दर्शक को बेहद हैरान करता है कि यह मैं क्या देख रहा हूँ ? इस हैरानी का भी अपना सिनेमाई उपयोग है। पहले दर्शक को 'एक्स्ट्रीम क्लोज अप' में कोई चीज दिखाकर हैरान-परेशान कीजिए फिर कैमरा पीछे ले जाकर जबरदस्त राहत दिलाइए कि अरे! ये तो जानी-पहचानी चीज का हिस्सा है। या उसे जबरदस्त झटका दिलवाइए कि बहुत घिनौनी-भयावह या अपरिचित चीज को देख रहा था। इस तरह की झटका देने की युक्ति 'साइंस फिक्शन' और 'हॉरर मूवीज' में अक्सर इस्तेमाल की जाती है। जबरदस्त ड्रामा या कविता पैदा करने के लिए आप सामान्य शॉट से एक्स्ट्रीम क्लोज अप में जा सकते हैं। उदाहरण के लिए, क्रांति के आह्वान का दृश्य किसी तनी हुई मुट्ठी के एक्स्ट्रीम क्लोज अप पर समाप्त कर सकते हैं। म्यूजिक वीडियो के इस उत्तर-आधुनिक युग में कभी-कभी मात्र हैरान करते रहना ही आपका एकमात्र ध्येय हो सकता है। इसलिए आप धड़ाधड़ एक्स्ट्रीम क्लोज अप डाल सकते हैं।

क्लोज अप के संदर्भ में आपको बता दूँ कि अक्सर पटकथा में लिखा जाता है—'इंसर्ट' यानी फलाँ चीज का क्लोज अप डाल दें। फर्ज कीजिए कि किसी भुतहा मकान में हर रात 12 बजे चुड़ैल आती है। हम अविश्वासी नायक को इस सूचना पर हँसता हुआ और अपने दोस्त से यह कहता हुआ दिखाते हैं कि भूत-चुड़ैल कुछ नहीं होता है। दोस्त कहता है अभी पता चल जाएगा। 'इंसर्ट क़्लॉक' जिसमें बारह बजने ही वाले हैं, देखकर हमारे नायक की तरह हर दर्शक भी दम साधकर बैठ जाएगा कि घड़ी में 12 बजते ही क्या होगा ? कहने का मतलब यह कि अगर किसी दृश्य के खास मोड़ पर किसी खास वस्तु का विशिष्ट महत्त्व हो तो उसे 'इंसर्ट' करने के लिए कहें।

जैसे 'इंसर्ट न्यूज पेपर हैड लाइन' या 'इंसर्ट रिवाल्वर'।

तो ये हुए 'एक्स्ट्रीम लाँग शॉट' से लेकर 'एक्स्ट्रीम क्लोज अप' तक वे शॉट जो कैमरा को दूर या पास रखकर अंकित किए जा सकते हैं। इस तरह के दो और शॉट आपको कहीं-कहीं पढ़ने को मिलेंगे। इनमें से एक है–'मीडियम लाँग शॉट' यानी 'एम.एल.एस.' और दूसरा है 'मीडियम क्लोज शॉट' यानी 'एम.सी.एस.'। जैसा कि नाम से ही जाहिर है 'मिड लाँग शॉट' वह है जो 'मिड शॉट' और 'लाँग शॉट' के बीच की-सी दूरी से अंकित किया जाए और 'मिड क्लोज शॉट' वह है जो क्लोज शॉट और मिड शॉट के बीच की-सी दूरी से लिया जाए।

बोलते मुण्ड, मटकते कूल्हे

कैमरा कितनी दूरी पर है यह बताने की झंझट में पड़ने की जगह टी.वी. वालों ने यह बताने का रिवाज शुरू कर दिया कि फ्रेम में कितने लोग आ रहे हैं। यथा 'टू शॉट' माने दो लोग दिखाए जाने हैं, 'थ्री शॉट' माने तीन लोग दिखाए जाने हैं। धारावाहिक 'हम पाँच' में तो कभी-कभी 'सेवन शॉट' भी होता है जिसमें माँ-बाप और पाँचों बेटियाँ फ्रेम में होते हैं। 'फ्रेम' का मतलब है चौखटा। कैमरा जो तस्वीर ले रहा है उसके चौखटे में दृश्य-स्थल का कितना हिस्सा आ रहा है उसी को फ्रेम कहते हैं। कभी-कभी इसके लिए 'फ्रेम-लाइन' शब्द भी इस्तेमाल किया जाता है। कैमरे में आँख लगाकर तो आप देख ही सकते हैं कि फ्रेम में क्या आ रहा है ? इसका एक मोटा अंदाजा लगाने का एक और तरीका यह है कि कैमरे की जगह पर खड़े होकर अपने दोनों अँगूठे मिलाकर हथेलियाँ ऊपर को फैलाएँ और हथेलियों के बीच जगह में जितना कुछ आ रहा हो उसे फ्रेम मान लें। डायरेक्टरों की इस अदा का नक्काल कॉमेडियन अक्सर इस्तेमाल करते पाए जाते हैं।

टी.वी. में ज्यादातर पर्दे पर कोई एक पात्र बोलता हुआ दिखाया जाता है। उसके कंधे से सिर तक का क्लोज शॉट टी.वी. में 'हैड एंड शोल्डर शॉट' कहा जाता है। यही वजह है कि टी.वी. की भाषा में क्लोज शॉट को 'हैड एंड शोल्डर शॉट' पुकारते हैं। बहरहाल इस तरह के शॉट में पात्र की टाँगें-ही-टाँगें या केवल कमर से लेकर जाँघ तक का हिस्सा या केवल कमर से लेकर कंधे तक का हिस्सा भी अंकित कर सकते हैं। नृत्य के फिल्मांकन में अक्सर ऐसा किया भी जाता है। टी.वी. मुख्य रूप से 'क्लोज शॉट' का ही माध्यम है क्योंकि उसमें 'लाँग शॉट' या 'मिड शॉट' आ जाने से दर्शक की एकाग्रता भंग होती है। टी.वी. धारावाहिकों में बोलते हुए पात्रों के सिर के क्लोज अप और म्यूजिक वीडियो में गायक-गायिका के थिरकते अंगों के क्लोज अप भरे पड़े होते हैं। यही वजह है कि सिनेमा के शैदाई टी.वी. को हिकारत से देखते हुए उसे 'टॉकिंग हैड्स एंड पम्पिंग पोस्टीरियर्स' यानी 'बोलते मुंडों और मटकते कूल्हों' का माध्यम बताते हैं।

टी.वी. वालों की भाषा ने सिनेमा में भी घुसपैठ कर ली है इसलिए 'टू शॉट' का

उल्लेख आप सिनेमा की स्क्रिप्ट में भी अक्सर पाएँगे। 'टू शॉट' माने वह जिसमें दो लोग दिखाई दे रहे हैं। अक्सर रू-ब-रू होकर बात करते हुए। टू शॉट का एक खास प्रकार वह है जिसमें रू-ब-रू बात करते हुए दो पात्रों को कैमरा सामने से फिल्माने की बजाय किसी एक के कंधे के आस-पास रखकर शॉट लिया जाता है। इसे कहते हैं 'ओवर द शोल्डर शॉट'। जिस पात्र के पीछे कैमरा रखा गया हो उसकी खोपड़ी-गर्दन और कंधे का आभास मात्र फ्रेम के एक हिस्से में हमें मिलता है और शेष फ्रेम में दूसरे पात्र का पूरा चेहरा—अक्सर बोलता हुआ—नजर आता है। कभी इस, कभी उस पात्र के पीछे कैमरा ले जाकर 'ओवर द शोल्डर शॉट' लिये जाते रहते हैं।

आजकल शॉट को 'एंगल' कहने का रिवाज भी चल पड़ा है। पटकथाकार यह बताने की बजाय कि शॉट किस तरह का है सिर्फ यह बताता है शॉट किसका है। इसके लिए जो फिकरा इस्तेमाल होता है वह है—'एंगल ऑन'। इसका मतलब है कैमरे की आँख लगी है। मिसाल के लिए आपने लिखा 'एंगल ऑन श्याम गेटिंग डाउन फ्रॉम हिज कार'। इसका मतलब है कैमरे की आँख कार से उतरते श्याम पर लगी है। गोया हम देखते हैं कि श्याम कार से उतर रहा है। इसी तरह 'अनादर एंगल' का मतलब है कि उसी बात को किसी और कोण से दिखा दीजिए गोया उसी का दूसरी तरह शॉट ले लीजिए।

एक और फिकरा है 'फेवरिंग'। इसका मतलब है कि जिस पात्र का उल्लेख किया जा रहा है उसे शॉट में महत्त्व दीजिए। कैमरा उस पर केंद्रित रखिए। यथा 'फेवरिंग नूतन' का मतलब है कि शॉट चाहे जैसे लीजिए कैमरा नूतन पर केंद्रित रखिए। इस कड़ी का आखिरी शब्द है 'मूविंग शॉट'। इसका मतलब है कि किसी चलती-फिरती चीज का शॉट लिया जाना है। उसे फ्रेम में रखने के लिए क्या करना है यह दिग्दर्शक तय करेगा। मिसाल के लिए 'मूविंग शॉट' श्याम सागर तट पर घोड़ा दौड़ाता है। या 'मूविंग शॉट' टेलीफोन की घंटी सुनकर नूतन पलंग से उठती है और दूसरे कोने पर रखा फोन जाकर उठाती है।

पटकथाओं में आपको एक शब्द पढ़ने को मिलेगा 'रिवर्स एंगल'। इसका मतलब यह है कि पहला शॉट कैमरा जहाँ रखकर लिया गया था दूसरा शॉट ठीक उसी जगह के सामने रखकर उलटी दिशा में लिया जाएगा। फर्ज कीजिए कि हमने एक शॉट लिया कि नायक ने नायिका को सामने से आते देखा और अब हमें शॉट लेना है कि आती हुई नायिका ने नायक को देखा तो हम लिखेंगे 'रिवर्स एंगल'। प्रसंगवश जब हम कहते हैं कि नायक को नायिका आती हुई दिखती है तब पटकथा की भाषा में वह नायक के नजरिए से लिया गया 'प्वॉइंट ऑफ व्यू' शॉट होता है। इसे संक्षेप में 'पी.ओ.वी' कहते हैं। तो हम लिखेंगे 'पी.ओ.वी.' नायक, नायिका आती है। हमारा अगला शॉट है 'पी.ओ.वी.' आती नायिका, नायक खड़ा दिखता है। चूँकि 'प्वॉइंट ऑफ व्यू' बदला है इसलिए 'रिवर्स एंगल' कहलाता है।

आपको 'वाइडर एंगल' और 'टाइटर एंगल'—ये दो फिकरे भी मिलेंगे। 'वाइड' माने

चौड़ा फ्रेम, टाइट माने 'सँकरा फ्रेम'। जब आप कहते हैं कि 'वाइडर एंगल' तब आप चाहते हैं कि कुछ और दूरी से शॉट लें ताकि आस-पास का नजारा दिख सके। 'टाइटर' कहते हैं तो आप चाहते हैं कि और नजदीक से शॉट लें। ऐसे ही 'टाइट टू शॉट' का मतलब है कि वे दो पात्र ही दिखें, उनकी पृष्ठभूमि नहीं। 'टाइट्न ऑन' का मतलब है अमुक व्यक्ति या वस्तु के क्लोज अप पर चले आएँ।

ट्रैक, पैन, जूम : कैमरा खुद भी एक कलाकार है !

जैसे कलाकार कैमरे के आगे घूमते-फिरते-थिरकते हैं वैसे ही स्वयं कैमरा भी गतिशील हो सकता है। यह जरूरी नहीं कि नजदीक-दूर जाने के लिए आप उसे उठाकर यहाँ-वहाँ रखें। वह तो पहियों और पटरियों की मदद से खुद ही आगे-पीछे हो सकता है। कैमरे को पटरियों पर चलाने के लिए 'ट्राली' या 'डॉली' रखी जाती है। फर्ज कीजिए कि हम यह दिखाना चाहते हैं कि दरवाजे पर दस्तक सुनकर नायिका पलंग से उठकर दरवाजा खोलने जाती है। उसकी इस पूरी गतिविधि को फिल्माने के लिए हम पलंग से लेकर दरवाजे तक के रास्ते के समानांतर पटरी बिछाकर उस पर कैमरा चलाकर शॉट ले सकते हैं।

यह कोई जरूरी नहीं है कि कैमरा ट्राली पर रखकर ही यहाँ से वहाँ जा सकता है। आप इसे किसी भी वाहन पर रख सकते हैं। चलती हुई कार या ट्रेन से लिये गए शॉट, विमानों खासकर हेलीकॉप्टरों से लिये गए शॉट बहुत आम हैं। वक्त-जरूरत कैमरामैन खुद ही कैमरे को उठाकर चल सकता है। टी.वी. समाचारों के लिए काम करनेवाले कैमरामैनों को तो लगभग हर रोज ऐसा करना पड़ता है। खैर, गौरतलब बात यह है कि बगैर शॉट बदले ही आप कैमरा को पात्रों के दूर या नजदीक ले जा सकते हैं। या एक दृश्य-स्थल से दूसरे दृश्य-स्थल तक पहुँचते हैं। जैसे अभी हमारी नायिका ड्राइंग रूम में बैठी गुनगुनाती है कि कार की आवाज सुनकर वह बाहर जाती है। उसके साथ-साथ कैमरा भी ड्राइंग रूम से बाहर पोर्टिको में चला जाता है। कैमरे के इस तरह गतिशील बन जाने से शॉट की अवधि भी लम्बी की जा सकती है और एक ही शॉट में कई-कई दृश्य-स्थल भी समेटे जा सकते हैं। आमतौर पर एक 'सीन' में कई-कई शॉट लेने की जरूरत पड़ती है लेकिन कैमरा की गतिशीलता एक ही 'शाट' में पूरा सीन बल्कि कई-कई सीन लेने की सम्भावना पैदा करती है। प्रसिद्ध दिग्दर्शक अल्फ्रेड हिचकॉक ने तो 'द रोप' नामक अपनी फिल्म पूरी की पूरी कैमरा को गतिशील बनाए रखकर शूट कर ली थी।

जब कैमरा को ट्राली पर रखकर पात्रों के साथ-साथ चलाया जाता है तो उसे 'ट्रेकिंग शॉट' कहते हैं। जब कैमरा को 'डॉली' पर रखकर सम्बद्ध पात्र या वस्तु की ओर बढ़ाया जाता है तो उसे 'डॉली इन' करना लिखते हैं। और जब उसे सम्बद्ध पात्र या वस्तु से दूर ले जाया जाता है तो उसे 'डॉली आउट' करना कहते हैं। आजकल ऐसे लैंस बन गए हैं जिनकी कृपा से कैमरे को ट्राली पर आगे-पीछे ले जाने की जरूरत नहीं रह गई। 'जूम' कहलानेवाले इन लैंसों को एक तरफ घुमाओ तो चित्रित वस्तु या व्यक्ति

दूर जाने लगता है और दूसरी तरफ घुमाओ तो नजदीक आने लगता है। इसे 'जूम आउट' और 'जूम इन' करना कहते हैं। चित्रित वस्तु को ट्राली अथवा लैंस की मदद से दर्शक से दूर या नजदीक करने का यह काम एक झटके से भी किया जा सकता है और बहुत धीमे-धीमे भी। तेजी से ऐसा करने पर झटकेदार नाटकीयता पैदा होती है और धीमे-धीमे करने पर काव्यात्मकता।

कैमरा आगे-पीछे तो ले ही जाया जा सकता है, इसके अतिरिक्त वह अपनी धुरी पर भी पूरा 360 डिग्री घूम सकता है। इस तरह कैमरे को उसकी धुरी पर पूरा घुमाकर हम किसी भी दृश्य-स्थल को उसके एक सिरे से चित्रित करते हुए घूम कर फिर वहीं पहुँच सकते हैं। ऑर्सन वेल्स की फिल्म 'द लेडी फ्रॉम शंघाई' का एक प्रसिद्ध दृश्य है जिसमें नायिका बड़े-बड़े दर्पणों से घिरी बैठी होती है और कैमरा अपनी धुरी पर पूरा घूमकर एक-एक दर्पण में उसकी छवि दिखाता है। जब कैमरा इस तरह धुरी पर घुमाया जाता है तब उसे 'पैनिंग' कहते हैं। इस तरह लिया गया शॉट 'पैन शॉट' कहलाता है। कैमरा धुरी पर पूरा घुमाया जाए तो 360 डिग्री का 'पैन' कहलाता है। आधा घुमाया जाय तो 180 डिग्री का, वगैरह। 'पैन' शब्द पैनोरमा यानी विस्तृत झाँकी शब्द का संक्षिप्त रूप है। शुरू में इस तरह के शॉट का किसी दृश्य-स्थल की विस्तृत झाँकी प्रस्तुत करने के लिए उपयोग किया जाता था। इस शॉट का इस्तेमाल कभी-कभी एक पात्र से दूसरे पात्र पर या एक वस्तु से दूसरी वस्तु पर निगाह ले जाने के लिए भी किया जाता है। उस दशा में हम लिखते हैं कि 'इससे पैन करके उस पर जाते हुए' या 'पैन फ्रॉम दिस टु दैट'। इस तरह का 'पैन शॉट' टी.वी. धारावाहिकों में समय और पैसा बचाने के लिए अक्सर लिया जाता है। अभी कैमरा इस पात्र की ओर रखो, उसे बोलने दो और जैसे ही दूसरा पात्र जवाब दे 'पैन' करके उस पर चले जाओ।

जिस तरह कैमरा अपनी धुरी पर गोल घूम सकता है उसी तरह ऊपर और नीचे भी आ सकता है, यानी झुकाया-उठाया भी जा सकता है। इसके चलते दो और तरह के शॉट लिये जा सकते हैं। पहला 'टिल्ट डाउन' यानी कैमरे को झुकाते हुए लिया गया शॉट। दूसरा 'टिल्ट अप' यानी कैमरे को ऊपर उठाते हुए लिया गया शॉट। फर्ज कीजिए, हम दुकान का बोर्ड दिखा कर कैमरे को झुकाते हुए नीचे आते हैं और दरवाजे पर खड़े हुए दुकानदार को दिखाते हैं, तो यह 'टिल्ट डाउन शॉट' हुआ। इसी तरह हम सीधा जमीन से ऊपर को उड़ते हुए हेलीकॉप्टर को अंकित करते रहने के लिए कैमरा ऊपर की ओर उठाते हैं तो यह 'टिल्ट अप शॉट' हुआ। कई बार कैमरे को झुकाने और उठाने के बाद अंकित वस्तु को फ्रेम में रखने के लिए कैमरे को धुरी पर भी घुमाना होता है। इस तरह लिये गए शॉट को 'टिल्ट एंड पैन' कहते हैं। जैसे जलपक्षी गोली चलने की आवाज सुनकर पानी से उड़ जाते हैं और हम उन्हें फ्रेम में रखने के लिए 'टिल्ट और पैन' करते हैं।

कैमरे को उठाने-झुकाने-घुमाने का एक और उपाय है उसे 'क्रेन' पर रख देना। कैमरामैन कैमरे समेत 'क्रेन' पर बैठ जाता है और 'क्रेन' को शॉट की आवश्यकतानुसार

उठाया-झुकाया दाएँ-बाएँ घुमाया जाता है। इस तरह के शॉट 'क्रेन शॉट' कहलाते हैं। हमारी फिल्मों में नृत्य के फिल्मांकन के लिए इनका अक्सर उपयोग किया जाता है। इसी तरह विहंगम दृश्य लेने के लिए कैमरे को किसी विमान पर भी रख दिया जा सकता है। इस तरह हवा में उड़ते हुए लिया गया शॉट 'एरियल शॉट' कहलाता है। आजकल इस तरह के शॉट हेलिकॉप्टर से लेने का रिवाज है।

जिस तरह कैमरे की नजदीकी या दूरी का दर्शक पर एक मनोवैज्ञानिक प्रभाव पड़ता है वैसे ही कैमरे से अंकित वस्तु या व्यक्ति को ऊपर से या नीचे से देखने का भी पड़ता है। मनोविज्ञान यह कहता है कि ऊपर वाला शक्तिशाली लगता है और नीचे वाला कमजोर। इसलिए अगर कैमरा ऊँचाई पर से झुकाकर नीचे का दृश्य अंकित किया जाता है तो यह 'हाई एंगल शॉट' नीचे वालों को हिकारत से देखने का या देखनेवाले को बहुत शक्तिशाली बताने का पर्याय बन जाता है और अगर कैमरे को नीचाई पर रखकर ऊपर की ओर उठाकर दृश्यांकन किया जाता है तो यह 'लो एंगल शॉट' उसमें आए व्यक्ति या वस्तु को बहुत कद्दावर और शक्तिशाली बना डालता है और देखने वाले को दीन-हीन और तुच्छ। फर्ज कीजिए, आपका दृश्य यह है कि फरियादी दौड़ता हुआ राजा के पास आता है। पहले आप लो एंगल से सिंहासन पर बैठे राजा को दिखाते हैं, फिर टॉप एंगल से आकर चरणीं पर गिरते हुए फरियादी को। फिर चरणों पर गिरे हुए फरियादी के नजरिए से राजा को। ऐसा करने से राजा का आतंक और फरियादी की दीन-हीनता दोनों दर्शक के मन में दर्ज होती हैं।

पात्रों की गतिविधि दृश्य को अर्थ प्रदान करती है तो कैमरे की गतिविधि उस अर्थ को रेखांकित करती चलती है। कैमरा गोया दृश्य की आवश्यकतानुसार स्वयं भी चंचल या गम्भीर हो सकता है। फिल्मांकन के समय पात्र भी कुछ-न-कुछ कर रहे होते हैं और कैमरा भी। गतिशील पात्र और गतिर्शाल कैमरा का यह संयोग फिल्म को विशिष्ट लय-छन्द प्रदान करता है। एक ही बात फिल्म में कई तरह से फिल्माई जा सकती है और फिल्माए जाने के ढंग से दर्शक पर उसके प्रभाव का स्वरूप बदल सकता है। फर्ज कीजिए आपका दृश्य यह है कि दो प्रेमी फुलवारी में चहलकदमी करते हुए प्यार की बातें कर रहे हैं। आप यह दिखा सकते हैं कि वे कैमरे की ओर आ रहे हैं। या आप यह दिखा सकते हैं कि वे कैमरे से दूर जा रहे हैं। या आप यह दिखा सकते हैं कि कहीं दूर चल रहे हैं और कैमरा उन्हें पैन कर रहा है। या आप कैमरा उनकी पीठ की ओर से उनके पीछे-पीछे ले जा सकते हैं। या आप कैमरा उनके आगे रखकर कैमरा को पीछे हटाते रह सकते हैं ताकि वे फ्रेम में बने रह सकें। पहली स्थिति में यह लगेगा कि इन प्रेमियों को एकांत की कोई जरूरत नहीं है। अथवा एकांत के बारे में वे आश्वस्त हैं। यही स्थिति तब भी बनेगी जब कैमरा उन्हें बराबर फ्रेम में रखते हुए पीछे हटता जाएगा। लेकिन अगर वे कैमरे से दूर जाते नजर आएँ तो ऐसा लगेगा कि उन्हें एकांत की तलाश है। इस तरह का शॉट काव्यात्मक भी लगेगा। अगर हमने उन्हें दूर से दिखाया और कैमरा पैन किया तो ऐसा लगेगा कि कोई उन पर नजर रखे हुए है। अगर

कैमरा उनके पीछे-पीछे चलेगा तो यह आभास मिलेगा कि कैमरा या शायद कोई पात्र ही उनका पीछा कर रहा है।

सम्पादन : फिल्म का व्याकरण

तो आपने देखा कि पात्रों की गतिविधि और कैमरे की गतिविधि के संयोग से फिल्म को खास तरह की गति और लय मिलती है।

पात्र भी गतिशील होते हैं, कैमरा भी गतिशील होता है और इन दो गतियों के संयोग से फिल्म को एक लय मिलती है, एक छन्द मिलता है। इस लय-छन्द को और भी मुखर बना देता है फिल्म का सम्पादन। अगर शॉट सिनेमाई भाषा का शब्द है तो सम्पादन उसका व्याकरण। वही शब्दों को सही क्रम में रखकर उन्हें अर्थ प्रदान करता है। सिनेमाई धंधे में बुजुर्ग अक्सर यह कहते सुनाई देते हैं कि फिल्म का सारा दारोमदार दो मेजों पर हुए काम पर निर्भर है। पहली मेज है पटकथा-लेखक की और दूसरी मेज है फिल्म-सम्पादक की। इसका मतलब यह नहीं है कि अन्य लोगों का काम महत्त्वपूर्ण नहीं होता। इसका मतलब सिर्फ इतना है कि अगर पटकथा ही अच्छी न हो या फिल्म का सम्पादन बहुत फूहड़ ढंग से किया जाए तो बाकी लोगों का बढ़िया-से-बढ़िया काम भी बेकार साबित हो सकता है।

आइए एक सरसरी नजर सम्पादक के काम पर भी डाल लें। सम्पादन का बुनियादी सिद्धांत यह है कि हर शॉट अपने आगे और पीछे के शॉट से जुड़कर अर्थवान बनता है। सिनेमा के शुरुआती दौर में इस सिलसिले में सोवियत संघ में एक निहायत ही दिलचस्प प्रयोग किया गया था। एक व्यक्ति के सर्वथा भावहीन चेहरे का क्लोज शॉट लिया गया फिर कई अलग-अलग चीजों के क्लोज शॉट ले लिये गए। फिर उस सर्वथा भावहीन चेहरे के शॉट को अलग-अलग चीजों के शॉट के साथ जोड़कर अलग-अलग दर्शक-समूहों में दिखाया गया। जहाँ दर्शकों ने व्यक्ति के चेहरे के शॉट के बाद जो चीज देखी उसी की बिनाह पर उन्होंने उसके चेहरे पर कोई खास भाव आरोपित कर दिया। उदाहरण के लिए जिन दर्शकों को पात्र के चेहरे के शॉट के बाद भोजन की थाली का शॉट दिखाया गया उन्होंने कहा यह कोई भूखा आदमी है, बड़ी ललक से भोजन को देख रहा है। जिन्हें उस आदमी का शॉट किसी खिलखिलाते बच्चे के क्लोज अप के साथ जोड़कर दिखाया गया, उन्हें उसके चेहरे में वात्सल्य नजर आया।

आगे-पीछे के शॉट से जुड़कर ही कोई शॉट कथानक-निरूपण में सहायक हो पाता है। मैं आपका ध्यान पहले भी इस ओर दिला चुका हूँ कि सिनेमा की भाषा का विकास मूक फिल्मों के दौर में हुआ। इसलिए तब मेधावी अमेरिकी, सोवियत और फ्रांसीसी दिग्दर्शकों ने केवल बिम्बों की सहायता से कहानी कहने की मोन्ताज यानी शॉट-सम्पादन कला विकसित की। तब यह बिल्कुल ही नई भाषा थी जिससे पहली बार सिनेमा देखने वाला थोड़ी परेशानी में पड़ सकता था। लेकिन जल्दी ही यह सबके लिए उतनी ही स्वाभाविक बन गई जितनी शब्दों की भाषा। अभी मैंने दो शॉटों का जिक्र किया था।

एक में हम किसी व्यक्ति का क्लोज शॉट देखते हैं दूसरे में भोजन की थाली का। अब इस क्रम को आगे चलाते हुए हम इसमें फिर उस व्यक्ति का क्लोज अप जोड़ते हैं और इस बार उसे होंठों पर जीभ फेरते हुए थूक निगलते हुए दिखाते हैं। फिर हम एक ऐसा शॉट लेते हैं जिसमें व्यक्ति और थाली दोनों दिखाई देते हैं। आदमी इधर-उधर देखता है फिर आश्वस्त होकर थाली की ओर बढ़ता है। फिर इधर-उधर देखता है, थाली उठाकर भोजन करने लगता है। फिर हम एक और आदमी को दिखाते हैं जो गुसलखाने में हाथ धो रहा है। वह गुसलखाने से बाहर निकलता है। उसकी त्यौरियाँ चढ़ जाती हैं। अब हम फिर खाते हुए आदमी का शॉट दिखाते हैं। अब हम ऐसा शॉट दिखाते हैं जिसमें हाथ धोकर आया आदमी और खाना खाता आदमी दोनों नजर आते हैं। हाथ धोया आदमी दाँत पीसकर खाना खाते आदमी की ओर बढ़ता है और खाना खाते आदमी का कंधा दबोचता है। इससे दर्शक समझ जाएगा कि पहला भूखा आदमी आकर, इस दूसरे आदमी का खाना खा रहा था।

यह तो एक अत्यंत सामान्य-सा उदाहरण है। मोन्ताज से यानी शॉटों को परस्पर जोड़कर कैसा चमत्कारी प्रभाव बगैर एक शब्द कहे छोड़ा जा सकता है इसकी सैकड़ों बानगियाँ मूक फिल्मों में देखने को मिलती हैं। यहाँ केवल एक की ओर ही आपका ध्यान दिलाना चाहूँगा, वह है सोवियत फिल्म 'बैटलशिप पोटोम्किन' का 'ऑडिसा स्टेप सीक्वेंस'। सोवियत क्रांति से ठीक पहले की एक घटना पर आधारित इस फिल्म में 'ऑडिसा' की सीढ़ियों पर नागरिकों पर गोलियाँ चला देने का दृश्य फिल्माते हुए गोली चलने से पहले के और बाद के कई-कई शॉट लिये गए और फिर उन्हें आपस में इस तरह जोड़ा गया कि गोलीबारी की अमानवीयता और भयावहता दर्शक के मन में जबरदस्त ढंग से दर्ज हो। इसके लिए सीढ़ियों से नीचे उतरती भीड़ को फिल्माते हुए क्लोज अप ले-लेकर कई लोगों पर दर्शक का ध्यान खींचा गया। फिर गोली! चलने के बाद उन्हीं लोगों की दुर्गति होती दिखाई गई। प्रैम में बच्चा लेकर सीढ़ियाँ उतरती जो औरत हम पहले देखते हैं वही जब गोली खाकर गिर जाती है और प्रैम उसके हाथ से छूटकर सीढ़ियों पर तेजी से नीचे जाती है तब बच्चे की दुर्दशा देखकर दर्शक का मन काँप जाता है और वह क्रुद्ध होकर अत्याचारियों से प्रतिशोध लेना चाहता है। 'ऑडिसा स्टेप सीक्वेंस' के गिरती हुई प्रैम और चश्मे के टूटे हुए काँच जैसे सशक्त बिम्बों की बाद की फिल्मों में अनेक बार नकल की गई है।

सिनेमा के आरंभिक दौर के महान दिग्दर्शकों ने एक और महत्त्वपूर्ण खोज यह की कि अगर एक ही समय में अलग-अलग घटती दो घटनाओं की झलकियाँ एक-दूसरे में गूँथी जाएँ तो दर्शक किसी परेशानी में नहीं पड़ता। वह समझ जाता है कि जब यहाँ यह हो रहा है तब वहाँ वह हो रहा है। मिसाल के लिए, यहाँ नायक अपने पिता का दाह-संस्कार कर रहा है और वहाँ पिता का हत्यारा, खलनायक जश्न मना रहा है। इसे पटकथा की भाषा में लिखा जाता है 'कट अवे टू'। जैसे यहाँ आप लिखेंगे 'कट अवे टू पार्टी।' वापस पहले दृश्य पर आने के लिए लिखेंगे 'कट बैक टू क्रिमिएशन'। दो

साथ-साथ होते दृश्यों में यहाँ से वहाँ और वहाँ से यहाँ जाते रहने के क्रम को 'क्रॉस कटिंग' पुकारा जाता है। किसी का किसी के द्वारा पीछा किए जाने के दृश्यों में या किसी के किसी को बचाने-छुड़ाने के दृश्यों में इसी 'क्रास कटिंग' से टेम्पो यानी गति पैदा की जाती है।

शॉट की अवधि का मनोविज्ञान

इस संदर्भ में शॉट की लम्बाई का मनोवैज्ञानिक प्रभाव समझना जरूरी है। ठहरे हुए कैमरे से लिया गया जो शॉट जितना लम्बा होगा वह दर्शक को उतना ही उबाऊ लगने लगेगा। अगर किसी दृश्य में सारे ही शॉट लम्बे-लम्बे हों तो उसमें दर्शक को बहुत ठहराव महसूस होने लगता है। इसलिए जरूरी होता है कि कई तरह के शॉट लिये जाएँ और उन्हें इस तरह जोड़ा जाए कि न केवल कहानी प्रभावशाली ढंग से निरूपित हो बल्कि दृश्य के भीतर गतिशीलता बनी रहे। दर्शक जरा भी न ऊबे। साथ ही इतना वैविध्य भी नहीं होना चाहिए कि आप कहीं ठहरें ही नहीं और कोई भी बिम्ब पूरी तरह दर्ज हो ही नहीं पाए। यहीं पर सम्पादन के कौशल की परख होती है। सिनेमा की भाषा का विकास करनेवालों ने एक महत्त्वपूर्ण खोज यह की थी कि फिल्म में सम्पादन से समय को सिकोड़ा जा सकता है। हम एक शॉट में दिखाते हैं कि हीरो अपने घर में गाड़ी स्टार्ट करता है और दूसरे शॉट में दिखाते हैं कि हीरोइन अपने घर में हीरो की गाड़ी आती देखती है और उसका स्वागत करने के लिए दौड़ पड़ती है। एक चमत्कार से गाड़ी चलते ही हीरोइन के यहाँ पहुँच जाती है। दोनों घटनाओं के बीच का समय और हीरो-हीरोइन के घर के बीच का फासला दोनों ही गायब हो जाते हैं। इसी तरह आप कैमरे को किसी एक चीज पर स्थिर करके या किसी एक चीज के ही कई कोणों से शॉट लेकर उन्हें आपस में जोड़कर समय के गोया ठहरने का आभास दे सकते हैं। सोवियत संघ की जिस फिल्म का जिक्र किया जा चुका है उसी में एक क्रुद्ध नौसैनिक द्वारा प्लेट तोड़ दिए जाने के कई शॉट लेकर और आपस में जोड़कर आवेश के इस क्षण को फैला दिया गया था। प्रसंगवश समय को फैला देने का यह काम 'स्लो मोशन' में फिल्मांकन द्वारा भी किया जा सकता है। इसी तरह कॉमेडी फिल्मों में समय को और भी तेज कर देने के लिए 'फास्ट मोशन' का सहारा लिया जाता है।

देश-काल दोनों को फैला सकनेवाली सिनेमा की भाषा अद्भुत ढंग से प्रभावशाली भाषा है। कहा जाता है कि रंगमंच पर जिस बात को असरदार ढंग से पेश करने के लिए पाँच मिनट के संवाद आवश्यक हों वही फिल्मों में पाँच सेकेंड के एक शॉट से बखूबी सम्प्रेषित की जा सकती है। किसी उपन्यास में 30-40 पेज में कही गई बात फिल्म में चंद शॉटों में निपटाई जा सकती है। सिनेमा के प्रशंसकों का यह दावा खोखला नहीं कि फिल्म जितना प्रभावोत्पादक माध्यम और कोई नहीं है। अब तक मैंने जो कुछ कहा है वह बिम्बों के संदर्भ में कहा है लेकिन बोलपट में बिम्बों के साथ ध्वनि भी जुड़ जाती है और ध्वनि में संवाद ही नहीं दूसरी तरह की आवाजें भी शामिल हैं। उन

आवाजों का प्रतीकात्मक उपयोग किया जा सकता है। गीत-संगीत का उपयोग कहानी को प्रभावशाली ढंग से आगे बढ़ाने के लिए किस तरह किया जाता है यह हम राजकपूर और गुरुदत्त की फिल्मों में देख सकते हैं।

अन्य आवाजों का रचनात्मक प्रयोग हर कुशल दिग्दर्शक कराता आया है। ऋत्विक घटक की फिल्म 'मेघे ढाका तारा' में तो अनेक प्रसंगों में ध्वनि का प्रतीकात्मक प्रयोग किया गया है। मिसाल के लिए उसमें किसी स्टार्ट न हो पाते इंजन की आवाज नायिका की अटकी हुई जिंदगी की प्रतीकात्मक अभिव्यक्ति करती है।

सिनेमा की इस भाषा को ध्यान में रखकर ही दिग्दर्शक शूटिंग स्क्रिप्ट बनाता है। आपके लिखे हुए दृश्य को सामने रखकर वह शॉटों का विभाजन करता है। यहाँ से वहाँ तक एक शॉट लूँगा। यही नहीं, वह एक के बाद एक आने वाले इन शॉटों का किसी चित्रकार से रेखांकन कराकर कथा-पट्ट या स्टोरी बोर्ड भी तैयार करवा सकता है। शॉट डिवीजन करना और शूटिंग स्क्रिप्ट लिखना दिग्दर्शक का ही काम है और उसमें किसी भी लेखक को घुसपैठ नहीं करनी चाहिए। घुसपैठ करने से दिग्दर्शक बनाम लेखक की बहस में कड़ुआहट आ जाती है।

23

लेखक बनाम दिग्दर्शक

मूक फिल्मों के जमाने में दिग्दर्शक को किसी शब्दकार का साथ लेने की कोई जरूरत न थी। यही नहीं, तब फिल्मकार-दिग्दर्शक हरफनमौला भी हुआ करता था इसलिए यह परम्परा बनी कि जिस दिग्दर्शक की देखरेख में शूटिंग और सम्पादन का काम हुआ हो वही फिल्म का रचयिता माना जाए। बोलपट के आगमन के बाद भी इस स्थिति में कोई अन्तर नहीं आया हालाँकि अब संवादों का भी उतना ही महत्त्व हो गया जितना कि बिम्बों का। यही नहीं, पटकथा-लेखक फिल्म माध्यम की इतनी समझ रखने लगे कि उपयुक्त बिम्ब भी सुझाते चलें और अपने निर्देश इस तरह लिखें कि उससे 'शॉट डिवीजन' साफ उजागर हो रहा हो। इसके बावजूद दिग्दर्शक बनाम लेखक की बहस शुरू नहीं हुई।

बहस शुरू न होने की वजह यह थी कि व्यावसायिक बोलपट में सबसे ज्यादा महत्त्व निर्माता का ही था। निर्माता के सामने दिग्दर्शक की कोई खास नहीं चलती थी। लेखक की तरह दिग्दर्शक भी एक भाड़े में लिया गया आदमी हुआ करता था। कुछ निर्माता तो दिग्दर्शक से यहाँ तक कह देते थे कि तुम्हारा काम बस शूटिंग करा देना है। हर दृश्य को शूट करते समय उसका 'मास्टर शॉट' ले लिया करो और अलग-अलग क्लोज शॉट भी, बाकी हम सम्पादक के साथ बैठकर सँभाल लेंगे। तो दिग्दर्शक भी एक उपेक्षित प्राणी था भले ही उतना नहीं जितना लेखक। इसलिए उनमें लड़ाई होने की नौबत नहीं आई।

लेकिन जब दूसरे विश्वयुद्ध के बाद यूरोप में व्यावसायिकता की परिधि से परे सिनेमा की नई लहर शुरू हुई तब दिग्दर्शक को वैसा ही महत्त्व दिया जाने लगा जैसा मूक फिल्मों के दौर में प्राप्त था। फ्रांस में नई लहर के सिनेमा से जुड़े बुद्धिजीवियों ने हॉलीवुड की व्यावसायिक फिल्मों का विश्लेषण करके सिद्ध किया कि हिचकॉक-जैसे दिग्दर्शक मात्र दिग्दर्शक नहीं 'औत्यूर' यानी फिल्म के 'रचयिता' हैं, भले ही फिल्म के निर्माण में बहुत-से लोगों का योगदान रहता है। इन बुद्धिजीवियों ने स्थापना की कि फिल्म दिग्दर्शक की रचना होती है। इस प्रकार नई लहर के उठने के बाद कलात्मक सिनेमा के साथ-साथ व्यावसायिक सिनेमा में भी दिग्दर्शक का महत्त्व बढ़ा और वह भी उतना ही चरचैत हो चला जितना कि निर्माता और अभिनेता-अभिनेत्री हुआ करते थे। उसके पारिश्रमिक में भी बहुत वृद्धि हुई। उसे पहले 'डायरेक्टेड बाइ' का क्रेडिट दिया

जाता था, अब 'अ फिल्म बाइ' का दिया जाने लगा। व्यावसायिक सिनेमा में भी दिग्दर्शक को एकमात्र रचयिता का दर्जा मिल गया। इसके साथ ही शुरू हो गई लेखक बनाम दिग्दर्शक वाली बहस।

इस सिलसिले में पटकथा-लेखकों ने कुछ तथ्यों की ओर ध्यान दिलाया। पहला यह कि बोलती फिल्मों में संवादों का भी उतना ही महत्त्व है जितना कि बिम्बों का। दूसरा यह कि कुशल पटकथाकार सिनेमाई भाषा का जानकार होता है इसलिए लिखते समय स्वयं सम्भावित शक्तिशाली बिम्बों की ओर इशारा करता जाता है। वह जानता है कि कहानी फिल्मांकन और सम्पादन के जरिए किस तरह प्रस्तुत की जानी है। इसलिए पटकथा लिखते समय वह उस जानकारी का पूरा उपयोग करता है। तीसरी और सबसे महत्त्वपूर्ण बात यह कि ज्यादातर पटकथा पहले लिखी जा चुकी होती है, दिग्दर्शक बाद में तय होता है। अर्थात् फिल्म की सम्पूर्णता में परिकल्पना करनेवाला पहला व्यक्ति लेखक होता है, दिग्दर्शक नहीं।

ऑथर और औत्यूर

लेखकों के प्रवक्ताओं ने यह भी कहा कि फिल्म का निर्माण पूरी टीम करती है और दिग्दर्शक की हैसियत वही होती है जो किसी टीम के कप्तान की हो सकती है। सामूहिक प्रयास से बननेवाली फिल्म का किसी को भी 'औत्यूर' नहीं कहा जा सकता। लेकिन अगर यह श्रेय किसी को देना ही हो तो 'ऑथर' यानी लेखक को दिया जाना चाहिए। उन्होंने इस ओर ध्यान दिलाया कि मशहूर-से-मशहूर दिग्दर्शकों की फिल्मों की रंगत उनके लेखक के हिसाब से बदलती रहती है। यही नहीं, एक ही लेखक की पटकथाओं पर अलग-अलग दिग्दर्शकों द्वारा बनाई गई फिल्मों की रंगत एक-सी है। उन्होंने कहा कि फिल्म की बुनियाद पटकथा होती है, उसे लेखक तैयार करता है। लेखक ही होता है जो प्रस्तावित फिल्म के बारे में सबसे पहले सोचता है। उसी के दिमाग में उसकी तस्वीर सबसे पहले उभरती है। इस बहस में ऑर्सन वेल्स जैसे कई मशहूर दिग्दर्शकों ने भी लेखक का पक्ष लिया। उन्होंने कहा कि फिल्म का सारा दारोमदार पटकथा पर ही होता है।

इस बहस के छिड़ने के बाद सिर्फ इतना हुआ कि हॉलीवुड में लेखक का महत्त्व और मेहनताना थोड़ा-सा बढ़ गया। नए-पुराने लेखकों की अच्छी पटकथा खरीद लेने के लिए निर्माताओं में होड़ लगी। हमारे यहाँ भी सलीम-जावेद की जोड़ी ने फिल्मों में लेखक का महत्त्व अकाट्य रूप से सिद्ध करके लेखकों का पारिश्रमिक बढ़वाया।

बहरहाल हॉलीवुड हो या बॉलीवुड, आज भी फिल्म उद्योग में दिग्दर्शक का स्थान लेखक से कहीं अधिक महत्त्वपूर्ण है। यह ठीक भी है क्योंकि निर्माता तो दिग्दर्शक को ही सारी जिम्मेदारी-जवाबदेही सौंपता है। लेखक पुराना हो, दिग्दर्शक नया तो भी बात दिग्दर्शक की ही चलती है। ऐसे अनेक अवसर आते हैं कि लेखक को शिकायत होती है कि दिग्दर्शक ने सब गुड़-गोबर करके रख दिया। यों कभी-कभी लेखक और दिग्दर्शक

की नोंक-झोंक से अन्ततः कोई बढ़िया चीज भी निकल आती है।

'चाइना टाउन' की जिस पटकथा का इस पुस्तक में आदर्श पटकथा के रूप में जिक्र किया जाता रहा है उसके अन्त को लेकर जाने-माने लेखक रॉबर्ट टाउन और प्रतिभाशाली तरुण दिग्दर्शक रोमान पोलान्सिकी में जबरदस्त मतभेद हुआ। अमेरिकी लेखक व्यावसायिक सिनेमा की आवश्यकताओं के अनुसार अन्त में खलनायक का कुछ तो बुरा होता हुआ दिखाना चाहता था जबकि यूरोपीय दिग्दर्शक अधिक यथार्थवादी नजरिए से यह कहलाना चाहता था कि राजनीतिक दृष्टि से शक्तिशाली खलनायक का कोई कुछ नहीं बिगाड़ सकता क्योंकि समूची व्यवस्था ही भ्रष्ट है। इसलिए उसने अन्त बदल दिया। बहस के बाद लेखक ने दोनों की बात रखते हुए ऐसा अन्त लिखा जो यथार्थवादी होने के साथ-साथ नाटकीय भी था।

फिल्मों में पटकथा के बुनियादी महत्त्व को समझते हुए लगभग सभी बड़े दिग्दर्शक पटकथा खुद लिखना पसन्द करते हैं और लेखक से केवल संवाद लिखवाते हैं। इसी तरह फिल्म तकनीक की अच्छी समझ रखनेवाले लेखक स्वयं ही दिग्दर्शन भी करने लगते हैं। अक्सर यह भी देखा जाता है कि दिग्दर्शक अपनी पसन्द के किसी लेखक के साथ जोड़ी बना लेते हैं और या तो पटकथा लिखने में सहयोग करते हैं, या पटकथा को अपनी रुचि के अनुसार बदलवा लेते हैं।

शूटिंग स्क्रिप्ट न लिखें

शूटिंग दिग्दर्शक के निर्देशन में होती है। इसलिए यह लेखक की सरासर हिमाकत मानी जाएगी कि वह पटकथा में शूटिंग के लिए भी निर्देश दे। बाकायदा दिग्दर्शक को बताए कि इस सीन को कितने शॉटों में तोड़कर शूट करे ? और कौन-सा शॉट कैसे ले ? यह दिग्दर्शक का काम है और उसी पर छोड़ देना चाहिए। आप संवाद लिखिए, पात्रों की गतिविधियों का पूरा ब्यौरा दीजिए लेकिन यह न बताइए कि कैमरा कहाँ रखा जाए और उससे क्या फिल्माया जाए। आपके ऐसा करने से कोई भी दिग्दर्शक चिढ़ेगा। राजकपूर तो यहाँ तक नहीं चाहते थे कि आप पटकथा शैली में उन्हें कुछ लिखकर दें। उन्हें बस इतना अपेक्षित था कि कहानी और संवाद साहित्यिक ढंग से लिखकर दे दिए जाएँ।

तो इसका मतलब क्या यह है कि पटकथा-लेखक सिनेमा की भाषा की जानकारी दिखाए ही नहीं ? इसका जवाब यह है कि वह जानकारी दिखाए नहीं मगर लिखे इस तरह कि साफ दिखाई दे कि वह इस माध्यम का जानकार है। वह अपना वर्णन इस तरह लिखे कि शॉट का सुझाव उसी में निहित हो। मैं उदाहरण के लिए 'बोनी एंड क्लाइड' नामक मशहूर फिल्म का एक छोटा-सा हिस्सा आपके सामने रखता हूँ। जो सीन उद्धृत किया जा रहा है उससे पिछले सीन में क्लाइड बोनी को बाहर गाड़ी में छोड़कर एक बैंक को लूटने के लिए भीतर घुसता है जहाँ खजांची उसे बताता है कि यह बैंक तो दीवालिया हो चुका है। आगे देखिए—

बाहर/बैंक/दिन

बोनी कार में भयभीत बैठी होती है कि उसे क्लाइड और खजांची आते दिखाई देते हैं। वह समझ नहीं पाती है कि यह हो क्या रहा है ?

क्लाइड : (खजांची को आगे धकियाते हुए) इसे बता—इसे बता।

खजांची : (किसी ऐसे व्यक्ति का-सा व्यवहार करते हुए जिसकी नींद पागलों ने खराब कर दी हो।) देवीजी, जैसा कि मैं इन महाशय को बता रहा था, हमारे बैंक का पिछले महीने दिवाला निकल गया। उसके पास अब जरा भी पैसा नहीं है। मुझे इसका बेहद अफसोस है।

(सुनकर बोनी को बहुत राहत महसूस होती है और साथ ही सारी स्थिति बड़ी हास्यास्पद मालूम होती है। वह जोर से हँसती है और हँसती चली जाती है। इससे क्लाइड और भी ज्यादा गुस्सा हो जाता है। वह बेचारे खजांची को जमीन पर पटक देता है।)

कट

आप गौर करेंगे कि डेविड न्यूमैन और रॉबर्ट बेन्टन की जोड़ी ने अपनी इस बहु-पुरस्कृत पटकथा में कहीं यह नहीं लिखा है कि कौन-सा शॉट लिया जाए ? लेकिन पढ़ने से ही पता चलता है कि वे कैमरा कहाँ जाता देख रहे हैं ? शुरू में कैमरा बोनी और कार पर है, फिर बोनी के पी.ओ.वी. बैंक से बाहर आते क्लाइड और खजांची पर है फिर संवाद बोलते हुए खजांची पर है फिर रिएक्ट करती हुई बोनी पर है फिर बोनी की हँसी पर रिएक्ट करते हुए और खजांची को पटकते हुए क्लाइड पर है।

ऊपर दिया गया उदाहरण ऐसा है जिससे किसी दिग्दर्शक को कोई तकलीफ नहीं होगी। यों हॉलीवुड में कुछ पुराने पटकथा लेखक हाशिये पर 1,2,3 आदि संख्याएँ लिखकर यह बताते जाते हैं कि हम शॉट का कहाँ बदला जाना पसन्द करेंगे। कुछ ऐसे हैं जो अब भी शूटिंग स्क्रिप्ट के हिसाब से अपने दृश्य के बीच भी कई बार कट शब्द का प्रयोग करते हैं कि डायरेक्टर यहाँ शॉट कट करे और दूसरा शॉट ले। प्रसिद्ध लेखक विलियम गोल्डमैन भी उन्हीं में से हैं। 'बुच कसिडी एंड सनडांस किड' नामक जिस फिल्म की पटकथा पर गोल्डमैन को ऑस्कर एवार्ड मिला था उसके पहले दृश्य की शुरुआत मुलाहिजा हो।

भीतर/सैलून/दिन

कैमरा एक मुच्छन्दर आदमी के क्लोज अप से पीछे आता है और हम देखते हैं कि हम एक बड़े खाली-से जुआघर में हैं जिसमें मुच्छन्दर आदमी पत्ते बाँट रहा है।

कट टू

मुच्छन्दर आदमी एक जुआरी को पत्ते देता है, वह पत्ते देखकर कहता है—

जुआरी : एक पत्ता और।

(मुच्छन्दर गड्डी का सबसे ऊपर का पत्ता दे देता है।)

जुआरी : हप्प!

(जुआरी पत्ता फेंककर कुर्सी पीछे करते हुए उठता है। हिचकता है फिर)

जुआरी : मिस्टर मैकौन, उधारी चलेगी ?

कट टू

सैलून का मालिक मैकौन, जो बहुत अच्छे कपड़े पहना हुआ चुस्त-तंदुरुस्त आदमी है, अभी तीस का भी नहीं हुआ है लेकिन बहुत सयाना और ताकतवर मालूम होता है। उसने बहुत ऊँच-नीच देखी है और संघर्ष करके ऊपर आया है। उसे अपने पर भरोसा है और नपी-तुली बातचीत करता है।

मैकौन : *(सिर हिलाकर)* तुम्हें मेरे उसूल पता है टॉम।

(अब मैकौन मुच्छन्दर की ओर देखता है।)

मैकौन : भैया, तुमने तो यहाँ हर किसी की जेब काट ली। जब से तुमने पत्ते बाँटने शुरू किए हारे नहीं।

कट टू

(मुच्छन्दर निर्विकार बना रहता है।)

कट टू

(मैकौन निगाह सवालिया बनाता है।)

मैकौन : तुम्हारी कामयाबी का राज क्या है ?

कट टू

मुच्छन्दर : प्रभु कृपा।

कट टू

(मैकौन मुस्कराता नहीं है और उठते हुए कहता है–)

मैकौन : एक बार जरा मेरे साथ खेलकर देखें।

कट टू

(मुच्छन्दर ताश फेंटता, बाँटता है।)

आपने देखा कि इसमें गोल्डमैन ने बाकायदा शॉट डिवीजन कर दिया है। प्रसंगवश शूटिंग स्क्रिप्ट में वहाँ-वहाँ कट लिखना पड़ता है जहाँ-जहाँ शॉट खत्म होता है। आम पटकथा में कट सिर्फ दृश्य की समाप्ति पर लिखा जाता है। गोल्डमैन का लिखा हुआ

यह दृश्य आपको हॉलीवुड के एक और अनुकरणीय रिवाज से परिचित कराता है। वह यह कि पटकथा में जब भी किसी पात्र का पहली बार जिक्र आए तब वहाँ संक्षेप में उसका बाहरी और भीतरी चरित्र-चित्रण भी कर दिया जाए। ऊपर दिए हुए दोनों उद्धरणों से इस परम्परा का भी पता चलता है कि दृश्य में पात्र की मनःस्थति का वर्णन करते जाना चाहिए।

हॉलीवुड में जहाँ कुछ लोग गोल्डमैन की तरह पूरी शॉट डिवीजन ही कर देते हैं और कुछ डेविड न्यूमैन और बेन्टन की जोड़ी की तरह शॉट की चर्चा ही नहीं करते वहाँ ज्यादातर लोग मध्य मार्ग अपनाते हुए 'एंगल ऑन', 'रिवर्स एंगल', 'पी.ओ.वी', 'टू शॉट', 'थ्री शॉट', 'अनादर एंगल', 'मूविंग शॉट', 'इंसर्ट', 'कट अवे', 'फेवरिंग'—जैसी शब्दावली ही इस्तेमाल करते हैं जो दिग्दर्शक को आपत्तिजनक नहीं लगती। उससे उन्हें सुझाव-भर मिलता है, निर्देश नहीं।

जहाँ तक बॉलीवुड का सवाल है, आपको नेक सलाह दी जाती है कि न्यूमैन और बेन्टन की जोड़ी वाला रास्ता अपनाएँ और दिग्दर्शक के क्षेत्र में घुसने की जरा भी चेष्टा न करें। हमारे यहाँ तो टेलीविजन तक में दिग्दर्शक को लेखक से महत्त्वपूर्ण माना जा रहा है जबकि हॉलीवुड में लेखक को ही टेलीविजन धारावाहिकों में 'क्रिएटेड बाइ' का क्रेडिट दिया जाता है और अक्सर उसकी भूमिका निर्माता की भी होती है। तो मैं आपसे यही कहूँगा कि अगर आप दृश्य-श्रव्य माध्यम में जाना चाहते हैं तो सिनेमा और टेलीविजन की अपनी भाषा पर भी जरूर अधिकार प्राप्त करें। लेकिन दिग्दर्शक को ऐसा न लगने दें कि आप उसका दिग्दर्शन करना चाहते हैं। अगर आपको दिग्दर्शन का इतना ही शौक हो तो मात्र लेखक की बजाय लेखक-दिग्दर्शक बनने की कोशिश करें। हॉलीवुड में लेखक से दिग्दर्शक बन जाने की बात बहुत आम हो चली है और अब बॉलीवुड में भी लेखकों को दिग्दर्शन करने का मौका मिलने लगा है। हॉलीवुड में तो कई तरुण लेखक अब निर्माताओं से यह कहने लगे हैं कि मैं अपनी पटकथा इसी शर्त पर बेचूँगा कि आप फिल्म का दिग्दर्शन भी मुझे ही करने दें। उधर वहाँ ज्यादातर व्यावसायिक दिग्दर्शक भी अपनी पटकथा खुद लिखने लगे हैं। किताब आप पढ़ चुके हैं अब बढ़िए लेखक-दिग्दर्शक बनने की ओर !

●●●